價 值 投 資 X 財 報 分 析 X
全 面 解 析 獲 利 法 !

頂尖操盤手的

THE WALL ST. WAY OF STOCK INVESTING

美〰股
攻略大全

韓國信賴度第一理財 YouTuber
紐約居民 著

suncolor
三采文化

美股是長期資產配置必要的一環

　　對台灣投資人來說，台股長期投資的吸引力，較美股投資低，因為，從指數上看，美股指數往往能夠每隔幾年創新高，但對照台灣，在 2020 年以前，台股隔了近 30 年，才突破 1990 年的 12682 歷史高點，這段時間，美股每隔 3 到 4 年則不斷創高，回頭來看，美股指數報酬是台灣的好幾倍。

　　事實上，這種狀況普遍出現在亞洲投資市場，過去 30 年，陸股、韓股、台股的走勢，都不像美股一樣，能頻頻創高，像是陸股，更是標準的長熊急牛格局，長年都在一定的區間震盪。

　　當然，市場指數計算方式的不同，很容易導致指數呈現差異，比如，美股道瓊採樣的是 30 檔好公司，標普只有 500 檔，但台股指數是全部上市公司都計算，小小一個台灣近 1000 家上市公司啊，自然會被後半段學生拖累。

從市值角度思考，台股市值在 1990 年最高峰是台幣 7 兆，如今是 45 兆，如果以前五十大權值股市值做比較，目前台股早就是五萬點以上，之所以指數不高，一方面是計算方式，另一方面是股息發放率高，容易抑制股價上漲。

所以，對退休族來說，台股指數長期看起來，似乎表現不如美股，配息倒是挺穩定，台股平均股利配發率為九成，平均殖利率高達 4%，明顯高於美股，這種穩定領息的台股市場，非常適合需要穩定現金流的退休族群。

不過，對追求長期複利效果的台灣年輕族群來說，領的息越多，複利效果也就越差，還要多繳股利稅，實在不划算，所以，年輕族群就不應該把焦點放在台股，而是將眼光放遠，將資金投入到頂尖企業更多、實質報酬越高的美股市場。

美國有四成以上的公司，從未發過股利，現金股利殖利率不到 2%，包括那些有名的科技巨頭，亞馬遜、臉書和谷歌等權值股，都從未配過息，但股價卻是高速上漲，因為這些企業將大量現金流投入資本研發，取得行業領先，讓市場對其股價估值再度拉高，這種高速成長股的價格報酬，遠遠高於那些穩定領息股。

以股神巴菲特為例，旗下公司波克夏，上市以來從沒發過股利，但在過去三十年股價成長 47 倍，年複合成長率 15%，近十年股東報酬率 220%，投資人雖無法每年獲取穩定配息，長期投資所得的資本利得績效，卻遠遠大於每年領股利。

反觀台股，被稱為好股票，通常都是因為殖利率高，台

股平均股利配發率為 90%，股利殖利率為 4%，現金殖利率為 3.6%，領息族雖然領得開心，但台股外資比重佔四成，外資每年從台股提走約 5000 多億現金股利，所以在加權指數上的堆疊，效果就不如美股強烈。

當然，美股長年績效能夠大幅超越歐亞市場，除了股利外，另一個原因是制度面，在標普 500 指數的編撰原則為例，一共包含幾項：一是美國註冊的公司、二是市值大於 60 億美金、三是一半以上的股份可供交易，確保流動性，最後是過去四季的的盈餘為正值，確保公司的營運體質。

所以，美國的指數公司每個季度，都會調整指數的成分股，以確保成分股都是有持續賺錢、而且市值夠大的公司，至於財報不好或是股價跌太多的股票，則每季會遭到剔除，因此，而這些市值大的公司，所占指數權重也會越多。

美股整體來說，更像是一檔權值 ETF，挑選了全美國最好的公司在其中，不好的剔除，優秀的留下，這也難怪美股長期以來都是持續創高。

事實上，作為長期投資的資產配置，配置美股是必要的一環，應盡可能分散風險。投資人最先遇到的是個股風險，想要避免個股風險帶來的衝擊，就應該以購買不同個股，或是以 ETF、基金的方式分散風險。

不過，不同國家或地區，面臨的地緣政治風險與經濟前景也不同，比如本書作者紐約居民，作為南韓的投資人，跟台灣一樣，多少面臨政治問題引發的戰爭風險，因此，在區域上也

應盡可能分散投資，台灣投資者除了台股配置外，也應配置部分海外資產。

除了個股和區域風險，有時不管是美股還是台股，當系統性風險發生時，幾乎無一倖免，換句話說，即便你持有美國股票，也不代表不會賠錢，想要規避系統性風險，就要搭配不同資產。

事實上，股票、債券、大宗資產、房市這四項資產，總有一個在牛市當中，所以，同時持有這四項資產，才能避免自身資產波動過大。

不過，這四項資產，想要達到充分的流動性並取得優質的商品，始終得藉由美股市場購買，美股券商普遍內扣費用較低，商品也較多元，是亞洲投資人資產配置的一環，本書便是入門的好選擇。

財經專欄作家
游庭皓

寫在全新修訂版之前

本書的原稿作業在 2020 年秋天開始，當時出版的書籍至今也問世一年了。短短的一年內，美國股市發生許多劃時代的事件，歷經了制度上、宏觀上的變化。新冠疫情在 2020 年爆發，時至 2023 年仍然餘波未平。著手修訂新版的動機正是源自於此，希望可以將步入後疫情時代的過渡期市場情形反映在書中。

同時，當初為了推廣基礎且範圍廣大的美國股市相關知識，而提筆寫作的初衷也再次浮上心頭。我盡可能跳脫在工作中操盤的觀點，貼近一般投資散戶的立場，提供更加實際且實用的內容。也很感謝許多讀者在讀了初版後的回饋意見，我致力將這些意見納入書中，除了新增與實際交易相關的現實面策略和案例外，亦對投資散戶難以效仿的估值範例部分做出修正。

初版中提及的部分投資案例模型和方法論，則未重複刊載

於修訂版中，以示對初版讀者的尊重。話雖如此，我仍貪心地塞進許多想傳達的內容，使得修訂版的篇幅有增無減。當然，本書的宗旨——了解美國股市，基於企業公開資訊進行投資的原則始終如一。

我其實有點頭痛，對於連投資自己國家的股票都不詳實閱讀企業公開資訊或財報的投資者來說，一本強調基本面投資，提倡投資要以繁雜的英文公開資訊，或是令人望之卻步的企業分析為基礎的書籍，有多少說服力呢？有些人覺得辛苦研究過後才做出投資判斷，獲利卻不如預期，於是失去了閱讀公開資訊的意願。

但我要強調的不是掌握那些數字，而是掌握閱讀邏輯。也就是說，並不是要精讀公司的公開資料，而是要掌握並應對那些會對你的投資造成負面影響的重要關鍵內容。

本書盡可能避免從理論面和財務面的角度切入，而是從能夠輕易從公開資訊中查閱到的實用內容出發，進而說明如何將這些資訊活用於股票投資。無須去理解複雜的財務、會計相關概念，只要了解可以從公開資訊查閱到哪些內容，並掌握這些內容會帶給股價何種影響即可。

我想沿用初版序——「為什麼要投資美股？」作為引言，邀請在美國股市遨遊的各位一同重啟這段旅程。

為什麼要投資美股？

　　和往常一樣的星期一早晨，同樣的時間，同樣的步調。拿著放入糖漿的咖啡坐在服務檯邊，7 點整打開彭博社網站，掃描市場動向。雖然前一晚看了各種股市新聞和公司公開資料，但當天最讓人擔心的是盤前市場（Pre market session）股價的動向。從前一天晚上開始，油價和期貨市場的動向就很不尋常，這已經反映在週一凌晨開始的盤前交易。

　　「出大事了……」

　　雖然有追加買進倉位（Position），但看到已經下跌 1300 點的道瓊期貨後，我暫時保留了所有交易。最終，當天道瓊工業平均指數 DJIA（簡稱道瓊指數）下跌了 2014 點，這是美國股市史上跌幅最大的一天。

　　而這只是當天的情況，最終美股在一週內刷新兩次紀錄，

最高紀錄為 3 月 16 日，一天暴跌近 3000 點，創下史上最大跌點。事實上，比起指數的暴跌，更可怕的是在盤前交易時間規模飆升的交易量。在開盤前 30 分鐘，也就是 9 點的時候，我本能地想不能就這樣放著不管。

9 點 30 分，為增加原本持有的對沖倉位而緊急完成交易訂單，隨著股市開盤，指數以從未見過的速度暴跌。開盤 4 分鐘後，標準普爾 500 指數暴跌 7.6%，美國原油價格暴跌 25% 以上，紐約證券交易所 NYSE 啟動了熔斷機制（Circuit Breaker），15 分鐘內停止了所有交易。長達 11 年的美國牛市（Bull Market）就在 4 分鐘內快速結束了。

這是 2020 年 3 月 9 日新冠疫情爆發，造成經濟停滯的開始。在這之前，美國股市迎來了前所未有的繁榮期。從標準普爾 500 指數來看，美國公司股價在過去 11 年間上升了約 280%，複合年均成長率（Compound Annual Growth Rate，CAGR）計算為 13%，為股東帶來了報酬，包括紅利在內的總投資報酬率為 374%（年平均 15%）。

即使不與同期的南韓綜合股價指數比較，同樣也有很高的報酬率。當然，總有市場危機論者對急遽上漲的美國股市表示擔心。巧合的是，引爆市場修正的事件，是誰也沒有預料到的新冠疫情。

危機總是一體兩面。如果做好抓住機會的準備，危機就是轉機。實際上，自新冠疫情以來，無數美國散戶開始湧入股市。這是因為先前漲到高點而不敢進場的散戶在看到市場暴跌

後，就陸續進場了，投資機構也是如此。南韓也非常關注美股，投資熱情比以往都高，現在就是進入美股的絕佳時機。

自新冠疫情首次暴跌以來，美股已經有幾次的反覆修正，從長期來看，有利於提高個人投資組合報酬。特別是在經濟低迷的情況下，一些公司反而看到機會。

正如美國股市歷史所示，很多公司在不景氣時，競爭力反而提升了，而且股價也會往上噴。反應快的投資者們，已經在尋找經濟復甦後的投資標的。美國資本市場經歷了多次繁榮—停滯週期，並在這過程中不斷擴張。我認為此時正是投資者快速熟悉美國股市、提高投資報酬和實現財富自由的最好時機。

目前還沒有一個股市像美國股市一樣，效率極高且對散戶友善。在美國股市，散戶不只可以靠股利賺錢，還能基於美國透明的公開資訊揭露制度，掌握各種資訊，賺取更多的資本利得。散戶只要下定決心，就能快速地掌握個股的所有資訊，進而估算出合理的股價。

市場的高效率，表示很難取得高於大盤的 α 報酬。但是，這也表示那些「有價值」的公司會很快被市場看到，股價也會因此上漲；而那些「有問題的」公司，則很快地就會被股市冷落。從投資者的立場來看，美國股市真是一個絕佳的環境。

美國股市在安隆（Enron）、世界通訊（WorldCom）等會計醜聞事件爆發後，不斷改善制度以提高會計透明度，經歷這段過渡期後，現今會計整體的信賴度及資訊揭露水準已更上一層樓。這也促使美國散戶對財務資訊和公開資訊的理解程度增加。

美國股市要求上市公司公開資訊揭露的義務和責任更加完善，也非常重視投資人關係（Investor Relations, IR）。美國股東資本主義形成已久，基金經理人和分析師在股市的影響力也相當大，散戶很容易充分掌握市場各種資訊而提高投資收益。

　　與此相比，南韓股市的確還有很長的一條路要走。在南韓，會計和財務資訊公開透明度僅達到基本程度，甚至不少上市公司連投資人關係部門都沒有。即使是優秀的全球化公司，很多投資者公開資訊也只有韓文版，更多公司連負責電話或電子郵件聯絡投資者關係的窗口都沒有設立。

　　最令人遺憾的是，投資者認為這樣的投資環境是理所當然的。投資者沒有提出問題、沒有想改變，市場對上市公司也沒什麼改善要求，所以就一直維持著原先的做法。

　　就連全球知名對沖基金也不想碰南韓市場，其中有三個主要原因：

　　第一個是政治風險。外國投資者認為北韓對南韓的威脅程度，遠大於韓國人自身所認知。外國投資者認為南北韓隨時都有可能爆發戰爭或被捲入國際政治事件，進而導致南韓市場崩潰，這被稱為「韓國折價」（Korea Discount）。

　　第二個是南韓特有的財閥結構。主要包含公司所有權並無與經營權脫鉤，金字塔式控制董事會、資金財務透明度不足等原因。

　　第三個是公開揭露資訊機制。就如前面所提到的，南韓還有很多公司沒有健全的公開揭露資訊體系，而且所公開的資訊

也不一定可信。此外，還有企業併購（M&A）和企業重組的市場機制不完善、工會過於強硬等原因。

上述三個主要因素，導致很多海外基金不碰南韓市場。

前兩點是政治、歷史和市場結構性問題，雖然很難立即解決，但至少公開揭露資訊機制的問題是可以改善的。不過，我們可以在美股市場找到更加完善且成熟的投資環境。甚至還可以作為市場參與者，直接投資美國股市。

全球化時代下，投資者不能因為語言障礙或資訊取得問題，就猶豫是否投入美國股市。因此期待這本書能夠幫助投資者更正確且明智地進入美國市場，更希望投資者可以在美國市場找到樂趣。

對我來說，能在巨大的美國市場淘金是一件令人興奮的事，希望藉由本書，提高讀者對美國股市的認知與興趣以減少距離感，重新認識美國股市的投資方式與機會。

目次

CHAPTER 1

進入美國股市的基礎知識

美國股市的主要參與者　　　美國股票市場結構

買方、賣方跟美國證券交易委員會（SEC）・027｜三方的利害關係・029｜從了解公司投資人關係（IR）網站開始・031

美國股市是投資天堂的原因　　　資本主義催生的投資人關係文化

上市公司在意投資人關係活動的原因・032｜正確了解並使用投資者特權・033

美國堅持公司資訊透明的原因　　　美國公開資訊系統

美國投資者的投資依據・035｜市場會懲罰揭露不實的公司・037

CHAPTER 2

【實例解析】
美國公司的公開資訊

CHAPTER 3

越懂財報，報酬越高

與生活關係密切的公司   消費類股

不存在高點的成長績優股   科技股

消費和經營分離的美國式全球旅館產業   飯店類股

你也能在紐約收租金   REITs 類股

美國股市常用的投資策略

CHAPTER 6

美國股票交易的策略和基礎

進入美國股市的基礎知識

美國股市的
主要參與者

美國股票市場結構

買方、賣方跟美國證券交易委員會（SEC）

　　美國股市有 3 個主要參與者，分別是買方（Buy-side）、賣方（Sell-side）跟美國證券交易委員會（Securities and Exchange Commission，SEC）

　　首先，「買方」是指分析、篩選投資對象的資產投資或資產管理者。「買方」主要用自己的資本直接投資，若為私募投資機構，也會管理及運作外部資金以進行操盤與投資。例如對沖基金、私募基金、資產管理公司等機構，就是指投資基金的基金管理公司。

　　這些機構要在股市買賣交易，就需要有交易資格。「賣

方」是指具有一定程度信用評等並符合資格條件，可以操作股票買賣交易的機構。對一般投資者而言，賣方就是證券公司，對投資機構而言，賣方就是投資銀行。明確地說，應該是投資銀行的經紀業務部門（Brokerage Arm）在負責股票買賣交易。

　　美國的 IB 分為接受買方客戶委託單，負責仲介證券買賣（Brokerage）業務的經紀商，和透過自己的帳戶（Principal Account）兼任自營商直接交易的經紀自營商（Broker-dealers），兩者都必須遵循美國證券交易委員會 SEC 制定的「證券交易法」所規範的各種資訊揭露義務和證券交易相關規定。

▶ 組成美國股市的主要參與機構

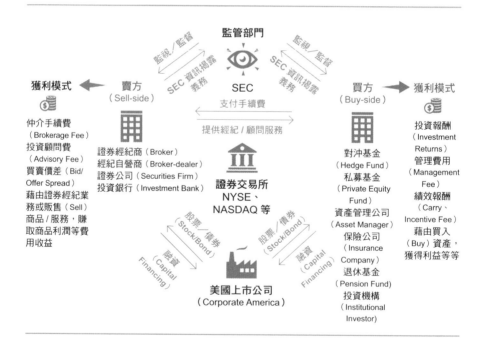

此外，還有被視為投資對象的上市公司，以及負責監督與管理的 SEC，以確保買賣雙方皆遵守美國證券法（Securities Act）及證券交易法（Securities Exchange Act）進行正當交易。

三方的利害關係

從投資者的角度出發，要想在美國股市獲利，就必須了解這 3 個主要參與者之間的利害關係。賣方除了向買方收取交易手續費用外，還會提供公司的聯繫服務。

大致上，就是提供投資仲介服務或研究報告。買方則可以透過賣方分析師的聯繫服務，單獨和公司管理高層會談，更深入地評估投資的可行性。

主要由經營團隊親自出席非交易路演或法人說明會（Investor Conference），向買方機構介紹公司，並說明經營績效和未來發展策略。

主要目的在向潛在股東宣傳公司成長願景並提升股價。由於公司有義務揭露相關說明資料，在非交易路演或法說會後不久，散戶也可以獲得相關說明資料，所以投資者也越來越不依賴賣方的研究報告來獲取投資資訊，再加上投資者需要的資訊不同，賣方投入研究分析的預算有限，能

> **非交易路演**
> **（NDR，Non-deal Roadshow）**
> 與 IPO、債券發行無關，只是為了對公司股價進行策略行銷與宣傳，公司經營團隊會親自拜訪投資者，介紹公司現狀和業績的投資說明會。證券公司（經紀人）主要擔任串聯公司和對沖基金等投資機構之間的橋梁。

養的分析師也越來越少，不過研究報告的品質卻是越來越好。

　　這是因為賣方的分析師之間競爭越來越激烈，分析師職缺有限，最後留下來的都是有實力的分析師。這些分析師都是專門研究特定產業或特定公司的資深分析師，他們的研究觀點對投資者有很大的幫助，買方分析師和基金經理也有相同的狀況。

　　因為市場效率越高，越難獲得超越大盤的報酬，因此可以獲得投資對象的優質資訊，以及和對方經營團隊直接溝通的機會就更為重要。而投資者需要的資訊水準越來越高，公司就會提供更多的法說會資料及召開會議。

　　因此，公司管理團隊就要花更多時間去應付法說會資料跟公司估值（Valuation）。公司在發表經營績效時，在公開的資料、召開的法說會議、公司管理結構與董事會組成的報告書上會花更多的心思，積極地讓自家公司成為市場投資對象。

　　SEC 的角色則是監管整個交易過程，以確保交易公正性和透明性，對投資者提供保護。

Investor Relations
IR 投資人關係（公司網站皆有）
吸引投資者的法人說明會或宣傳活動

從了解公司投資人關係（IR）網站開始

如果能打造出一個良性循環的投資生態體系，獲利的是眾多散戶。美國的散戶們（Retail Investors）也積極利用這點。

美國上市公司的公開資料，容易取得也容易閱讀，基本上只要高中畢業就能讀懂。公司業務資訊跟財務狀況基本上不會太難懂，但財務報表就需要有基本的財務和會計知識。上市公司被要求公開許多資料，多到讓人懷疑是否有需要公開這麼多，而如此龐大的公開資訊，就需要不同的能力才能有效地解讀和分析。

為了讓投資者可以更好地掌握上市公司的業務資訊和財務狀況，美國要求公司揭露的程度，比其他國家都還要豐富及完整。美國上市公司需要揭露許多種類的資料，而資料格式和取得管道也有眾多形式。

首次接觸美國股市的初學者，要先了解上市公司的投資人關係（Investor Relations）網站。美國上市公司網站的投資人關係頁面，跟公司給人的第一印象同樣重要，這是一個可以吸引潛在投資者進行投資、宣傳公司經營績效、揭露各種公開資訊的管道。目的是使美國散戶可以在上市公司的投資人關係網站中，獲得完整且高品質的投資資訊後，再進入股市投資。

美國股市
是投資天堂的原因
資本主義催生的投資人關係文化

上市公司在意投資人關係活動的原因

因為在美國資本市場，經常發生公司併購、分割重組和對沖基金收購公司等事件。公司管理層無法忽視股東意見，也會策略性與股東們溝通，因此造就投資人關係文化的蓬勃發展。

在南韓市場（台灣亦同），投資人關係的概念還未成熟，但是在美國即使是小公司也會指定專責人員擔任資訊揭露負責人及發言人的角色。投資人關係部門是一個專責小組，主要由投資人關係負責人、財務長和顧問律師共同組成，投資人關係部門的功能並不僅限於公司宣傳。

例如，公司要進行併購，則投資人關係部門必須具備談判

或併購價值分析的專業能力，雖然股價會跟公司價值掛鉤，但股價有很大的程度取決於市場投資者的預期心理及公司對外揭露公開資訊的透明度。

因此，在市場參與者之間，管理這些事務的投資人關係部門角色就非常重要。由於投資人關係部門不僅負責公司宣傳，還需要具備專業知識與溝通能力，因此經常可以看到在投資銀行負責企業金融的職員，或是負責相關公司和部門的投資分析師，轉職擔任投資人關係部門的負責人。

對投資人而言，更重要的是任何人都可以跟公司投資人關係部門的負責人聯繫。即使不是大股東或是投資機構，只要是對公司的揭露資料不清楚或有問題的地方，都可以用電話或電子郵件，跟公司負責投資人關係的職員聯絡。而知道這件事的人與不知道的人，兩者之間獲得資訊量的差異是很大的。

正確了解並使用投資者特權

我剛踏入業界時，因為不知道有這個重要管道可以利用，還吃了不少虧。那時我負責研究潛在投資對象而調查一家製造業者，但總找不到該業者最近發表的成本基準（Cost Basis），雖然花了好幾個小時閱讀公司公開資訊跟財報，但一直算不出成本數字而傷透腦筋。

這時旁邊的資深分析師關心我。

「你剛才為何在那邊自言自語？」

「這間公司最近出售的資產應該適用稅率，但購買成本或帳面價值都找不到。」

「你就因為這個問題而耗費一整個上午嗎？」他很無言地看著我說。

「你就直接打去問他們的投資人關係聯絡窗口不就好了。」

我以為直接打電話去問，是只有大股東才有的特權。經過這件事之後，我才知道原來市場所有的參與者，都有權利向公司經營團隊詢問沒有被公開的訊息！我浪費了不少時間才知道可以這麼做。最後我用一通電話就獲得悶著頭花好幾個小時還無法得到的資訊。

不過在這裡需要注意一件事，不論是閱讀公司公開資訊或直接聯繫窗口，在吸收公司資訊之前，應該要從公司的角度去思考投資人關係部門存在的理由。投資人關係部門之所以存在，是為了管理持股股東或潛在股東的關係，並提供合理預期股價（有利股價上漲）的充分資訊，但有時這些資訊只對公司有利。

要知道投資人關係部門希望讓市場知道的資訊，跟投資者期待了解的資訊是不一樣的，這二者之間也會出現資訊錯誤、遺漏或誤導的狀況。為了提高透明度，美國上市公司有義務、也會積極揭露資訊，但判斷與分析這些資訊，而非一味接受，也是投資者應有的責任。

美國堅持
公司資訊透明的原因
美國公開資訊系統

美國投資者的投資依據

根據 SEC 證券法，美國上市公司的公開揭露資訊，主要分成 EDGAR 系統義務揭露資料及公司自主公開的投資者資訊資料。由於資料種類眾多，資訊量也豐富，知道在哪裡有什麼內容才能快速找到需要的資訊。只要正確解讀公開揭露資訊，不管是誰都能了解該公司所有的狀況。

很多美國散戶都會閱讀上市公司所提供的公開資料，並在業績發表（Earnings）、股東會（Shareholders Meeting）、投資者日（Investor Day）、分析師日（Analyst Day），透過參與會議或電話會議的方式，直接聽取經營團隊向投資者的報告。上

▶ 美國披露制度與韓國的差異

	美國	韓國
公開資訊系統	美國證券交易委員會（SEC） 公開資訊系統（EDGAR） http://www.sec.gov/edgar/	韓國證券交易所（KRX） 電子公開資訊系統（DART） http://dart.fss.or.kr/
監管部門	SEC 依據美國證交法之規定	KRX 交易所訂定的規定（Self-regulatory）
相關法律	• SEC Rules & Regulations ：Securities Act of 1933 （證券真實法 Truth in Securities Law） ：Securities Exchange Act of 1934 （證券交易法） • FINRA Rules ：由自主監管機構——美國金融業監管機構（FINRA）所制定的規則。被歸類為華爾街經紀自營商的機構應向 FINRA 註冊，並有義務遵守 FINRA 的規定。	沒有法規，由交易所自行規定
核心宗旨	• 消除投資資訊死角（To prohibit deceit, misrepresentations, and other fraud in the sale of securities） • 提高初級（Primary）及次級市場（Secondary Market）的證券交易透明度 • 監管證券業及所有利害關係人（證券公司、交易所、經紀人等） • 禁止內部交易	確保公平的資訊公開制度 禁止內部交易
投資資訊取得管道	• SEC 公開揭露資料 • 公司投資人關係部門補充的公開資料 • 在分析師日、投資者日、電話會議、網路廣播等，訪談經營團隊 • 藉由路演、投資人關係部門負責人通話或電子郵件等方式，獲得一對一的資訊 • 從新聞或廣播等媒體獲得	一切僅以在 KRX 電子公開的資料為主
公開適用對象	符合證券法重要性標準（Material Significant Information）的所有訊息	公開揭露的資訊範圍季報、半年報、年報，證券發行公開文件，監查報告書

市公司在會議結束之後，也會提供投資者錄音檔及會議紀錄。

　　一般散戶雖然無法透過公開揭露資訊即能非常專業地分析上市公司，但美國制度所要求義務揭露的公開資訊，也足以讓一般散戶可以充分獲得投資所需的資訊。

市場會懲罰揭露不實的公司

　　那些未依 SEC 要求充分揭露公司經營狀況、財務報表等資訊，或甚至揭露不實資訊的公司，市場也會給予懲罰。那些公司的自由流通量（Free Float）較少，很難獲得市場的關注。對沖基金多傾向賣空個股，也不會有分析師會提出該公司的研究報告，所以市場不會給這樣的公司股價有表現的機會。運作正常且正當經營的公司，都會儘量提供各種投資說明資料，以讓投資者能充分地了解公司狀況。

> **Free Float**
> 自由流通量
> 除了持有 5% 以上股份的大股東、經營團隊、董事會等內部人士或投資機構所持有的股票之外其餘的股票。

　　如果公開揭露的資訊不足，股東們就會提出資訊揭露要求，例如某公司無揭露轉投資等應公開的特定經營績效資料（非 SEC 要求的強制揭露項目，但可幫助市場了解公司狀況），除了監管機構外，就算是非股東的一般散戶，也可向該公司要求公開揭露相關資訊。這樣的特性，讓美國股市投資環境更加公正與透明，進而吸引更多投資者進場投資。

全球投資者應該要對投資美國股市有正確認知，否則可能會被專業投資機構割韭菜，或是被比你掌握更多資訊的投資者割韭菜。所以投資美國股市前，至少要掌握跟美國投資者相同程度的資訊能力。

股價
反映個股價值

估值的必要性

價值投資已死？

「現在還有誰在玩價值投資？在華爾街的我們要提供資料給投資機構參考，所以我們看財報、做基本面分析，但散戶還有誰會這樣做呢？短期幾乎沒什麼報酬……」

這是一名某投資銀行新職員，在培訓班時對我說的話。每年夏天，本科或碩士畢業剛進入華爾街投資銀行的新職員，都要經過約兩個月的培訓，其中最多時間的課程，就是學習根據財報做基本面分析、掌握公司估值方式。我之前也接受過多家投資銀行邀請，擔任過幾次員工財務分析課程的講師。

每家投資銀行都會有職員說這樣的話。也就是說，這些在

第一線負責股市投資相關業務、為企業併購提供諮詢、在股市第一線工作的投資銀行公司金融部門職員，比起個股的價值投資，更重視個股的動能投資！

一開始聽到這種話時，我有點不知道如何回答，雖然後來也被問了幾次，但我還是認為即使是散戶，也要從價值投資的角度去分析個股公開資料和財務報表。

股票價格的漲跌，不是由交易排行、產業類股或是內部資料等因素所決定，而是由市場眾多投資者認可的公司價值投票所決定。

如果你認同這句話，你就不會提出前面的問題。掌握所有公開資訊和財務報表，就是要盡可能計算出各個公司的真實價值，如果確切地掌握所有的公開資訊和財務報表，卻還在抱怨報酬太低，那就不是價值投資的問題了，關鍵在於你持股多久。

做幾次短線操作還能擁有高獲利的話，只能說是運氣好，我還沒看過長期一直短線操作還能保持高獲利的人。如果真的有不論個股價值，幾十年長期下來，都一直做短線操作還能保持高獲利的人，那他一定可以成為華爾街的傳奇人物。請告訴我哪裡有這樣的人，我一定感激不盡。

找出公司隱藏資訊的方法

即使我不特地解釋，每次財務分析培訓課程結束時，有前

述問題的職員，自己也都會知道答案，因為在正確閱讀公開資訊和財務報表的同時，他們就會發現更多公司背後隱藏的祕密。如果能夠掌握這些資訊去觀察股價，就會看到之前沒注意到的事。

如果你知道了個股股價的波動原因、知道股價是貴還是便宜，也知道是什麼原因造成上漲或下跌，這些還不能拉高你的投資報酬率的話，那還有什麼可以做得到呢？

即使你讀懂公司財務報表的內容，也清楚公司未來成長機會及可能發展變數，但你還是無法用這些已知的公開揭露資訊去預測股價走勢，這是因為不能對公司所公開揭露的資訊照單全收。

很多人都說財務報表充滿字裡行間的玄機，例如公司為什麼漏列計算特定項目的費用、是不是故意排除，經營團隊說的業務報酬是不是真的可持續、財報有沒有隱藏負債或資產等，財報上可以質疑的問題真的不少。

如果財報出現「特別損益」（Extraordinary Gains/Losses）、「一次性費用」（One-Time Expenses、Non-recurring Charges）等項目，就有必要進一步掌握該項目的資金流向。在不違反會計標準（美國為 GAAP，海外公司為 IFRS）的情況下，公司只會揭露經營團隊想要揭露的部分，包裝特定項目費用，並很有可能嚴重地扭曲財務報表上的數字。這種做法跟捏造帳本、故意隱瞞的「財務欺詐」完全不同。

因為公司可能不會守法編列報表，所以投資者需要學會如

何保護自己。幸運的是，美國股市很保護投資者，相對於其他國家股市，公司經營團隊跟外部利害關係者之間資訊不對稱的情況，在美國市場是最小的。

難道這些玄機，是只有擁有財務或會計知識豐富才能，以及投資銀行、證券公司的職員或擁有會計師資格認證的人才能知道的嗎？當然不是。散戶也想要投資優質個股，提高報酬率，而不是跟證券分析師一樣撰寫個股研究報告。

正如前面所說，了解美國股市公開揭露資料的內容並不困難。只是美國公開揭露資料都是英文，而非母語，要接觸這些資料多少還是有些隔閡，本書就是要幫助你消除語言隔閡。

本書介紹了投資美國股市所需要知道的各類公開揭露資料，但要看完那麼多的公開資料，需要非常多的時間。本書會集中說明哪些種類、哪個部分的資料需要詳讀，也會告訴你如何質疑或驗證這些資料的正確性。

Q&A

Q 美股也有主題類股或主力股嗎？

A 美國和南韓一樣，既有主題類股，也有主力拉抬的股票。美國的主題類股，例如在美國大選時，紛紛出現以候選人名字命名的主題類股，當共和黨或民主黨提出的政策被市場認可時，相關的個股或概念股就會上漲。

由於股市和實體經濟高度連動，當發生特定事件時，就會有股票因此受惠而上漲，或是受到衝擊而下跌。但這些特定事件引發的股價波動都只是短期波動，可能幾天或幾個星期就會回到原先價位，如果要做長期投資，最好不要因此就衝動賣出股票。

此外，也存在著刻意拉抬股價的主力；在美國主力操作股價的難度並不低，因為美國股票的交易規模較大，若沒有一定規模，是很難操作股價的，近期的代表例是 2020 年軟銀孫正義以龐大的交易量推升了 60% 以上的市場走勢，被市場稱為納斯達克鯨魚（Nasdaq Whale）。

雖然拉抬美國股市不只有孫正義，但能成為被市場認可的主力，至少要跟孫正義主導的基金規模相同。據悉，孫正義專門負責股票運營的基金約為 100 億美元。雖然孫正義的基金規模並不是真的可以完全左右美國市場，但也不容忽視，因為這樣的資本規模真的不小。

由於美國市場規模龐大，還有眾多百萬美元起跳的投資基金，所以不容易出現單一主力就能操縱股價的情況，因此美國股市更適合以基本面切入投資。

另外，美國有一檔 ETF，叫做 Meet Kevin 定價能力主動型 ETF，代號 PP（The Meet Kevin Pricing Power ETF），這檔 ETF 的創始人叫做 Kevin Parrath，是標準美國的財經網紅，過去還曾經去參選加州州長民主黨初選，其成分股都是特斯拉、蘋果、輝達等市場主流科技股，滿符合網民的的口味。

台灣的部分，在選舉期間，台灣也容易炒作選舉相關類股，比如民進黨政府大力推行的綠電產業，像是世紀鋼、新光鋼、中鋼構、上緯投控、台船、永冠 -KY、聯合再生等等，這幾年經常因勝選，政策因素而受到市場吹捧。或是生技股的高端、國光生，近兩年也由於政府支持台灣疫苗而受到市場拉抬。

英文名稱	The Meet Kevin Pricing Power ETF		
ETF名稱	Meet Kevin定價能力主動型ETF	交易所代碼	PP
發行公司	Tidal Financial Group	總管理費用(%)	0.77 (含 0.02 非管理費用)
成立日期	2022/11/28 (已成立0年)	ETF市價	21.5707 (2023/05/05)
ETF規模	21.33(百萬美元)(2023/04/28)	追蹤指數	
投資策略	本基金為主動型ETF，旨在尋求長期資本增值。旨在通過主要投資於創新公司在美國上市的股票證券來實現其投資目標。顧問將"創新公司"歸類為基金的次級顧問確定的參與開發新產品或服務、技術進步、消費者參與和/或與業務增長有關的顛覆性方法的公司，次級顧問預計這些方法將對公司運營的市場或行業產生重大影響。		

持股明細

資料日期：2023/05/01

個股名稱	投資比例(%)	持有股數
TESLA INC	25.28	32,818.00
APPLE INC	15.36	19,311.00
ENPHASE ENERGY INC	10.27	13,344.00
THE TRADE DESK INC	7.36	24,409.00
ADVANCED MICRO DEVICES INC	5.62	13,410.00
NVIDIA CORPORATION	5.59	4,296.00
EMBRAER S.A.	5.55	76,629.00
ASML HOLDING N V	4.96	1,665.00
TAIWAN SEMICONDUCTOR MFG LTD SPONSORED ADS	4.78	12,102.00
INTEL CORP	3.22	22,100.00

資料來源：Monet DJ

另外，台灣上市櫃股票高達 1600 多檔，數目之多，也容易讓投資人搞烏龍，比如，2020 年台股受疫情影響，防疫概念股連日受買盤追捧，當時的印刷股花王 (8906-TW)，就被誤認是出產醫藥衛生日常用品的花王，連拉 3 根漲停，事實上，做生活用品的花王，其實是日本公司，在日本交易所掛牌交易，當市場認錯，發現此「花王」非彼「花王」，股價立即重挫跌停。

又比如，近幾年資安問題受全球關注，宏碁 Acer 旗下的安碁資訊（6690）投入國內資訊服務多年，在資訊戰成為熱門議題的 2020年，躍身成為企業資安龍頭之一。不過，卻有一次在公布亮麗財報後，名字類似的安碁科技（6174）卻漲停作收，這間安碁科技根本就是做石英加工、外銷的，與安碁資訊沒什麼關係，財報也尚未公布，這種烏龍現象時常在台股發生。

---

* 台灣相關資訊由審訂專家游庭皓補充。

華爾街投資大師
為何選擇價值投資？

價值投資的真正意義

價值投資的荊棘之路

價值投資的特性是，長時間內低於市場平均報酬率的特性，因此常被希望短期就能獲得高報酬的投資者忽視。這 2 ～ 3 年，我看到了許多投報率不及大盤的失望投資者。雖然很多散戶報酬率不及大盤，但最近連不少投資機構的投報率也不及大盤。

投資者知道價值投資的優點和長期報酬率，但也會因無法忍受相對較低的報酬率而對基金經理問責，隨著投資機構投資週期變短的趨勢，基金經理如果連續幾年創下低於市場報酬率的業績，投資基金就會被回收。

也就是說，就連投資機構對長期投資的忍受度也在降低。所以投資機構也開始拿回資金，改投那些可以帶來短期報酬的基金，即使投資機構也知道短期經常進出會降低投報率。

另一方面，也是有不少投資機構不看短期績效，而是根據價值投資的投資流程和框架，以選擇基金經理人委託投資。最後當然是後者在幾年後，獲得 50% 甚至 100% 的投報率。

價值投資的基本原則

價值投資的基本原則是，只要市場交易價格沒有被高估就可以長期持有，直到股價達到應有價值為止。雖然後面也會反覆提到，但判斷買進和賣出的唯一標準不是股價，而是價值。

事實上，沒有人知道被低估的股票要花多久才能回到市場價值。股價有可能在短短幾個月內達到合理水平，也可能需要幾年時間才會被市場關注而起漲。這一點就是價值投資者最難的部分。因為如果沒有明確信念、對價值強烈的確信，是很難等待幾年的時間。

但長期等待並不意味著就只盯著股價而什麼都不做，每當公司或市場出現變化時，就要重新評估個股價值，並不斷地思考自己判斷的數字是否正確、估值依據是否仍然有效、估算的合理股價是否發生變化。

等待過程中，也會出現估值變化的情況。當公司基本面發

生了很大變化時，就需要重新估值，要根據情況動態調整，如果確認股價已被高估時就應該儘快承認判斷錯誤並及時整理部位。如價值已出現變化，卻仍只是等待的話，則不能稱之為價值投資。

相反的，如果個股價值沒有變化，卻因為短期消息或行情波動就賣出的話，這也違背了價值投資的基本原則。最重要的是，你是否有自己的價值投資信念或策略，這是不能被別人決定或左右的。為了幫助自己評估合理價值，所需要的就是客觀資訊。

雖然價值投資看起來不好做，但美國股市已證明價值投資的效果，我們可以在美國股市看到價值投資大師的投報率紀錄。除了規模外，就制度而言，美國股市亦是全球最成熟的市場。美國股市不大可能出現跟基本面無關、被特定主力壟斷的暴漲股，因為從市場規模及高度重視資訊透明的市場結構來看，主力要炒作特定股票的難度非常高，極少出現像在南韓股市中，跟基本面完全無關、也沒有理由就暴漲暴跌的股票。

美國股市是以公司基本面為基礎，股價可反映實際價值，能讓價值投資者依據基本面分析和交易判斷以實現合理報酬的理想市場。

這就是華倫‧巴菲特（Warren Buffett）等價值投資者，數十年來能在美國投資業界保持壓倒性報酬率和影響力的原因。價值投資不是美國人的投資 DNA，而是美國金融當局、公司集團（Corporate America）、股東們建構制度而生的產物。

CHAPTER 2

【實例解析】
美國公司的公開資訊

一眼看懂首次公開
募股資訊（IPO）

S-1、S-11

投資 IPO 股票的第一步

　　首先要了解美國證券登記流程。當公司要在股票市場發行股票時，必須向 SEC 提交申請文件，稱為註冊聲明（Registration Statement）。該種註冊可分為兩類：1933 年證券法的發行註冊（Offering Registration）和 1934 年證券交易法的交易註冊（Trading Registration）。

　　公司發行股票時，必須辦理 SEC 的登記手續，而首次向投資者發行股票所需的文件被稱為「發行註冊」，簡稱為 Offering Docs，這份文件按規定要包含申請公司的招股說明書（Prospectus）。在提交 Offering Docs 並通過 SEC 的批准後，股

票就可以透過公開發行的方式發行。交易註冊是辦理場外交易（Over The Counter，OTC）證券登記所需的申請文件，不要求提供招股說明書。

股票發行的代表案例，就是首次公開募股（IPO），即是公司首次上市時發行的股票。為了 IPO 而向 SEC 提交的文件，即 IPO Offering Docs，稱為「S-1」報告。申請文件名稱依公司設立類型而有所不同，一般公司的 IPO 文件稱為 S-1 報告，不動產（REITs）、有限合夥（Limited Partnership）或投資信託（Investment Trust）則稱為「S-11」報告。

上述提到的文件，都包含 IPO 前未上市公司的所有資料，因此也是對公開發行股票感興趣的投資者的必看內容。

取得 S-1 報告的方法

S-1 報告可以在公司的 IR 網站找到，但最簡單的方法是利用 SEC 的 EDGAR 公開揭露系統，即於 EDGAR 系統的搜尋欄中輸入公司名稱或股票交易代號（Ticker）

Prospectus
招股說明書
提供給潛在投資者的商業招股說明書，描述商業模式、融資計畫、財務狀況、基本證券信息、高階經理人簡介和公司治理結構。例如，當一家公司發行普通股時，招股說明書解釋了普通股的詳細條款和條件，例如普通股的投票權、優先股與可轉換股以及股息。發行債券時，招股說明書提供債券的配息時間表、收益率、到期日等相關信息。可視為掌握公司證券的路線圖。

Ticker
股票交易代號
證券系統使用的上市公司的簡稱，也稱為符號。

就可搜尋到相關報告。

　　以 2019 年最大規模的 IPO 公司 Uber（NYSE：UBER）為例，來搜尋 S-1 報告。以 Uber 的代碼「UBER」進行搜尋後，在搜尋過濾器的 Filing Type 欄位中輸入「S-1」，然後再次搜尋。UBER 的股票代號：搜尋「UBER」後，打開公開資訊清單，並在搜尋條件中輸入「S-1」進一步搜尋即可。

　　會出現 S-1 報告和 S-1/A 報告兩種搜尋結果。S-1 報告是在 4 月 11 日公告。S-1/A 報告的「A」是修訂（Amendment）的縮寫，可以理解為 S-1 報告第一次公告後的更新版本，一般都會經過多次修改，且所有的修改紀錄都會公開，所以最好尋找最新的修訂版本。開啟最新版的 S-1/A 報告，會先看到封面頁。

　　S-1 報告的封面頁包含了重要資訊。封面頁上方有上市公司

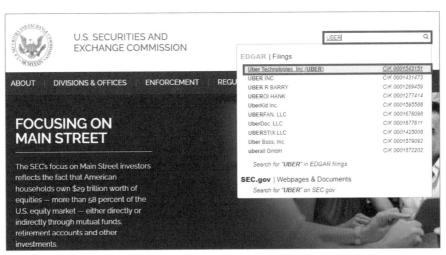

在 EDGAR 搜尋欄中輸入 Uber 的標籤「UBER」後，在結果清單選擇「Uber Technologies, Inc(UBER)」。

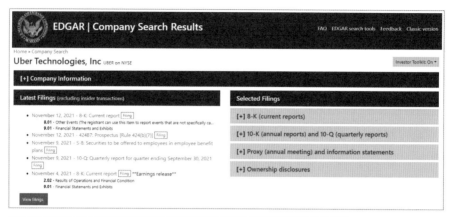

在搜尋結果頁面點擊綠色的「View filings」按鈕打開公開資訊清單，並於「Search table」欄輸入「s‑1」，將顯示 S‑1 和 S‑1/A 兩種結果。（資料來源：SEC）

名稱和主要經營團隊（創始人、CEO、CFO）的資料，封面頁下方有最重要的 IPO 規模（IPO Size），即公司公開資金籌措規模的表格，稱為收費表（Fee Table）。

此表是為了計算 SEC 所規定的股票註冊費（Registration Fee），但投資者也能從下列內容快速得知，該公司想透過 IPO 籌措的資金規模和向市場提出的股價最高值。

As filed with the Securities and Exchange Commission on April 26, 2019.

Registration No. 333-230812

UNITED STATES
SECURITIES AND EXCHANGE COMMISSION
Washington, D.C. 20549

AMENDMENT NO. 1
TO
FORM S-1
REGISTRATION STATEMENT
UNDER
THE SECURITIES ACT OF 1933

UBER TECHNOLOGIES, INC.
(Exact name of Registrant as specified in its charter)

Delaware	7372	45-2647441
(State or other jurisdiction of incorporation or organization)	(Primary Standard Industrial Classification Code Number)	(I.R.S. Employer Identification Number)

1455 Market Street, 4th Floor
San Francisco, California 94103
(415) 612-8582
(Address, including zip code and telephone number, of Registrant's principal executive offices)

Nelson Chai
Chief Financial Officer
Uber Technologies, Inc.
1455 Market Street, 4th Floor
San Francisco, California 94103
(415) 612-8582
(Name, address, including zip code and telephone number, including area code, of agent for service)

Copies to:

Tony West
Keir Gumbs
Uber Technologies, Inc.
1455 Market Street, 4th Floor
San Francisco, California 94103
(415) 612-8582

David Peinsipp	Eric W. Blanchard	Alan F. Denenberg
Siana Lowrey	Kerry S. Burke	Sarah K. Solum
Andrew Williamson	Brian K. Rosenzweig	Davis Polk & Wardwell LLP
Cooley LLP	Covington & Burling LLP	1600 El Camino Real
101 California Street, 5th Floor	620 Eighth Avenue	Menlo Park, California 94025
San Francisco, California 94111	New York, New York 10018	(650) 752-2000
(415) 693-2000	(212) 841-1000	

Approximate date of commencement of proposed sale to the public: As soon as practicable after the effective date of this registration statement.

If any of the securities being registered on this Form are to be offered on a delayed or continuous basis pursuant to Rule 415 under the Securities Act of 1933, check the following box. ☐

If this Form is filed to register additional securities for an offering pursuant to Rule 462(b) under the Securities Act, check the following box and list the Securities Act registration statement number of the earlier effective registration statement for the same offering. ☐

If this Form is a post-effective amendment filed pursuant to Rule 462(c) under the Securities Act, check the following box and list the Securities Act registration statement number of the earlier effective registration statement for the same offering. ☐

If this Form is a post-effective amendment filed pursuant to Rule 462(d) under the Securities Act, check the following box and list the Securities Act registration statement number of the earlier effective registration statement for the same offering. ☐

Indicate by check mark whether the registrant is a large accelerated filer, an accelerated filer, a non-accelerated filer, a smaller reporting company, or an emerging growth company. See the definitions of "large accelerated filer," "accelerated filer," "smaller reporting company," and "emerging growth company" in Rule 12b-2 of the Exchange Act.

Large accelerated filer	☐	Accelerated filer	☐
Non-accelerated filer	☑	Smaller reporting company	☐
		Emerging growth company	☐

If an emerging growth company, indicate by check mark if the registrant has elected not to use the extended transition period for complying with any new or revised financial accounting standards provided to Section 7(a)(2)(B) of the Securities Act. ☐

CALCULATION OF REGISTRATION FEE				
Title of each Class of Securities to be Registered	Amount to be Registered(1)	Proposed Maximum Offering Price Per Share(2)	Proposed Maximum Aggregate Offering Price(1)(2)	Amount of Registration Fee(3)
Common Stock, par value $0.00001 per share	207,000,000	$50.00	$10,350,000,000	$1,254,420

(1) Includes the aggregate amount of additional shares that the underwriters have the option to purchase.

(2) Estimated solely for the purpose of calculating the registration fee in accordance with Rule 457(a) of the Securities Act of 1933, as amended.

(3) The Registrant previously paid $121,200 in connection with the initial filing of the Registration Statement.

The Registrant hereby amends this Registration Statement on such date or dates as may be necessary to delay its effective date until the Registrant shall file a further amendment which specifically states that this Registration Statement shall thereafter become effective in accordance with Section 8(a) of the Securities Act of 1933, as amended, or until the Registration Statement shall become effective on such date as the Securities and Exchange Commission, acting pursuant to said Section 8(a), may determine.

UBER 的 S-1/A 報 告 封 面，在 下 方 表 格 的「Proposed Maximum Aggregate Offering Price」欄位，記載了資金籌措規模。（資料來源：S-1/A, UBER, 2019.04.26）

費用表（Fees Table）主要內容

- 註冊證券種類（Common Stock）普通股
- 為登記有關證券而發行的股份數目（Amount to be Registered）此處為IPO公募發行總數
- 提議的每股公開發行價（Proposed Maximum Offering Price Per Share）
- 預計IPO規模（Proposed Maximum Aggregate Offering Price）每股公開發行價 × 發行股份總數

但此處記載的發行股票總數，通常包括IPO承銷商（Underwriters）所持有的認購期權（Call Option）股票，正式上市後，在公開市場進行交易的股票數量會更少。另外，因為這是為了計算費用的數值，所以記載了最高值。

但預計公開發行價格不是一個數字而是一個價格區間，並且是以其中最高的價格計算，請特別注意。實際上，IPO當天交易的公開發行價格可以從價格區間的最低價開始交易。

IPO 報告中的重點

從 S-1 報告目錄可以看出，公開揭露的資料超過數百頁。但不要被龐大的資料量嚇到，除非你是專業投資人，否則沒必要讀完所有內容，非常沒有效率。不過，我每天都要仔細閱讀數千頁以上的公開揭露資料，計算各式各樣的東西，有點不好意思說什麼重要、什麼不重要。在我眼裡，一切都很重要。

其實像 S-1 這種動輒數百頁的公開資訊，只要能夠讀完概括主要內容的「發行」（The Offering）部分就已經有莫大助益。因為這部分的內容，將會針對股票發行的技術性內容、企業介紹、商業模式和與未來發展相關的定性分析做出妥善歸納。

尤其要詳細確認下列三個項目。

- **IPO 概述**（The Offering）目的是確實了解 IPO 的進行過程中所發行的股票和資金籌措。建議要對籌措資金的使用目的和用途（Use of Proceeds）、股利政策（Dividend Policy），以及比較 IPO 前後的股權結構表、股價稀釋（Dilution）等內容有所認識。
- **經營團隊對公司財務狀況和經營績效的意見和分析**（M D&A；Management's Discussion and Analysis of Financial Condition and Results of Operations）
現在，我們把重點放在風險因子（Risk Factors）上。經營團隊主動揭露的企業風險，包含了可能對股價有負面影響

Cap Table

股權結構表

Capitalization Table 的 簡稱，顯示公司資本因 IPO 和融資等投資以及股權關係而發生變化的表格。

的資訊。S-1 是義務性的公開資訊，同時也是初次在投資人面前亮相時的宣傳資料，所以會儘量以正面描述產業願景和發展潛力，不過針對經營團隊無法略而不提的經營風險，也會加以說明。

- **合併財務和經營報表**（Consolidated Financial and Operating Data）

  必須細查過往營收的條項細節，進行財務分析。一間公司上市後是否能夠以充足的營收和資金為基礎，朝著長期發展的坦途邁進；或是會隨著估值的夢幻泡泡破滅，無法挽回頹勢一蹶不振。如何解讀財務分析將成為判斷的依據。

「Offering」一詞在公開說明書中指證券發行。也就是說，S-1 中的 Offering 即為於公開募股後首次發行的股票。首次在公開市場（Public Market）發行的股票——新股（Primary

▶ 在公開市場發行的股票總數

上市公司的 **Class A** 普通股總數 (Class A common stock offered by us)	52,375,000
+ 來自既有股東，在市場上流通的股票 (Class A common stock offered by the selling stockholders)	2,625,000
+ 承銷商的綠鞋（**Greenshoe**）股票數 (Underwriters' over-allotment option)	5,500,000
= 透過 **IPO** 發行股票的總數	60,500,000

THE OFFERING

Class A common stock offered by us	52,375,000 shares.
Class A common stock offered by the selling stockholders	2,625,000 shares.
Underwriters' option to purchase additional shares of Class A common stock from us, solely to cover over-allotments	5,500,000 shares.
Class A common stock to be outstanding after this offering	710,596,801 shares (or 716,096,801 shares if the underwriters exercise in full their option to purchase an additional 5,500,000 shares of our Class A common stock from us).
Class B common stock to be outstanding after this offering	131,807,224 shares.
Class C common stock to be outstanding after this offering	None.
Total common stock to be outstanding after this offering	842,404,025 shares (or 847,904,025 shares if the underwriters exercise in full their option to purchase an additional 5,500,000 shares of our Class A common stock from us).
Voting Rights	Shares of our Class A common stock are entitled to one vote per share.
	Shares of our Class B common stock are entitled to 10 votes per share.
	Shares of our Class C common stock have no voting rights, except as otherwise required by law.
	Holders of our Class A common stock and Class B common stock will vote together as a single class, unless otherwise required by law or our amended and restated certificate of incorporation (the "Charter"), which will become effective immediately prior to the completion of this offering. Upon the completion of this offering, (i) Mr. Tenev, who is also our CEO, President and a director, and his related entities will hold an economic interest in approximately 7.8% of our outstanding capital stock and Mr. Tenev will hold approximately 26.1% of the voting power of our outstanding capital stock and (ii) Mr. Bhatt, who is also our Chief Creative Officer and a director, and his related entities will hold an economic interest in approximately 7.8% of our outstanding capital stock and Mr. Bhatt will hold approximately 38.9% of the voting power of our outstanding capital stock, in each case, assuming such founder exercises his Equity Exchange Rights (as defined below) with respect to the shares received by him upon settlement of his IPO-Vesting Time-Based RSUs and IPO-Vesting Market-Based RSUs, and which economic interest and voting power may increase over time upon the vesting and settlement of other equity awards held by such founder that are outstanding immediately prior to the effectiveness of this offering.

包含羅賓漢 IPO 概要事項的 Offering 第一頁。（資料來源：424B4, p.16, HOOD, 2021.07.30）

	Shares Purchased		Total Consideration		Weighted Average Price Per Share
	Number	Percent	Amount (in thousands)	Percent	
Existing stockholders	790,029,025	94 %	$ 5,765,831	74 %	$ 7.30
New investors	52,375,000	6 %	1,990,250	26 %	38.00
Total	842,404,025	100 %	$ 7,756,081	100 %	$ 9.21

新股和舊股的組成、透過 IPO 籌資的相關簡表（綠鞋股票數除外）。（資料來源：424B4, p.122, HOOD, 2021.07.30）

Shares）的總數計算方式如下。

經過首次公開募股後流通在外的股票總數（Total Common

Stock Outstanding）將達到約 8 億 4,200 萬支。這和 IPO 中的股票發行總數概念不同，要記得兩者有別。在「資本還原」（Capitalization）、「股價稀釋」（Dilution）部分中，預估股權結構表（Pro-forma Cap Table）會呈現既有投資人（機構、VC、創辦人及高層管理人員等）、新股投資人、新股及舊股組成等資訊，值得多加參考。

IPO、有償增資等股票發行時必看的公開資訊：Form424B 系列

- **Form 424B1**

  提供初步公開說明書（Initial Prospectus、Preliminary Prospectus）中未提及的（省略或缺漏）新資訊。

- **Form 424B2**

  發行新證券（發行新股或債券）時，提供該證券的發行價格及發行方式等資訊（並非有償增資，而是首次於公開市場發行股票時）。

- **Form 424B3**

  初步公開說明書中的內容發生變化且可能造成影響時，提供修訂資訊。

- **Form 424B4**

  在 IPO 時隨 S-1 一同公布，包含證券最終發行價格及投資金額分配、籌措方式（Distribution of Securities）相關資訊的最終公開說明書（Final Prospectus）。

透過 S-1 掌握商業模式：
新創企業樹立的「華爾街新標準」

投資人閱讀 S-1 等所有公開資料時，最應該透澈了解的重點，莫過於企業的商業模式。帶動股價的關鍵不在於企業的財務和會計，而在於獲利模式。詳讀這部分的資訊，將有助於投資人了解企業如何提升營收，成本結構為何。

羅賓漢開創零佣金（Zero-commission）證券交易，使德美利證券（TD Ameritrade）、嘉信理財（Charles Schwab）、先鋒領航集團（Vanguard）等傳統證券經紀平台，幾十年來作為財務基礎的手續費收入不復存在，開創華爾街的新標準。

這樣一來，證券經紀商該如何獲利呢？只要稍微看過羅賓漢公開資訊中的財報和 MD&A，一定會注意到「交易型營收」（Transaction Based Revenue）數值作為主要營收頻頻出現。這正是羅賓漢的主要獲利模式。此外，羅賓漢也公開了以 IPO 為起始點創造收益的新指標——日均收入交易（DART；Daily Average Revenue Trades）。

"We define 'daily average revenue trades' as the total number of revenue generating trades executed during a given period divided by the number of trading days in that period." (S-1/A2, p.144, 2021.07.27.)

原本的 DART 指標是指證券經紀平台有交易手續費收益的日均交易量,在羅賓漢的創舉之後,詞義的涵蓋範圍擴大至不含手續費的交易。

建議經由這樣的方式,確認驅動企業獲利模式的主要估值指標,並透過確認營運指標,與競爭業者比較及評估。因為這是公布每季營收時分析師著重觀察的數值,也是投資人緊盯不放的營收指標,大幅牽動著股價的起伏。

Key Components of our Results of Operations

Revenues

Transaction-based revenues

Transaction-based revenues consist of amount earned from routing customer orders for options, equities and cryptocurrencies to market makers. When customers place orders for equities, options or cryptocurrencies on our platform, we route these orders to market makers and we receive consideration from those brokers. With respect to equities and options trading, such fees are known as PFOF. With respect to cryptocurrency trading, we receive "Transaction Rebates." In the case of equities, the fees we receive are typically based on the size of the publicly quoted bid-ask spread for the security being traded; that is, we receive a fixed percentage of the difference between the publicly quoted bid and ask at the time the trade is executed. For options, our fee is on a per contract basis based on the underlying security. In the case of cryptocurrencies, our rebate is a fixed percentage of the notional order value. Within each asset class, whether equities, options or cryptocurrencies, the transaction-based revenue we earn is calculated in an identical manner among all participating market makers. We route equity and option orders in priority to participating market makers that we believe are most likely to give our customers the best execution, based on historical performance (according to order price, trading symbol, availability of the market maker and, if statistically significant, order size), and, in the case of options, the likelihood of the order being filled is a factor as well. For cryptocurrency orders, we route to market makers based on price and availability of the market maker.

S-1 公開資訊中的獲利模式說明。(資料來源:S-1/A2, p.141, HOOD, 2021.07.27)

		Three Months or Month Ended	
		June 30, 2020	June 30, 2021
Key Performance Metrics		Actual	Estimate
Net Cumulative Funded Accounts[2]		9.8	22.5
Monthly Active Users (MAU)[3]		10.2	21.3
Assets Under Custody (AUC)[4]	$	33,422	$ 102,035

(2) See "Management's Discussion and Analysis of Financial Condition and Results of Operations—Key Performance Metrics" for a definition of "Net Cumulative Funded Accounts."
(3) Reflects MAU for June of each period presented. See "Management's Discussion and Analysis of Financial Condition and Results of Operations—Key Performance Metrics" for a definition of "MAU."
(4) See "Management's Discussion and Analysis of Financial Condition and Results of Operations—Key Performance Metrics" for a definition of "AUC."

S-1 公開資訊中說明的羅賓漢代表性關鍵績效指標(KPI)。表格中,「NCFA」是循環性帳戶(有現金入帳)數,「MAU」是每月活躍用戶數,「AUC」則是託管資產。(資料來源:S-1/A2, p.30, HOOD, 2021.07.27)

Overview

Our mission is to **democratize finance for all**.

Robinhood was founded on the belief that everyone should be welcome to participate in our financial system. We are creating a modern financial services platform for everyone, regardless of their wealth, income or background.

The stock market is widely recognized as one of the greatest wealth creators of the last century. But systemic barriers to investing, like expensive commissions, minimum balance requirements and complicated, jargon-filled paperwork, have dissuaded millions of people from feeling welcome or able to participate.

Robinhood has set out to change this. We use technology to deliver a new way for people to interact with the financial system. We believe investing should be familiar and welcoming, with a simple design and an intuitive interface, so that customers are empowered to achieve their goals. We started with a revolutionary, bold brand and design, and the Robinhood app now makes investing approachable for millions.

Revenue model. Our mission to democratize finance for all drives our revenue model. We pioneered commission-free trading with no account minimums, giving smaller investors access to the financial markets. Many of our customers are getting started with less, which often means they are trading a smaller number of shares.

Rather than earning revenue from fixed trading commissions which, before Robinhood introduced commission free trading, had often ranged from $8 to $10 per trade, the significant majority of our revenue is transaction-based. We earn transaction-based revenue from market markers in exchange for routing our users' equity, option and cryptocurrency trade orders to market makers for execution. With respect to equities and options trading, such fees are known as payment for order flow, or PFOF, and with respect to cryptocurrency trading such fees are known as "Transaction Rebates." For the three months ended March 31, 2021, PFOF and Transaction Rebates represented 81% of our total revenues and, as a result, our revenues are currently substantially dependent on these fees. Our transaction-based revenue model could be harmed by decreased levels of trading generally or by industry or regulatory changes that could tighten spreads on transactions.

In addition, PFOF practices have drawn heightened scrutiny from the U.S. Congress, the SEC and other regulatory and legislative authorities. These regulators and authorities may adopt additional

提供羅賓漢獲利模式 PFOF 說明的公開說明書第一頁。（資料來源：S-1/A2, p.1, 2021.07.27）

在 S-1 公開資訊中，詳述了羅賓漢的主要收益來源 ── PFOF 獲利模式。羅賓漢的營收 80% 以上源自 PFOF，交易金額每 100 美元平均可獲得 2.5 美分的收益，每股交易可獲得 0.23 美分的收益。

現有的交易手續費模式對交易量小的投資散戶來說非常不利，羅賓漢投入 PFOF 模式，大幅改善了進行小額交易的投資散戶所需要花費的交易成本，這是不可否認的事實。不過他們將（投資散戶占大多數的）投資人交易數據，販售給被稱為造市商（Market Maker）的機構，並從中獲利的行為引發了爭議。儘管此一風波尚未平息，但羅賓漢的確開創了證券經紀產業的新模式，並使其成長到無法取代的規模。

讓美國投資散戶撼動市場的 PFOF 模式

　　羅賓漢之所以能急速成長，必須歸功於奠定其收入結構的
PFOF（Payment For Order Flow）模式。PFOF 是指將客戶買進
賣出的交易訂單交給 Citadel Securities 或 Virtu Financial 等造市
商執行，並從中獲利。

▶ 了解 PFOF 模式：造市商和證券經紀商的角色與資金流動

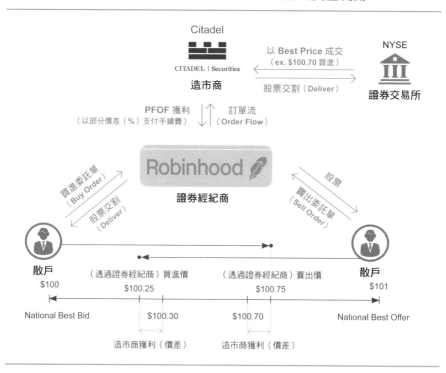

像羅賓漢這樣，由證券交易經紀商將源自客戶的訂單流（Order Flow）轉給造市商，從中獲得
的利益即稱為 PFOF 或回扣（Rebate）。證券經紀商只扮演仲介買賣的角色，最終的交易由造
市商執行。造市商提供比證券交易所交易價格 NBBQ（National Best Bid/Offer）略好的買進／
賣出報價條件。

舉例來說，用戶買進 Google 股票，羅賓漢便會將該訂單轉交給 Citadel Securities，從中賺得的手續費即稱為 PFOF。羅賓漢的交易方式比其他證券交易平台更簡單，而且可以在不受特別限制的情況下交易股票外的其他商品，這正是羅賓漢爆炸性成長的主要原因。

　　在羅賓漢上，只要輕輕一點，就可以完成期權、槓桿商品和保證金交易等高風險商品的交易，還會響起慶祝音效，這些主要是投資機構或合格投資人（Qualified Investor，QI）才會涉

▶ **美國主要證券經紀商 PFOF 比較（單位：美分）**

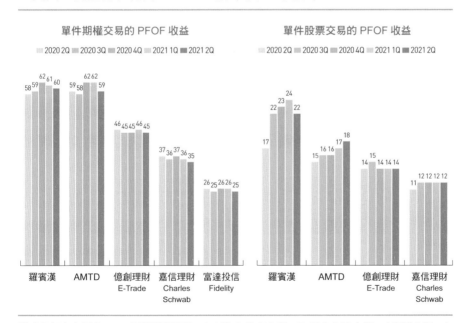

證券經紀商必須向 SEC 提供詳細資訊，包括如何執行交易，取得多少資金等。（資料來源：各公司公開資訊）

足的領域。羅賓漢的 APP 亦使購買比特幣等加密貨幣或零股（Fractional Shares）變得輕而易舉，因此吸引許多散戶加入，使得爆發性的交易量更錦上添花。

隨著羅賓漢另闢蹊徑，其他競爭業者也在股市波動中嘗到甜頭。德美利證券（NASDAQ：AMTD）的訂單流（Order Flow）第 1 季收益為 2 億 200 萬美元，第 2 季激增至 3 億 2,400 萬美元，億創理財（E-Trade）從第 1 季到第 2 季則是由 8,000 萬美元成長到 1 億 1,000 萬。

法規風險與股價間的關係

S-1 公開說明書是座寶庫。因為是在首次公開募股前初次公布的公開說明書，至今因為未上市而無人知曉的營運、財務和會計資訊都將公諸於世。詳讀原先從未公開過的過往營收、估值和產業分析，可以吸收到關於公司、商業模式和產業相關的新資訊。

重要的是要培養出洞察公開資訊並活用觀點的能力，這件事並不困難，只要訓練幾次，大家都能做得到。以羅賓漢的 S-1 公開說明書為例，這份公開資料的重點在於：驅動羅賓漢所屬產業成長的動力；讓羅賓漢做出市場區隔性的商業模式；以及牽制這種商業模式的法規風險及政策將對股價帶來什麼影響。

從下面的財務報表可以看到，企業之所以計算「調整後息

稅折舊攤銷前盈餘」（Adjusted EBITDA），是為了調整正常業務外的單次性收益和成本，以獲取營業利益。對了，數值前若是加上「normalized」或「recurring」，也有相同的意思。

身為投資人有必要學會分辨，被列在「營業外費損」中的法務成本究竟是真正的「單次」成本，或是對正常營運活動沒有影響的單發性事件。羅賓漢是將新的方法引進市場，開拓新模式的「規則破壞者」，可以預見勢必會與 SEC 產生各種摩擦，所以很難把法務成本視為不會循環發生的成本。

對股票投資人而言，這是不能忽視的風險因子。如果預計往後還是會被判處類似的 SEC 罰金或是商業模式受到制裁，那麼不只是企業的損益，業務的可持續性都將處於高風險之中，必然會影響到股價。

S-1 公開說明書中，有關「事業風險」的篇幅足足有 78 頁，其後也持續強調大部分的事業風險源自 PFOF 相關法規限制，且營業收入大幅依賴加密貨幣交易量，衍生自加密貨幣訂

(in thousands)	Year Ended December 31,		Three Months Ended March 31,	
	2019	2020	2020	2021
Net income (loss)	$ (106,569)	$ 7,449	$ (52,502)	$ (1,444,803)
Add:				
Interest expenses related to credit facilities	991	4,882	1,504	2,799
Provision for (benefit from) income taxes	(1,018)	6,381	(86)	11,779
Depreciation and amortization	5,444	9,938	1,728	3,821
EBITDA (non-GAAP)	(101,152)	28,650	(49,356)	(1,426,404)
Share-based compensation	26,667	24,330	2,412	8,996
Change in fair value of convertible notes and warrant liability[1]	—	—	—	1,492,269
Certain legal and tax settlements, reserves and expenses[2]	—	101,600	—	39,910
Adjusted EBITDA (non-GAAP)	$ (74,485)	$ 154,580	$ (46,944)	$ 114,771

在因 SEC 法規衍生的法務成本上，羅賓漢於 2020 年的支出為 1 億 100 萬美金，2021 年光是第 1 季的支出便約達 4,000 萬美金。（資料來源：S-1/A2, p.29, HOOD, 2021.07.27）

單流的收益稱為交易回扣（Transaction Rebate），易受加密貨幣價格波動影響的風險也不容忽視。而在奠基於 PFOF 的營業收入中，期權和加密貨幣交易的占比遠大於股票交易，所以亦有散戶投資轉向的風險。

Q&A

Q 如何得知企業的 IPO 時間和最終的 S-1 公開說明書？

A 計劃 IPO 上市的公司，主要依據路演時程來準備 S-1 報告。由於 SEC 審查和批准 S-1 報告初稿需要 25 天（約 3～4 個星期），公司在路演時程安排好之前，就要開始準備 S-1 報告。S-1 報告獲得 SEC 第一次審查批准後，就可以公布報告了，最遲要在路演開始前兩週公布。

之後，再依據 SEC 的要求或公司內部的修訂和補充，公布名為 S-1/A 的更新版本報告。路演時間短的話，約是 1～2 個星期的時間，但可視狀況延長。從散戶的角度來看，S-1 報告最早可以在 IPO 定價日期（Pricing Date）前一個月看到，參見下面美國公司的典型 IPO 時程表。

直到 IPO 前一天，S-1 報告都可以修改更新。因此，最好瀏覽公司 IR 網站提供的最新版 S-1/A 報告以及 IPO 報告的新聞稿（Press Release）。另一種方式是利用美國投資網站，關注個股的快訊即時通知服務，雖然會有幾分鐘到幾個小時的時間差，但市場關注度高的 IPO，時間差會降到最低，所以個股快訊往往會比較快通知。

▶ 美國公司的典型 IPO 時程表

Day - 1	組織會議（Org Meeting）
Day - 60	向 SEC 提交非公開初版 IPO 報告（First Confidential Submission to SEC）
Day - 100	向 SEC 提交修改後之非公開 IPO 報告（Second Confidential Submission to SEC）
Day - 130	在 SEC 公布 IPO 報告（First Public Filing With SEC）
Day - 160	在 SEC 公布修改後之 IPO 報告（Second Public Filing With SEC）
Day - 165	開始路演（Commence Road Show）
Day - 176	在 SEC 公布 S-1 報告最終審查版，IPO 價格敲定（SEC Declares S-1 Effective /Pricing Occurs）
Day - 177	IPO 交易開始（Trading Begins）
Day - 180	IPO 交易結束（Close IPO）

（資料來源：Latham & Watkins）

透露最多資訊的
年度財報

10-K、Annual Report

年報有兩種

「10-K ？我有讀過，但好像沒什麼內容，連 20 頁都不到，甚至像我這種英語不是很好的人也能很快看完，原來美國的年報內容這麼少嗎？」

有一天，一位投資美股數千萬韓元的好友對我說，想認真看自己投資的公司的年報，問我應該先看什麼部分。「所以你沒有看公司公開揭露資料，就買進股票？」我把這個疑問藏在心中。對於那位現在才要認真閱讀資料的好友，我只好教他認識各種資料。

我先推薦他閱讀公司的投資者關係簡報（Investor

Presentation），這比較簡單易讀，但他想看其他資訊。他說，想對照公司經營團隊每年設定的營收目標，核對過去三年的實際營收和財務報表。我告訴他，閱讀 10-K 年報是最快和最準確的。才不到 30 分鐘，他就發來簡訊說「沒有找到他要的內容」。

「這應該不是 30 分鐘內就能看完的資料吧？而且 10-K 報告怎麼只有 20 頁？」

本以為奇怪，後來才知道他看的不是 10-K 報告，而是 Annual Report，即簡化後的年報。10-K 報告是 SEC 的規定文件，根據 SEC 的規定，必須在公司財政年度（Fiscal Year）結束時提交。這個沒有辦法翻譯成韓文，字面意思就是 10-K。

因為 10-K 報告是公司經營績效的年度報告，所以有時也被稱為「年報」，但確切的名稱就是 10-K 報告。有些公司的 10-K 報告和 Annual Report 是不同的，但對有些公司而言則是指相同的報告。

Annual Report 也是公司在每個財政年度末發布的年度業務報告，但不會提交給 SEC，這只是一種公告給投資者的簡化文件。因此人們常常誤認為 10-K 報告與 Annual Report 是揭露相同的數據或內容，只是名稱不同，但實際上它們是完全不同的報告，因此 Annual Report 不等於 10-K。

雖然因公司而異，但 Annual Report 主要是公司宣傳資料形式的商業報告，其中包含大量圖表或參考資料（Exhibits），而 10-K 報告是要提交給 SEC 的正式文件，所以包含了非常豐富的

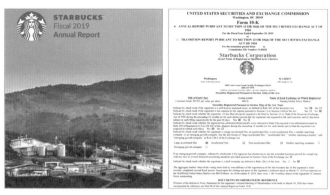

Starbucks（NASDAQ：SBUX）不另行製作年報，而是在 10-K 上加上封面作為年度公開資料。採取這種做法的企業不在少數。（資料來源：Fiscal 2019 Annual Report, SBUX, Starbucks Investor Relations）

Hilton Worldwide（NYSE：HLT）的 10-K 報告和 Annual Report 內容完全不同，後者內容簡短，由概括性的事業說明和重要數值、圖表組成。（資料來源：2019 Annual Report, HLT, Hilton Investor Relations）

公司資料。

　　雖然 10-K 報告是 SEC 規定必須提交的報告，但由於 SEC 對 Annual Report 沒有規定，所以有些公司的 Annual Report 就只是把 10-K 報告更改封面就發出。

10-K 報告中的重點

　　建議從公司的 IR 網站或 SEC 的 EDGAR 系統下載 10-K 報告。不需要看完整份報告，即使只閱讀主要內容，也能對公司現狀有深入了解。10-K 報告是 SEC 規定的文件，因此每間公司的 10-K 報告的目錄與內容結構都是一樣的。

　　第一部（Part 1）說明業務概要、風險和法律事項。

　　第二部（Part 2）報告主體，也是 10-K 報告的重點。這裡有 MD&A 部分，正式名稱是「經營團隊對公司財務狀況和經營績效的意見和分析」

　　（Management's Discussion and Analysis of Financial Condition and Results of Operations）。

　　依據證券交易法，MD&A 部分應包括以下內容：

・公司治理和組織結構
・公司合併財務報表
・公司營收目標、過去經營團隊預期值和實際值

Costco（NASDAQ：COST）2019 年 10-K 報告目錄，每間公司的目錄幾乎是一樣的。因為必須完全符合 SEC 的規範，內容不可有所缺漏。第一部分（Part 1）中，以紅色方塊標示的部分簡單說明了事業概要、事業風險等實用內容，有助於快速掌握商業模式或股價風險因子等資訊。第二部分（Part 2）是 10-K 報告的核心，包括營收財務狀況和 MD&A。（資料來源：10-K, COST, 2019.10.11）

- 主要業務概況、業務環境、市場動態
- 經營團隊評估業務風險和不確定性

　　這部分，對公司的現狀和經營績效提供了通俗易懂的解釋，包括公司的商業模式、營收、產業現狀和競爭態勢等整體業務藍圖，也提供了經營團隊的策略和方向。這是 10-K 報告的關鍵，所以一定要認真看。

例如，如果一間公司在三年前宣布要將某個業務部門的營業利益率提高多少百分比，則可輕易在這裡比較當前績效，檢視該目標是否達成。如果沒有達成預定目標，經營團隊也會詳細說明原因。如果營收目標在沒有外部障礙的情況下仍未達成，這可能就不是一個好的投資標的。

　　業務風險說明（Quantitative and Qualitative Disclosures About Market Risk）提供經營團隊認知的公司業務和產業風險、公司需要自行克服的營業財務風險、投資該公司股票的股東需要認知的風險。閱讀這些公開揭露資料，是為了判斷經營團隊是否盡全力提升企業價值，及是否具備合理的決策和執行能力。

　　作為投資者，為了能客觀地掌握和判斷企業優勢和劣勢，一定要仔細閱讀這部分。接下來是財務報表和補充事項（Financial Statements and Supplementary Data）。財務報表之中，基本上會有過去兩年的財務狀態表（Balance Sheet）、過去三年的損益表（Income Statement）和現金流量表（Cash Flow Statement）以及權益變動表（Statement of Changes in Equity）。10-K 報告公布的財務報表和數據，皆為通過會計審計（Audited）的內容。

　　財務報表的附注中有財務報表相關的其他資訊，如果好奇財務報表的特定項目，也一併閱讀附注。附注會說明各數值代表的含義、如何計算、遵循了什麼假設或會計規則，以及對營業績效有什麼影響等等。

　　第三部分（Part 3）是關於經營團隊、董事會組成和公司組

織結構（Directors, Executive Officers and Corporate Governance）的說明。管理人員的薪酬資訊（Executive Compensation）也有簡略記載。不僅如此，還有公司內部成員（管理人員、董事長、董事會成員等）的持股現狀、持有股份的所有外部投資者的資訊。

最後，第四部分（Part 4）是包括財務績效和各種參考資料的附錄內容。

順便說明，根據美國證券交易法，10-K 報告必須在財政年度結束後的 90 天內提交和公告，這意味著公司有將近 3 個月的時間來完成報告。如果公司會計年度的基準日為 12 月 31 日，則 10-K 報告要在次年 3 月左右提交。因此，在閱讀 10-K 報告時，需要注意報告完成日期（例如：2019 年 12 月 31 日）與實際公告日期（例如：2020 年 2 月 28 日）的期間與公司相關的事件、財務狀況以及經營環境的變化等。

這個時間差也表示投資者所看到的已經是至少 2 ～ 3 個月前的報告。因此，還要檢視已公告之財務報表以外的個股或 MD&A 相關事件（使用搜尋關鍵字），以填補空白期的資訊。

搜尋關鍵字
Recent Events、Recent Developments

快速應對
股價波動的祕訣
10-Q 和季度公開資訊

投資者對財報週的態度

對股票職業交易者而言,沒有不忙的一天。一年內有四個時期尤其令人喘不過氣來,那就是每一季的財報週(Earnings Season)。根據 SEC 規定,美國上市公司在每季結束後,必須於 45 天內公告該季的經營績效 10-Q 報告。

10-Q 報告和 10-K 報告(一年一次)的最大差異是,10-Q 報告的季財務報表,會標有「未經審計的財務」字樣(Unaudited Financials),也沒有 10-K 報告中詳細收錄的業務內容。

另外,美國上市公司不僅要向 SEC 提交 10-Q 報告,也會

對投資者發表各種公開資料：

- 主要業務的本季營利公布資料（Earnings Release）
- 更新後之季業務績效的投資人關係簡報（Investor Presentation）
- 包含營業績效補充財務狀況的財務補充說明（Financial Supplement）

雖然內容可能重複，但這是不同形態的公告內容。因此，在季報沒有出現的資料，也會出現在財務補充說明，投資者關係簡報也可能有 10-Q 報告沒提到的資料。投資者關係的簡報或財務補充說明，與因 SEC 規定所提交的 10-Q 報告不同，主要是從投資者的角度，傳達需要知道的或想要知道的內容，因此投資者能輕易掌握報告內容。

另外還有電話會議（Earnings Call）資料。在電話會議中，經營團隊會先發表經營績效，並向市場公布下季、半年、年度營收目標和期待值，之後會再和證券分析師進行問答對話（Q&A Session）。即使不是股東，投資者也可以參加電話會議。通常公司會提供直撥電話（Dial-in）或在公司 IR 網站以 Webcast 的方法進行。Webcast 可能會延遲 1 到 2 分鐘，但經營團隊在說明的同時，也會提供包含發表內容的 PPT 簡報，只要邊看資料邊聽會議對話，就能很容易理解經營團隊的發表內容。

使用 Bloomberg Terminal 的專業投資人，在聽取電話會議

談話的同時，也能開啟即時轉錄（Live Transcript）的功能，能即時將會議內容轉錄成文字，毫無遺漏。一般而言，公司也會在會議結束幾天後上傳會議紀錄，有些公司會在 IR 網站免費提供轉錄文字檔，但也有些公司不會提供。電話會議之所以重要，是因為經營團隊親自說出來的內容，有很多是 10-Q 報告或其他公開資料之中沒有的資訊。

而電話會議的亮點是分析師的問答階段，分析師會向經營團隊詢問有關當季和下一季營收的問題。有時分析師向經營團隊的提問以及經營團隊的回答，會即時反映在股價上，因此經營團隊對這些問題的回答有多好（或有多差），也會決定當下的股價走勢。

取得公開揭露資料的方法

最快找到各公司公開資料網頁的方法，就是將公司名稱和「Investor Relations」丟到 Google 中搜尋。以 Starbucks（NASDAQ：SBUX）為例，進入公司的 IR 網頁（investor.starbucks.com）之後，可再點進各季績效（Quarterly Results）頁面。

網頁中，有按季發表的 Earnings Release 資料、10-Q 報告和轉錄文字檔。雖然大部分的會議內容都是以 Webcast 或音檔的形式提供，但會提供所有通話內容的公司並不多。

在 Starbucks 的 IR 網站，能看到電話會議的參與者名單和會議文字檔的部分內容。

QUESTION AND ANSWER SECTION

Operator: Thank you. [Operator Instructions] Our first question comes from the line of David Tarantino with Baird. Please proceed with your question.

David E. Tarantino
Analyst, Robert W. Baird & Co., Inc.

Q

Hi. Good afternoon. My question, Rachel, is on the margin outlook that you gave, 17% this year and then growing to 18% to 19% in 2023. And I'm just wondering if you could sort of paint the picture of how you get from this year's margin outlook to next year's margin outlook. Are there certain offsets that are going to develop throughout the year that will lead to better performance? Or is there something onetime in the cost structure this year? Anything you can do to help provide some visibility on that path would be great.

Rachel Marie Ruggeri
Chief Financial Officer & Executive Vice President, Starbucks Corp.

A

Yeah. Thank you for the question. What I'd say is when we look at our margin that we're guiding for this year and we think about where we're headed to next year, as you know, there are over 640 basis points of dilution to our margin this year, given the investments we're making as well as some of the inflationary headwinds and changes, as outlined in my prepared remarks. We're going to work this year to offset the majority of that through pricing, through sales leverage, through productivity and other efficiency measures.

As we move into FY 2023, we'll continue those efforts. And that's going to allow us to return back to the 18% to 19% margin that we guided for the long term. We feel confident in that given that our growth at scale agenda and our focus on pipeline of innovation, our ability to continue to grow our digital customer memberships and our ability to continue to accelerate the service experience through new stores and through the experience we're creating in stores, coupled with productivity and efficiency, throughout our global network is really what allows us to continue on that path towards 18% to 19% margin, in line with our long-term guidance.

Kevin Johnson
President, Chief Executive Officer & Director, Starbucks Corp.

A

And, David, this is Kevin. Let me just add to Rachel's comments. The strategic investment we are making in wage, here's how to think about it. First, our Q4 and FY 2021 revenue results demonstrate that we are growing faster than the coffee addressable market as estimated by Euromonitor. We are taking market share.

Then if you look at consumer mobility, it's going to continue to increase, and we want to recruit and retain the very best talent for our stores. The most important investment we can make is in our green apron partners. We know this to be true because it has been proven time and time again throughout our 50-year history that when we take care of our partners, they always rise to the occasion and create that unique Starbucks experience for our customers.

Clearly, from my perspective, this investment in our partners is not only the right thing to do for them, it's also the right thing to do for all stakeholders, including our shareholders. We're on the front foot right now and we have this opportunity to accelerate by investing into the growth curve. This means with this investment, we predict higher market share gains as consumers return to our stores, and these share gains will be permanent and these share gains will create long-term shareholder value.

FACTSET: callstreet
1-877-FACTSET www.callstreet.com

13

Copyright © 2001-2021 FactSet CallStreet, LLC

Starbucks 經營團隊和分析師們的 Q&A 文字檔的部分內容。（資料來源：Starbucks Investor Relations）

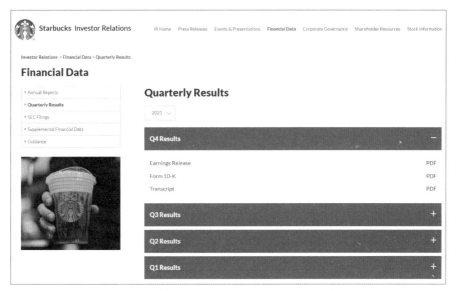

Starbucks 各季報告頁面。（資料來源：Starbucks Investor Relations）

如果在公司的 IR 網站上沒看到電話會議的轉錄文字檔，用 Google 搜尋也找不到有人分享檔案的話，也能到收費網站下載。在 SEC 提交報告書（SEC Filings）選單，可以下載 10-K、10-Q、8-K、Proxy 等報告的 PDF 檔。

在 補 充 財 務 資 料（Supplemental Financial Data）選單中，投資者可以下載營收指標和財務資料的 Excel 補充檔。經營團隊的年度或季營收預測值，也會整理給投資者。雖然不是所有公司都會提供整理好

Guidance
指導

公司期望的績效指標的預測。管理層在每個季度收益發布時提供下一季度、當年和明年的預測。這是分析師在進行財報電話會議時最關注的數字。

如果當前收益低於過去的指引，或者公布的指引低於市場預期，股價就會下跌。從某種意義上來說，它被稱為指導，為所有投資者提供了有關公司業績的指南。

的資料，但業績指引大多可以在 Earnings Release 資料或投資者
關係簡報看到。

最終股價與收益趨於一致

　　財報週是股價最敏感、波動幅度最大的時期。因為市場參
與者會根據各自掌握的資訊，買進可能發表營收超乎預期的公
司股票，或拋售營收不如預期的公司股票。一般都會在發表營
收之前就開始行動，而營收公告當天的波動是最大的。這時，
不僅是個別公司的營收，相關產業現狀和總體經濟的趨勢，也
會對股價產生不小的影響。

　　例如，科技產業蓬勃發展，而科技類股在市場也多以溢價
交易的話，如果沒有特殊因素，科技成長股在營收發表前，就
會在市場預期心理反映之下，表現出強勢的股價。營收發表當
天，如果該季的營收符合市場共識，那麼下一季或下一個會計
年度的營收預測，將是最大的關注焦點，因為該季的營收已經
全部反映在股價中。

　　即使是不關心或沒投資的公司，如果是同一產業的公司，
即競爭公司，也絕對不能忽視其營收狀況。如果投資標的的競
爭者成功開發出新產品，營收成長態勢比市場預期更高，那麼
投資標的之市場占有率就會相對萎縮，反而成為公司股價的利
空消息。

股價走勢的關鍵，
和市場共識間的鬥爭

分析師解讀未來的方法

在財報週推動股價的另一股力量

當我們提到股市中的「分析師」時，通常指的是賣方分析師。南韓股市說的分析師，也是相同意思。賣方分析師是華爾街投資銀行股票研究部門（Equity Research）的一部分，每位分析師都有負責研究的產業，並專注於該產業的特定公司。研究對象最少 3 ～ 4 間公司，最多也有 20 幾間公司。

從整體產業發展趨勢到單一公司的營收績效，分析師應該都要有完整的掌握。狹義上，這些分析師負責預測對象公司的營收，估算預期股價，但廣義而言，作為產業或公司的研究者，需要洞悉產業趨勢所引導之市場和股價方向。

每季或每當發生影響企業價值的特定事件時，他們都會更新該公司的合理估值估算模型，並發布一份概述公司業績和產業趨勢的報告。當然，即使是同家公司、同個產業，每位分析師的切入點也不同，因此分析方法、估值過程和合理企業價值也不盡相同。

判斷分析師能力的一個重要指標，是他對產業和公司趨勢的掌握程度，以及對市場趨勢的解讀，而不是財務報表中每個數字的估計有多準確。理性判斷和預測下一季或明年的營收成長率和營收收益率的增減幅度、市場規模將成長和萎縮多少，以及有哪些變數會驅動產業變化，這些都是分析師的職責。散戶要最大限度地利用這些分析師的分析結果進行投資。

「市場共識」會對公司股價產生相當大的影響，特別在財報週，其效果會被極大化。公司發表的營收低於市場預期共識時，稱為「Earnings Miss」；營收高於市場預期共識時，則稱為「Earnings Surprise、Earnings Beat」；如果遠低於市場預期，稱為「Earnings Shock」。

當然，營收表現出現 Earnings Miss 時，股價就會隨之下跌。因此，如果是潛在投資者或現任股東，想要加碼或賣出股票，就必須去關注市場共識的價格。市場共識並不是讓投資者猜測公司的營收指標，而是可以反映股價漲跌的基準值。

檢視市場共識的方法

有很多方法和資源,提供投資者檢視市場共識。美國有許多供散戶使用的股票資訊網站,就算是免費網站也有高品質的資訊,可以好好利用。例如,如果想知道 Apple Inc.（NASDAQ：AAPL）營收的市場共識,可以在雅虎金融（Yahoo Finance）網站的分析（Analysis）選單中,看到相關數字。

更重要的是,可以看到多位分析師對當前及下個季或會計年度的 EPS 和營收（Revenue）所預估（Estimate）的平均值、低點、高點區間。此外,在 Investing.com、EarningsWhispers.

在雅虎金融網站搜尋 Apple 營收和預測值（Estimate）的網頁畫面。（資料來源：Yahoo Finance）

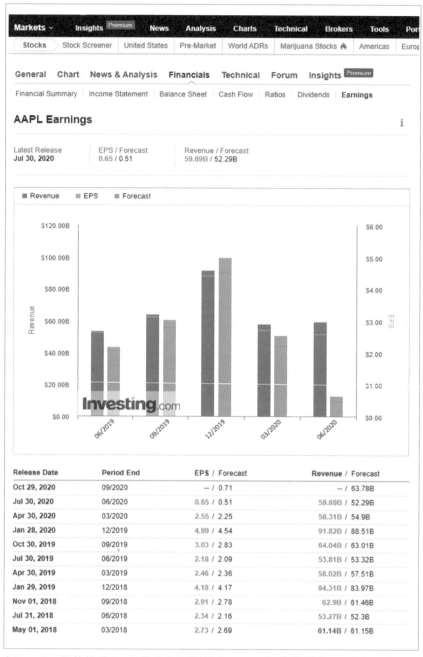

The table within the image:

Release Date	Period End	EPS / Forecast	Revenue / Forecast
Oct 29, 2020	09/2020	-- / 0.71	-- / 63.78B
Jul 30, 2020	06/2020	0.65 / 0.51	59.69B / 52.29B
Apr 30, 2020	03/2020	2.55 / 2.25	58.31B / 54.9B
Jan 28, 2020	12/2019	4.99 / 4.54	91.82B / 88.51B
Oct 30, 2019	09/2019	3.03 / 2.83	64.04B / 63.01B
Jul 30, 2019	06/2019	2.18 / 2.09	53.81B / 53.32B
Apr 30, 2019	03/2019	2.46 / 2.36	58.02B / 57.51B
Jan 29, 2019	12/2018	4.18 / 4.17	84.31B / 83.97B
Nov 01, 2018	09/2018	2.91 / 2.78	62.9B / 61.46B
Jul 31, 2018	06/2018	2.34 / 2.16	53.27B / 52.3B
May 01, 2018	03/2018	2.73 / 2.69	61.14B / 61.15B

在 Investing 網站搜尋 Apple 營收和預測值（Forecast）的網頁畫面。（資料來源：Investing.com）

com 等網站，搜尋個股營收資料時，也可以看到不同呈現方式、相同市場共識資訊的內容。若是選擇付費，可以看到比EBIT、EBITDA、FCF 等更詳細的共識資料。

　　但有一點需要注意，即使營收遠遠超出華爾街的預期，如果市場已預測並反映，即使出現 Earnings Surprise，股價也不會有太大波動，反之亦然。Earnings Shock 會導致股價暴跌，跌幅則視嚴重程度而定，但如果市場已經在一定程度上反映，跌幅可能不會比預期大。

　　有時會在一天之內發生連分析師也沒想到、但會改變產業格局的事件，或是由於不可預測的宏觀因素導致市場轉向，在分析師調整市場共識值前，市場心理就會反映在股價上。關鍵在於了解目前股價，最終會反映到什麼程度。

無法預測的
重大事件
8-K

第一時間掌握公司資訊的方法

2020 年 5 月，美國市場幾乎每天有許多公司申請破產的消息，感覺已經步入經濟衰退的美國社會，不僅股市受到衝擊，實體經濟也受到衝擊。僅僅在 5 月分，美國著名服裝公司 J. Crew、奢侈品百貨公司 Neiman Marcus、中價位百貨公司 J. C. Penney（OTCMKTS：JCPNQ）、Le Pain Quotidien 麵包店等，紛紛提交「Chapter 11」報告申請破產。

其中爭議最大的是租車業巨頭、擁有 102 年歷史的老牌 Hertz（OTCMKTS：HTZGQ）也提交 Chapter 11 報告申請破產。事實上，Hertz 會成為熱門話題，與其說是破產本身，不如

說是申請破產之後，股價的非理性波動。在看這個例子之前，先看企業申請破產時，投資者如何獲得突發新聞與細節。基本上，美國股市在公開市場，對「市場參與者的知情權」有很大的保護措施。

根據 SEC 的規定，當投資者必須知道的重要事件出現時，公司有義務必須在 SEC 系統發表 8-K 報告。在提交正式的季 10-Q 報告或年度 10-K 報告的期間外，公司的經營活動或財務狀況若有任何重大變化，都要立即發出 8-K 報告揭露以通知公開市場。

公司要先在 8-K 報告即時揭露最新資訊，之後再列入正式的 10-Q 或 10-K 報告中。代表公司一旦發生重大事件，就會隨時無預告地發布，因此對於追蹤的個股，就需要更加注意。

需要在 8-K 報告揭露的事項包含破產、重組（Restructuring）、併購、股權發行（Equity Issuance）、債務相關再融資（Re-financing）、經營團隊變動或董事會成員變動、資產買入或出售（Asset Sale/Acquisitions）、有形和無形資產價值的減額損失（Impairment Loss）等。

另外，由於新冠肺炎疫情爆發而導致公司經營環境和財務狀況發生變化，經營團隊對此所做的投資者更新資訊（Covid-19 Update），也要在 8-K 報告揭露。由於與公司相關的重大事件都必須揭露，因此去看 8-K 報告是最快的。

UNITED STATES
SECURITIES AND EXCHANGE COMMISSION
Washington, D.C. 20549

FORM 8-K

CURRENT REPORT
Pursuant to Section 13 or 15(d) of the Securities Exchange Act of 1934

Date of Report (Date of earliest event reported) May 19, 2020

HERTZ GLOBAL HOLDINGS, INC.
THE HERTZ CORPORATION
(Exact name of registrant as specified in its charter)

Delaware	001-37665	61-1770902
Delaware	001-07541	13-1938568
(State or other jurisdiction of incorporation)	(Commission File Number)	(I.R.S. Employer Identification No.)

8501 Williams Road
Estero, Florida 33928
239 301-7000
(Address, including Zip Code, and
telephone number, including area code,
of registrant's principal executive offices)

Not Applicable
Not Applicable
(Former name, former address and
former fiscal year, if changed since last report.)

Check the appropriate box below if the Form 8-K filing is intended to simultaneously satisfy the filing obligation of the registrant under any of the following provisions:

☐ Written communications pursuant to Rule 425 under the Securities Act (17 CFR 230.425)

☐ Soliciting material pursuant to Rule 14a-12 under the Exchange Act (17 CFR 240.14a-12)

☐ Pre-commencement communications pursuant to Rule 14d-2(b) under the Exchange Act (17 CFR 240.14d-2(b))

☐ Pre-commencement communications pursuant to Rule 13e-4(c) under the Exchange Act (17 CFR 240.13e-4(c))

Securities registered pursuant to Section 12(b) of the Act:

	Title of Each Class	Trading Symbol(s)	Name of Each Exchange on which Registered
Hertz Global Holdings, Inc.	Common Stock par value $0.01 per share	HTZ	New York Stock Exchange
The Hertz Corporation	None	None	None

Indicate by check mark whether the registrant is an emerging growth company as defined in Rule 405 of the Securities Act of 1933 (§230.405 of this chapter) or Rule 12b-2 of the Securities Exchange Act of 1934 (§240.12b-2 of this chapter).

Emerging growth company ☐

If an emerging growth company, indicate by check mark if the registrant has elected not to use the extended transition period for complying with any new or revised financial accounting standards provided pursuant to Section 13(a) of the Exchange Act. ☐

ITEM 1.01 ENTRY INTO A MATERIAL DEFINITIVE AGREEMENT.

The information contained in Item 2.04 regarding the waiver agreement is incorporated by reference herein.

ITEM 1.03 BANKRUPTCY OR RECEIVERSHIP

Voluntary Petitions for Bankruptcy

On May 22, 2020, Hertz Global Holdings, Inc. ("Hertz Global"), The Hertz Corporation ("THC," and collectively with Hertz Global, "Hertz" or the "Company") and certain of their direct and indirect subsidiaries in the United States and Canada (but excluding, without limitation, (i) Hertz International Limited, Hertz Holdings Netherlands BV ("Hertz Netherlands") and the direct and indirect subsidiary companies located outside of the United States and Canada (the "International Subsidiaries") and (ii) Hertz Vehicle Financing LLC ("HVF"), Hertz Vehicle Financing II LP ("HVF II"), Hertz Fleet Lease Funding LP ("HFLF") and certain other vehicle financing subsidiaries (collectively the "Non-Debtor Financing Subsidiaries")) (collectively, the "Debtors") filed voluntary petitions for relief (collectively, the "Petitions") under chapter 11 of title 11 ("Chapter 11") of the United States Code (the "Bankruptcy Code") in the United States Bankruptcy Court for the District of Delaware (the "Court"), thereby commencing Chapter 11 cases for the Debtors. The Debtors are requesting joint administration of their Chapter 11 cases (the "Chapter 11 Cases") under the caption "*In re The Hertz Corporation*, et al., Case No. 20-11218 MFW)."

The Debtors continue to operate their business as "debtors-in-possession" under the jurisdiction of the Court and in accordance with the applicable provisions of the Bankruptcy Code and orders of the Court. The Debtors are seeking approval of a variety of "first day" motions containing customary relief intended to assure the Debtors' ability to continue their ordinary course operations.

Additional information about the Chapter 11 Cases, including access to Court documents, is available online at https://restructuring.primeclerk.com/hertz, a website administered by Prime Clerk, a third party bankruptcy claims and noticing agent. The information on this web site is not incorporated by reference into, and does not constitute part of, this Form 8-K.

Hertz 提交 Chapter 11 破產保護的 8-K 報告。（資料來源：8-K, HTZ, 2020.05.26）

美國企業的破產種類和程序

讓我們來看一下 Hertz 申請破產的 8-K 報告。這邊說明一下，在美國提交 Chapter 11 報告申請破產，是屬於「申請破產保護」（Bankruptcy Protection Filing）的類型。

美國有兩種申請破產的報告，一種是用 Chapter 11 報告，另一種是用 Chapter 7 報告。Chapter 7 報告申請破產是指將剩餘資產全部分配給債權人，公司清算後消失。Chapter 11 報告申請破產是指申請破產保護，對公司的資產和債務進行重組，給予公司重生機會，具有重要意義。

因為是以重生為目的，所以申請破產後，公司業務也會繼續運作。實際上，提交 Chapter 11 報告申請破產保護，並順利起死回生的案例也不少。最具代表性的是 Delta Air Lines（NYSE：DAL）、United Airlines Holdings（NASDAQ：UAL）、American Airlines Group（NASDAQ：AAL）等美國航空股。而 Hertz 就是提交 Chapter 11 報告申請破產保護。

申請破產保護對股東來說代表什麼？提交 Chapter 11 報告的公司，應儘快清算持有資產，以清償債務並擺脫破產保護。擁有公司償還義務的債權集團有多種優先權，也據此制定出債務償還的順位。一般美國公司的資本結構如下：

按優先順位劃分的資本結構（Capital Structure by Seniority）
- 優先擔保債券（Senior Secured Debt）

- 優先無擔保債券（Senior Unsecured Debt）
- 次順位債券（Subordinated Debt）
- 可轉換公司債券（Convertible Bonds）等 Mezzanine 金融商品
- 特別股（Preferred Equity）
- 普通股（Common Equity）

Mezzanine
介於股票和債券之間、具一定風險之金融商品，包含可轉換公司債券（CB）、附認股權公司債券（BW）、可交換公司債券（EB）等等。

簡單地說，如同上面的資本結構，破產還款的優先順位也是如此。其中，持有普通股的投資者處於最後順位。在償還順位排前者的本金後，如有剩餘，才會償還普通股東。問題是，大多數需要申請破產的公司，已經沒有什麼償還能力了，即使勉強償還了債務，也無法照顧股東。簡單地說，股東們的份額為 0。所以理論上，該股票的價值也等於 0。

Hertz 申請破產後的影響

在提交 Chapter 11 報告申請破產後不久，Hertz 股價跌至每股 40 美分左右。但隨後，發生了不尋常的事，其股價連續上漲幾天後，在 6 月初飆升至 7 美元。即將成為壁紙的股票上漲了 1,450%，到底發生了什麼事？華爾街花了一些時間來解釋這種

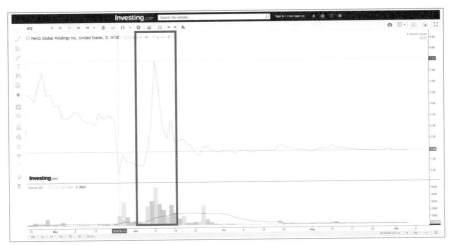

圖中紅框處，可以看到6月第一週股價和成交量都出現異常飆升。（資料來源：Investing.com，截至2020.9.30）

令人不解的現象。

大部分人認為「這只是軋空（Short Squeeze），由於一下子出現回補（Short Cover）交易量，反而形成了強烈的漲勢」，我當時也只能這樣看待。

提交 Chapter 11 報告申請破產保護的

軋空
大量回補造成價格暴漲。

回補
為了回補賣空部位而買入股票。

公司股票就是 Short Sellers，對做空投資者是最熱門的商品。因為不管現在的股價是多少，走向0的機率都很高。在此期間，Hertz 甚至收到了紐約證券交易所監管機構的退市（Delisting）警告。

在這種情況下，空頭部隊沒有理由不進來湊熱鬧。當股價暴跌到一定程度時，他們再買進股票回補他們的部位來獲利。在公告申請破產的 8-K 報告時，股票的交易價格從3美元價位

跌至 40 美分價位，因此對於空頭交易者來說，這根本是一記全壘打。

這時，由於他們判斷股價已經見底，所以會回補做空部位，股票價格可能會因此暫時回漲。不過，整體成交量或股價漲幅真的很大，就不能說 Hertz 股價大漲 1,450% 以上，全是空頭回補的力量了。

對於這種股價波動，有一解釋是當時幾乎因新冠肺炎而停擺的美國經濟重新復甦，受惠航空股上漲趨勢，Hertz 等類股也隨之上漲。但我想這無法成為理由。

正常情況下，與汽車租賃需求最密切相關的航空股價反彈，多少是利多消息，但既然已經申請破產，那這種利多消息就沒有任何意義。關鍵在於清算所有保留市場價值的資產之後，是否還有一部分（現金）會歸股東所有。

可以看看 Hertz 的公開揭露資料，以獲得一個粗略的想法，這可以檢視近期的 10-Q 報告確認。事發當時正是第 1 季營收發表後不久。

真實版「博傻理論」

正如 Hertz 在 2020 年第 1 季 10-Q 報告的負債相關財務報表所示，Hertz 的帳上負債規模達 190 億美元。其中 150 億美元是資產抵押貸款證券（ABS）。光是要償還給債權人的金額就

NOTES TO CONDENSED CONSOLIDATED FINANCIAL STATEMENTS (CONTINUED)
Unaudited

Facility	Weighted-Average Interest Rate as of March 31, 2020	Fixed or Floating Interest Rate	Maturity	March 31, 2020	December 31, 2019
Non-Vehicle Debt					
Senior Term Loan	3.74%	Floating	6/2023	$ 656	$ 660
Senior RCF	3.99%	Floating	6/2021	595	—
Senior Notes[1]	6.11%	Fixed	10/2022-1/2028	2,700	2,700
Senior Second Priority Secured Notes	7.63%	Fixed	6/2022	350	350
Promissory Notes	7.00%	Fixed	1/2028	27	27
Other Non-Vehicle Debt	5.71%	Fixed	Various	21	18
Unamortized Debt Issuance Costs and Net (Discount) Premium				(33)	(34)
Total Non-Vehicle Debt				4,316	3,721
Vehicle Debt					
HVF II U.S. ABS Program					
HVF II U.S. Vehicle Variable Funding Notes					
HVF II Series 2013-A[2]	2.71%	Floating	3/2022	4,704	2,644
				4,704	2,644
HVF II U.S. Vehicle Medium Term Notes					
HVF II Series 2015-1[2]	N/A	Fixed	3/2020	—	780
HVF II Series 2015-3[2]	3.10%	Fixed	9/2020	371	371
HVF II Series 2016-2[2]	3.41%	Fixed	3/2021	595	595
HVF II Series 2016-4[2]	3.09%	Fixed	7/2021	424	424
HVF II Series 2017-1[2]	3.38%	Fixed	10/2020	450	450
HVF II Series 2017-2[2]	3.74%	Fixed	10/2022	370	350
HVF II Series 2018-1[2]	3.54%	Fixed	2/2023	1,058	1,000
HVF II Series 2018-2[2]	3.94%	Fixed	6/2021	213	200
HVF II Series 2018-3[2]	4.29%	Fixed	7/2023	213	200
HVF II Series 2019-1[2]	4.00%	Fixed	3/2022	745	700
HVF II Series 2019-2[2]	3.67%	Fixed	5/2024	799	750
HVF II Series 2019-3[2]	2.91%	Fixed	12/2024	800	800
				6,038	6,620
Donlen U.S. ABS Program					
HFLF Variable Funding Notes					
HFLF Series 2013-2[2]	2.56%	Floating	3/2022	450	286
				450	286
HFLF Medium Term Notes					
HFLF Series 2016-1[3]	N/A	Both	1/2020-2/2020	—	34
HFLF Series 2017-1[3]	2.54%	Both	4/2020-2/2021	174	229
HFLF Series 2018-1[3]	2.78%	Both	4/2020-4/2022	401	462
HFLF Series 2019-1[3]	2.41%	Both	4/2020-1/2023	613	650
				1,188	1,375
Vehicle Debt - Other					
U.S. Vehicle RCF	3.61%	Floating	6/2021	146	146
European Vehicle Notes[4]	5.07%	Fixed	10/2021-3/2023	808	810
European ABS[2]	1.60%	Floating	11/2021	530	766
Hertz Canadian Securitization[2]	3.10%	Floating	3/2021	214	241
Donlen Canadian Securitization[2]	2.59%	Floating	12/2022	27	24
Australian Securitization[2]	2.11%	Floating	6/2021	147	177
New Zealand RCF	3.82%	Floating	6/2021	45	50
U.K. Financing Facility	2.59%	Floating	4/2020-2/2023	201	247
Other Vehicle Debt	3.78%	Floating	4/2020-11/2024	23	29
				2,141	2,490
Unamortized Debt Issuance Costs and Net (Discount) Premium				(83)	(47)
Total Vehicle Debt				14,438	13,368
Total Debt				$ 18,754	$ 17,089

查看 Hertz 2020 年第 1 季 10-Q 報告中與負債相關的財務報表，就可以確認負債的種類和規模。（資料來源：10-Q, HTZ, 2020.05.01）

那麼高，不可能還有剩餘的錢能償還順位最低的股東。這並不是很難的分析，僅看一兩頁公開資料就能知道了。

當市場都在找從任何角度來看，都沒有理由上漲的股票，卻反彈上漲的幕後黑手的時候，很快就發現罪魁禍首是被稱為「Robinhood 軍團」（Robinhood Army）的散戶。下頁的圖表中可以看到一個有趣的現象。左側縱軸和紅線表示 Hertz 股價走勢，右側縱軸和綠線則代表 Robinhood 用戶購買 Hertz 股票的數量。在 Hertz 申請破產保護之前，持有 Hertz 股份的 Robinhood 用戶約為 2 萬人，但從 6 月初開始，持有 Hertz 股份的 Robinhood 用戶增加到 17.1 萬。

他們當中可能有許多人並沒有充分了解公司財務狀況或 Chapter 11 報告的內容，只看到申請保護破產股價暴跌之後，就猜測 Hertz 會重生，而進行投機性投資。

有一種叫做「博傻理論」（The Greater Fool Theory）的經濟理論，就是在說明這種情況。主要為解釋市場和資產泡沫現象，也就是說當某一種資產的價格正持續上漲的時候，我追著買就對了，只要等到比我更笨的人以更高的價格進場就行了。正是因為這種心理，即使在危險的情況下，蜂擁搭上這波順風車，把破產公司的股價推到了這個地步。

在 2009 年 金 融 危 機 之 後，General

Robinhood Army、Robinhooders

羅賓漢

羅賓漢是美國散戶投資者最常用的新興網路證券交易平台，在 20～30 歲投資者中非常受歡迎，因他們沒有交易佣金且可以小額投資。隨著他們引領散戶投資市場，美國媒體開始將這群散戶投資者稱為「羅賓漢軍團」。韓國有「東學螞蟻」，美國就有「羅賓漢」。

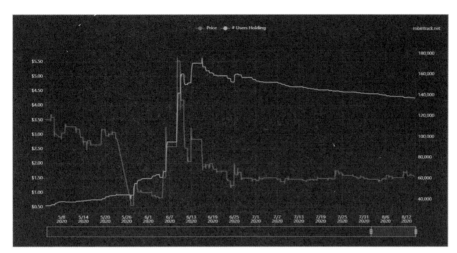

用羅賓漢的交易量和股價走勢破解 Hertz 股價謎團。從圖表可以看出,股票交易量(綠線)從申請破產保護的 5 月 26 日開始暴漲。順帶一提,羅賓漢的 Robintrack 網站(Robintrack.net)最近開始停止提供用戶數據。Robintrack 是針對股票零售需求,依時段提供更新數據的網站。羅賓漢表示,是因為擔心對客戶行為做出錯誤的分析,所以才選擇中止提供建立起該網站的基礎資訊。因此在 2020 年第 3 季之後,Robintrack 上的資訊再也沒有更新過。(資料來源:Robintrack, 2020.09.30)

▶ 博傻理論(**The Greater Fool Theory**)

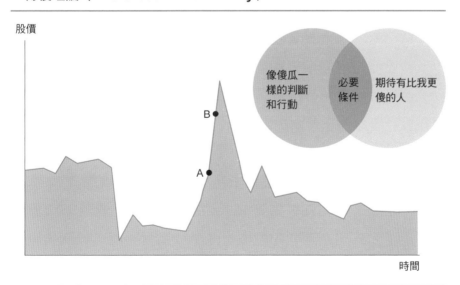

雖然意識到在 A 點進入是不合理的同時,但市場需求則是要在 B 點退場。實際上卻無法知道股價是否會從 A 上升到 B。這只是種期待心理。

Motors（NYSE：GM）集團也提交 Chapter 11 報告申請破產保護。當時持有 GM 股份的股東們，經歷了全部現有股份變壁紙的痛苦，之後即使公司成功重生，也沒有股東獲得補償。

看清楚公告資訊的理由

我們繼續這個話題。Hertz 股價突然暴漲後，Hertz 經營團隊利用了這一波漲勢，發表大規模有償增資計畫。行動快速的經營團隊獲得法院的批准，最多可以進行 10 億美元規模的增資方案，之後為了獲得 SEC 許可，提交了股票發行申請的「S-3」報告。

此時投資者需要看的公開揭露資料是「Form 424 B」報告。這份報告包含投資者必須了解的風險和預期收益／損失，以及新股發行之股價，和已發行股票數量等基本訊息。也就是說，這是依據強調發行證券資訊透明度的 SEC 規定，為了保護潛在投資者而要求義務揭露的報告。

報告提到增資規模估計為 5 億美元，以申請 SEC 批准增資的股價推算，Hertz 將再發行 1.76 億股股票。如果要想像這是多大的規模，只要知道當時 Hertz 股票的發行總量為 1.42 億股就可以了。公司意圖利用股價上漲進行增資，使市場流通股數增加超過一倍。

由於大規模增資，股價被稀釋，股價自然就下跌了。但本

Filed pursuant to Rule 424(b)(5)
Registration Statement No. 333-231878

PROSPECTUS SUPPLEMENT
(To prospectus dated June 12, 2019)

Hertz Global Holdings, Inc.

> **Up to $500.0 million**
> **Common Stock**

We have entered into an Open Market Sale Agreement[SM], or sales agreement, with Jefferies LLC, or Jefferies, dated June 15, 2020, relating to the sale of our common stock offered by this prospectus supplement. In accordance with the terms of the sales agreement, under this prospectus supplement we may offer and sell our common stock, par value $0.01 per share, having an aggregate offering price of up to $500.0 million from time to time through Jefferies, acting as our agent.

Sales of our common stock, if any, under this prospectus supplement will be made by any method permitted that is deemed an "at the market offering" as defined in Rule 415(a)(4) under the Securities Act of 1933, as amended, or the Securities Act, including sales made directly on or through The New York Stock Exchange, or NYSE, or any other existing trading market for our common stock. Jefferies is not required to sell any specific amount, but will act as our sales agent using commercially reasonable efforts consistent with its normal trading and sales practices. There is no arrangement for funds to be received in any escrow, trust or similar arrangement.

Jefferies will be entitled to compensation at a commission rate of up to 3.0% of the gross sales price per share sold under the sales agreement. See "Plan of Distribution" beginning on page S-14 for additional information regarding the compensation to be paid to Jefferies.

In connection with the sale of the common stock on our behalf, Jefferies may be deemed to be an "underwriter" within the meaning of the Securities Act and the compensation of Jefferies may be deemed to be underwriting commissions or discounts. We have also agreed to provide indemnification and contribution to Jefferies with respect to certain liabilities, including liabilities under the Securities Act.

Our common stock trade on the NYSE under the symbol "HTZ." On June 12, 2020, the last sale price of our common stock as reported on the NYSE was $2.83 per share.

We are in the process of a reorganization under chapter 11 of title 11, or Chapter 11, of the United States Code, or Bankruptcy Code, which has caused and may continue to cause our common stock to decrease in value, or may render our common stock worthless.

Investing in our common stock involves a high degree of risk. See "Risk Factors" beginning on page S-4 of this prospectus supplement.

Neither the Securities and Exchange Commission nor any state securities commission has approved or disapproved of the securities being offered by this prospectus supplement or accompanying prospectus, or determined if this prospectus supplement or accompanying prospectus is truthful or complete. Any representation to the contrary is a criminal offense.

Jefferies

The date of this prospectus supplement is June 15, 2020

Hertz 在發行新股後的 Form 424B 報告。（資料來源：Form 424B5, HTZ, 2020.06.15）

來應該接近 0 元變成廢紙的股票，被稀釋了又有什麼關係呢？
無論如何，經營團隊就在報告的第一頁，用粗大的字體強調參
與增資的風險。

「請注意，股票價值可能下跌，股票也有可能成為毫無價
值的壁紙，請務必注意。」

在各種爭議中，SEC 監管機構最終拒絕批准 Hertz 的增
資，事情就這樣落幕了。一週後，股價就像坐雲霄飛車一樣暴
漲暴跌，很多投資者都蒙受了巨大的收益或損失。

順帶一提，在 Hertz 申請破產前，擁有 39% 股份（價值
18.8 億美元）的對沖基金經理 Carl Icahn 也對 Hertz 的破產重生
抱持悲觀態度，並以每股 72 美分（4,000 萬美元）的價格全部
清算。之後他在接受媒體採訪時，談及 Hertz 股票，針對幾乎
被散戶炒翻的 Hertz 股價事件做出了下面回應。

「你們就扔骰子吧。」

Q&A

Q　如何即時掌握企業發布的公開資訊？

**A　**可以在公司的 IR 網站，開啟郵件通知（Email Alert；Email
Notifications）功能接收通知。公開揭露資料發布後，就會收到電子
郵件通知。但一些小公司可能沒有提供這項服務。

Q　有償增資在美國對股價有什麼影響？

**A　**有償增資是指公司透過發行新股籌集資金（Equity Financing）的方
式。當發生有償增資時，依據公司當前情況和資金籌措理由，有可

能成為利多消息或是利空消息。

例如，股價大幅上漲，將發行新股的收益用於清償債務以降低負債率或開發新業務，則可被認為是利多消息。

在會計上，由於流通股票數量增多，股東價值會被稀釋（Share Dilution；Equity Dilution），EPS也會減少，但如原因為公司發展，則股價最終還是會上漲。就成長股而言，當公司看到市場給予較高的估值而帶動股價上漲，並宣布將在股票市場進行增資，以籌集發展業務所需要的投資資金時，市場大多會傾向肯定的態度。

相反的，如在財務惡化時進行有償增資，市場就會將此視為利空因素，股價會在增資公告發布後立即下跌。

Q　美國的有償增資和南韓有何不同？

A　美國公司的有償增資，可以分為由市價（Market Price）決定的一般公開發行（Public Offering），或是第三方認購（Private Placement），第三方認購主要是針對專業投資人。與南韓不同的是，美國沒有優先讓股東認購新股的優先認購機制，如果想要購買，股東也必須按照增資後市場價格進行交易。

特斯拉（NASDAQ：TSLA）進行有償增資時，很多南韓投資人未獲得新股發行的優先認購權，因此感到疑惑。在美國如果想要追加購買，股東也必須按照增資後市場價格進行交易。

台灣現金增資會有3種方式募資，包含員工認股、原股東認購以及公開承銷（抽籤），如果是員工參與現金增資認股，可能會有公司尚未上市櫃，股票缺乏流動性，或者股票有較長閉鎖期的問題，要小心拿到股票賣不掉。再來就是原股東認購，一般股東會收到現金增資認股繳款書，上面會記載你可以認購的股數、認股應繳的股款金額，還會有你的專屬匯款帳號，只要在繳款期限繳納即可完成認股。承銷的部分可以直接使用手機證券APP進行抽籤。

對沖基金
投資者必看的公開資訊
DEF - 14A (Proxy)

想了解公司經營團隊的話

　　我投資的這間公司，過去幾年一直沒有達到經營目標，如果繼續給高階經理人百萬年薪、股票期權（Stock Option）、私人飛機、遊艇和高昂的醫療保險福利，這樣對嗎？如果大多數的董事會成員，是由從未在該產業工作過，而且沒有管理專業的人組成怎麼辦？這顯然是股東應該要提出來的問題。

　　這些相關資訊，能在哪裡找到呢？在美國，公司召開定期股東大會之前，必須提交委託書聲明（Proxy Statement），但該文件正式名稱為「DEF-14A」報告，可以簡稱為「委託書」（Proxy）。這份報告主要是對有表決權的股東們提供公司主要

*** Exercise Your *Right* to Vote ***

**Important Notice Regarding the Availability of Proxy Materials for the
Annual Shareholders Meeting to Be Held on February 26, 2020.**

APPLE INC.

APPLE INC.
C/O PROXY SERVICES
P.O. BOX 9163
FARMINGDALE, NY 11735

Meeting Information	
Meeting Type:	Annual Meeting
For holders as of:	January 2, 2020
Date: February 26, 2020	**Time:** 9:00 a.m. Pacific Time
Location:	Steve Jobs Theater
	Apple Park
	Cupertino, California 95014

You are receiving this communication because you hold shares in the company named above.

This is not a ballot. You cannot use this notice to vote these shares. This communication presents only an overview of the more complete proxy materials that are available to you on the Internet. You may view the proxy materials online at www.proxyvote.com or easily request a paper copy (see reverse side).

We encourage you to access and review all of the important information contained in the proxy materials before voting.

See the reverse side of this notice to obtain proxy materials and voting instructions.

Apple Inc.

Notice of 2020 Annual Meeting of Shareholders

Steve Jobs Theater	February 26, 2020
Apple Park	9:00 a.m. Pacific Time
Cupertino, California 95014	

The Notice of Meeting, Proxy Statement, and Annual Report on Form 10-K are available free of charge at investor.apple.com.

Items of Business

(1) To elect to the Board of Directors the following seven nominees presented by the Board: James Bell, Tim Cook, Al Gore, Andrea Jung, Art Levinson, Ron Sugar, and Sue Wagner;

(2) To ratify the appointment of Ernst & Young LLP as the independent registered public accounting firm for 2020;

(3) To vote on an advisory resolution to approve executive compensation;

(4) To vote on the shareholder proposals set forth in the Proxy Statement, if properly presented at the Annual Meeting; and

(5) To transact such other business as may properly come before the Annual Meeting and any postponements or adjournments thereof.

Record Date

Close of business on January 2, 2020

Sincerely,

Katherine Adams,
Senior Vice President,
General Counsel and Secretary

Cupertino, California
January 3, 2020

此為 2 月 26 日股東大會前，Apple 公告的委託書。告知只有在股權紀錄日（Record Date）的 1 月 2 日之前，持有 Apple 股票的股東才有投票權，並列出了股東大會議程內容。【資料來源：（上圖）DEF-14A, AAPL, 2020.01.03；（下圖）DEF/A-14A, AAPL, 2020.01.03】

事項、組織結構等議案之投票流程和相關訊息。

所有公司的 DEF-14A 報告，都必須包含以下內容：

- **公司組織結構**（Corporate Governance）：董事會成員。
- **董事會**（Board of Directors）：每年股東投票選出的董事會成員簡歷和當年薪酬、股東大會之候選人簡歷。
- **經營團隊**（Executive Officers）：經營團隊成員簡歷、過去 3 年間薪酬和獎勵金額、薪酬計算體系、管理權解除／變動（Termination/Change of Control）情況下之支付（Payout）制度。
- **股東大會議案**（Proposals）。

Deferred Compensation
遞延薪酬
根據公司營業績效，將部分薪酬，在未來數年內以年金、退休年金和股票期權等形式支付。

在支付管理人員的「薪酬討論與分析」（Compensation Discussion & Analysis）部分，詳細解釋公司的薪酬和獎金支付制度。可以檢視過去幾年的薪酬支付情況和支付原因，包括股票薪酬（Stock-based Compensation）和遞延薪酬（Deferred Compensation），如經營團隊的基本薪酬、績效薪酬、現金獎金和股票期權。

這是一項重要數據，可以確認支付給經營團隊或董事會的薪酬水準，與公司的經營績效相比是否合適，以及經營團隊是否盡最大努力實現股東價值最大化。

Executive Compensation Tables

Summary Compensation Table – 2019, 2018, and 2017

The following table, footnotes, and related narrative show information regarding the total compensation of each named executive officer for 2019, 2018, and 2017, except in the case of Ms. Adams and Mr. Williams who were not named executive officers in 2017, and Ms. O'Brien who was not a named executive officer in 2018 or 2017.

Name and Principal Position (a)	Year (b)	Salary(1) ($)(c)	Bonus ($)(d)	Stock Awards(2) ($)(e)	Non-Equity Incentive Plan Compensation(3) ($)(f)	All Other Compensation ($)(g)	Total ($)(h)
Tim Cook, Chief Executive Officer	2019	3,000,000	—	—	7,671,000	884,466(4)	11,555,466
	2018	3,000,000	—	—	12,000,000	682,219	15,682,219
	2017	3,057,692	—	—	9,327,000	440,374	12,825,066
Luca Maestri, Senior Vice President, Chief Financial Officer	2019	1,000,000	—	21,633,416	2,557,000	19,221(5)	25,209,637
	2018	1,000,000	—	21,491,888	4,000,000	17,804	26,509,692
	2017	1,019,231	—	20,000,113	3,109,600	13,271	24,141,615
Kate Adams, Senior Vice President, General Counsel and Secretary	2019	1,000,000	—	21,633,416	2,557,000	41,384(6)	25,231,800
	2018	884,615	—	21,509,765	4,000,000	306,280	26,700,660
Deirdre O'Brien, Senior Vice President, Retail + People	2019	877,500	—	16,469,527	1,795,000	17,753(7)	19,159,780
Jeff Williams, Chief Operating Officer	2019	1,000,000	—	21,633,416	2,557,000	17,503(8)	25,207,919
	2018	1,000,000	—	21,491,888	4,000,000	51,818	26,543,706
Angela Ahrendts, Former Senior Vice President, Retail	2019	630,361	—	21,633,416	—	14,465(9)	22,278,242
	2018	1,000,000	—	21,491,888	4,000,000	46,942	26,538,830
	2017	1,019,231	—	20,000,113	3,109,000	87,728	24,216,072

Outstanding Equity Awards at 2019 Year-End

The following table shows information regarding the outstanding equity awards held by each of the named executive officers as of September 28, 2019.

Name (a)	Grant Date (b)	Number of Shares or Units of Stock That Have Not Vested (#)(c)	Market Value of Shares or Units of Stock That Have Not Vested(1) ($)(d)	Equity Incentive Plan Awards: Number of Unearned Shares, Units or Other Rights That Have Not Vested (#)(e)	Equity Incentive Plan Awards: Market or Payout Value of Unearned Shares, Units or Other Rights That Have Not Vested(1) ($)(f)
Tim Cook	8/24/2011	1,260,000(2)	275,713,200	560,000(2)	122,539,200

詳載過去 3 年 Apple 經營團隊的獎金制度，包括薪酬和股票期權。

Art Levinson
Director since 2000
Chairman of the Board
Compensation Committee

Art Levinson, 69, has served as the Chief Executive Officer of Calico, a company focused on health, aging, and well-being, since September 2013.

Dr. Levinson previously served as Chief Executive Officer of Genentech, Inc., a medical drug developer, from July 1995 to April 2009, and served as Genentech's Chairman from September 1999 to September 2014.

Among other qualifications, Dr. Levinson brings to the Board executive leadership experience, including his service as a chairman and chief executive officer of a large international public company, along with extensive financial expertise and brand marketing experience.

Selected Directorships and Memberships
Board of Directors, Broad Institute of Harvard and MIT
Board of Scientific Consultants, Memorial Sloan Kettering Cancer Center
Industrial Advisory Board, California Institute for Quantitative Biomedical Research
Advisory Council, Lewis-Sigler Institute for Integrative Genomics
Advisory Council, Princeton University Department of Molecular Biology
Science Advisory Board, Chan Zuckerberg Initiative

Tim Cook
Director since 2011
Chief Executive Officer

Tim Cook, 59, has been Apple's Chief Executive Officer since August 2011 and was previously Apple's Chief Operating Officer since October 2005.

Mr. Cook joined Apple in March 1998 and served as Executive Vice President, Worldwide Sales and Operations from February 2002 to October 2005. From October 2000 to February 2002, Mr. Cook served as Senior Vice President, Worldwide Operations, Sales, Service and Support. From March 1998 to October 2000, Mr. Cook served as Senior Vice President, Worldwide Operations.

Among other qualifications, Mr. Cook brings to the Board extensive executive leadership experience in the technology industry, including the management of worldwide operations, sales, service, and support.

Other Current Public Company Directorships
NIKE, Inc.

Selected Directorships and Memberships
Board of Directors, The National Football Foundation & College Hall of Fame, Inc.
Board of Trustees, Duke University
Leadership Council, Malala Fund

記載 Apple 理事會成員簡歷的委託書。（資料來源：DEF-14A, AAPL, 2020.01.03）

庫克的薪酬有多少？

例如，Apple CEO 庫克在 2019 年的基本薪酬為 300 萬美元，不包括股票的獎金約為 767 萬美元，其他獎金約為 88 萬美元。另外，以股票形式獲得的股利（Equity Incentive Awards）分別為 2.7 億美元和 1.2 億美元。作為參考，這是基於已支付但有貨幣化寬限期的限制型股票（Unvested），不包括已生效（Vested）股票的金額。

公司治理和薪酬制度，經營團隊獎金是否匹配股東利益。例如，控制權變更（Change of Control）說明了基於併購等原因，將公司經營團隊轉移到另一實體時，給予經營團隊的補償。Apple 在這方面沒有具體規定，但其他公司的 DEF-14A 報告會呈現出經營團隊在控制權變更和辭去高階主管職務時，將可獲得多少現金和股票作為補償。

一般來說，存在經營團隊的激勵機制衝突（Alignment）問題或組織結構薄弱的

Takeover Bid

公開收購

惡意併購，其中特定公司的股票在股票市場之外進行投標，以獲取、維持或加強管理控制。

Potential Payments Upon Termination or Change of Control

We do not have any severance arrangements with our named executive officers, and none of the equity awards granted to the named executive officers under Apple's equity incentive plans provide for acceleration in connection with a change of control or a termination of employment, other than as noted below in connection with death or disability.

Apple 控制權變更相關條款。（資料來源：DEF-14A, AAPL, 2020.01.03）

公司很容易成為對沖基金的目標。特別是，奉行股東行動主義
（Activist）的對沖基金，在尋找投資標的時，會特別注重這份
報告。

持股率 >5% 的
隱含意義

13D、13G

專業機構大量收購公司股份的理由

　　散戶在聽到某著名對沖基金或大型資產管理公司增持某間公司股份的消息時，很容易開始心動。既然是專業投資人持股的公司，多少會讓人放心一些，因為會投入大筆資金的人不會毫無根據就買進股票，所以這些股票上漲機率不低。而且，如果是對沖基金，應該是集合華爾街投資專家，在經過大量研究和實地調查後才決定買進的。乍看之下，這似乎是一個合理做法，但不幸的是，散戶參考專業投資人的做法，就盲目複製其投資組合是相當冒險的。

　　因為專業投資人買進大量股票的原因有很多，可能是專

業投資人估算這支股票被市場低估而建立的多頭部位，但也可能是奉行股東行動主義的對沖基金，為了介入經營和參與董事會而買進股票，所做的敵意收購（Hostile Takeover）。也有可能是為了準備行使表決

權，更換經營團隊成員的「委託書爭奪戰」（Proxy Battle）。

如果增持公司股份是為了爭奪經營權以獲得相對短期的利潤，依據專業投資人的策略成功與否，股價在短期內可能會上漲，也可能下跌。此時，如果在專業投資人公告相關資訊，就預期後續會上漲而跟隨買進，那在經營權主體確定之前，就會面臨到股價的高波動。

如果專業投資人是為了建立多頭部位，進行長期投資而買進被低估的股票，如散戶也盲目跟著投資的話，那這筆投資可能會長期處於虧損狀態。基於價值投資的特性，雖然市場會認可其未來價值，但股價也可能被套在被低估的價位數年。

美國股票以股票市值為準，將 20 ～ 100 億美元的股票分為中小型股（Mid Cap）、100 億美元以上的大型股（Large Cap）。市值 100 億美元公司股票的 5%，那就是 5 億美元。一個投入 5 億美元的專業投資人，是基於什麼想法和策略買進股票呢？

專業投資人和散戶對於投資週期的看法完全不同，並不僅僅是專業知識和資本的差異而已。特別是帶動美國股市的大戶們的投資，大多是用很長的時間完成投資。與此同時，專業投

資人還會經常審視和調整自己的投資部位。專業投資人的投資期限和規模、投資組合管理能力，不是散戶可以比擬的。

從這個角度來看，專業投資人的資金流向，的確是影響股價的一個關鍵，因此還是值得參考的。那麼，要如何看待專業投資人的持股狀況呢？

根據美國證券交易法，持有上市公司股份 5% 以上的主體，必須在股份交易基準日起 10 天內向 SEC 申報。這時要提交的持股現況報告書是「Schedule 13D」報告，簡稱「13D」或「股票等大量持有情況報告」（Acquisition Statement）。

這份報告詳細記載了持有股份 5% 以上的主體（人、基金、專業機構）的身分資訊，包含如何籌措資金在內，如果用基金購買股份，就要詳細記載該基金的資訊。13D 報告的目的，在於確認股份 5% 以上持有者的股份購買意圖，透過揭露股票交易目的（Purpose of the Transaction），向公開市場表明這是收購交易，還是併購交易。

即使持有 5% 或以上股份的持有者已經公告過 13D 報告，如果減少或增加 1% 以上的股份，也必須重新提交與公告 13D 報告。這是美國金融當局為了保護股東的知情權而實行的資訊揭露基本義務之一。也就是說，揭露持有該股票大量股份的主體，以何種意圖購入股票的透明度。

與此相關的報告，還有 Schedule 13G 報告，這是大量持股者的義務揭露報告，內容比 13D 報告更簡易。如果要提交 13G 報告而不是 13D 報告，那就需要根據 SEC 規定證明無意以持有

股份對公司施加影響力（No intention of influencing control of the issuer），還必須具備 SEC 規定的資格條件。此種 13G 報告只允許特定專業機構提交，在廣義上，公開揭露意圖和功能與 13D 報告相同。

華倫・巴菲特的投資影響力

以對全世界投資者具有巨大影響力的股神巴菲特為例。數十年來，作為價值投資界傳奇人物的華倫・巴菲特，影響力依然穩固，每當他持有的股票被媒體曝光時，股價和投資者情緒也會劇烈波動。

以華倫・巴菲特投資 Delta Air Lines 為例。下一頁的 13G 報告，華倫・巴菲特分別於 2020 年 2 月 14 日、5 日 7 日發布大量股份交易報告書。2019 年 12 月底，華倫・巴菲特買進約 7,000 萬股的 Delta Air Lines 股份，持股比例達 11%，但在後續發表的 13G 報告，則顯示 Delta Air Lines 股份只剩 0%，造成市場不小的混亂。

事實上，在他看好航空業，以 58 美元的交易價格，大量買進 Delta Air Lines 股票的消息傳出後，許多散戶都跟著買進投資。在南韓甚至列出了「巴菲特的投資組合」，不少散戶跟著投資了包括達美航空在內的美國航空股。

由於追隨華倫・巴菲特投資項目的熱情不退，連南韓航空

股也受益。但在公布 13G 報告的 1 個月後，受到新冠肺炎影響，美國股市暴跌，旅遊相關產業衝擊巨大，飯店股、航空股股價平均下跌 70% 以上。華倫·巴菲特發表聲明，表示他正在出脫航空相關股票，但沒有詳細說明是部分出脫還是全部出清，因此市場只能在 13G 報告公布後才知道。

可以想見，當巴菲特不再持有任何航空公司股票的消息出

揭露巴菲特對 Delta Air Lines 持股變化的 13G 報告。在報告下方顯示，巴菲特在 2019 年 12 月 31 日持有 11% 股份，在 2020 年 4 月 7 日持有 0% 股份。【資料來源：（左圖）SC 13G, DAL, 2020.02.14；（右圖）SC 13G, DAL, 2020.05.07】

現後，大量散戶也跟隨巴菲特拋售。這裡出現的問題是，專業投資人以 20 美元的價位出售持有成本達 60 美元股票的做法，是否也可適用於散戶？

華倫・巴菲特是一個擁有約 1,300 億美元現金的富豪，他有足夠的現金去防禦因投資組合虧損所帶來的流動性風險，甚至運用 Berkshire Hathaway 的資產規模，重新配置投資組合，將虧損轉為盈利。而且，等待可能摸底反彈的股票的機會成本較高，因此乾脆退出，轉移到另一個更有機會的投資標的。這對巴菲特而言，也有足夠的現金可以這麼做。

那麼，那些盲目跟風的散戶會怎麼樣呢？一般人沒有流動資金、沒有機會成本，也沒有像華倫・巴菲特這樣的替代方案。拋售所帶來的 67% 損失，對散戶的傷害太大，可能使他們無法再有進入市場投資的機會。早知道會這樣，還要在專業投資人大量買進後追漲，然後再跟著認賠殺出嗎？

揭露持股 5% 的規定，畢竟是一種揭露大量持股者購買意圖、確保交易透明度的股東保護裝置。如果要自行解讀出更多的意義，那麼最終只會成為被專業投資人割韭菜的眾多散戶之一。專業投資人買進大量股票的交易資訊，就是僅供研究參考而已。

從對沖基金
找投資機會

13F

了解投資公司的持股成分

對沖基金經理最討厭的一件事，就是他們的投資部位被暴露在市場上。當然，有時他們會故意在媒體上公開投資部位，但通常他們都會避免暴露。因為這些是對沖基金獨有的投資策略或交易技巧（Proprietary），即商業祕密，暴露了並沒有什麼好處。

然而，在「解決資訊不對稱和加強公開市場透明度」的名義下，SEC 要求其必須最低限度地公開必要資訊。根據美國證券法，資產在 1 億美元以上的專業機構，必須向 SEC 提交持有股份現狀報告書，並向市場公開。

由於 1 億美元規模的門檻並不高，大型銀行、保險公司、投資公司、投資顧問公司、資產管理公司和退休基金等專業機構都符合條件，因此必須履行揭露持有股份部位的義務。當然，此處也包括對沖基金，所以不管對沖基金喜不喜歡，也都必須揭露。這些專業機構公開持股的資料稱為「Schedule 13F」，也簡稱為「13F 報告」。

　　「卡爾・伊坎購買了 xx 公司 yy% 的股份。」

　　「比爾・艾克曼清算了 W 公司的所有股份。」

　　這些消息都是透過 13F 報告揭露的消息。因此，如果想了解專業投資人的動向，並將其作為投資決策的參考，最好看看 13F 報告。只是，13F 報告只要求在季結束後 45 天內公布，所以看到資料的時間，比實際交易的時間晚了很多。例如，對沖基金在 6 月 1 日對特定公司的持股交易變化，散戶要到 8 月 14 日時看到報告後才能知道。

　　那麼，讓我們來看看華倫・巴菲特的 13F 報告，華倫・巴菲特為價值投資界的代表人物，在股市中與對沖基金具有相同的影響力。這份報告是 2020 年 8 月 14 日公布的，但基準日是第 2 季末的 6 月 30 日。也就是說，我們不會知道 6 月 30 日以後，這些投資標的發生了什麼變化。13F 報告就像下表一樣，每個交易項目都要列出，因此很難馬上看出特定個股的總投資金額。

　　不過可以拿 2020 年 5 月 15 日公布的第 1 季 13F 報告進行比較，就能知道華倫・巴菲特的持股變化。例如在本季

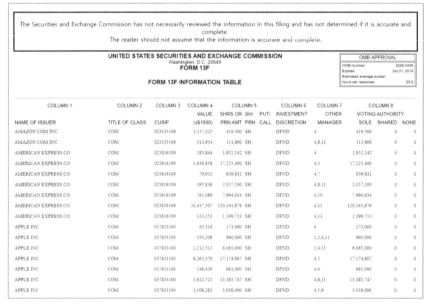

在尋找專業投資人（如 Berkshire Hathaway）的 13F 報告時，可先在 EDGAR 中搜尋「Berkshire Hathaway Inc」，然後，在結果頁面的搜尋過濾器「Filing Type」中搜尋「13F」，就可以看到所有每季發布的 13F 報告。（資料來源：SEC）

Berkshire Hathaway 的 13F 報告部分內容，揭露截至第 2 季末的持股狀況。（資料來源：13F-HR, BRK-A, 2020.08.14）

報告中，華倫・巴菲特大幅減持了摩根大通 JPMorgan Chase（NYSE：JPM）的股份，清算了他在西方石油 Occidental Petroleum（NYSE：OXY）和高盛集團 Goldman Sachs（NYSE：GS）的股份，增持克羅格 Kroger（NYSE：KR）的股份，並新增買進巴里克黃金 Barrick Gold（NYSE：GOLD）的股票，開始投資黃金市場。

當報告出爐時，可能早已完售

　　為了方便了解，我們也來看看幾個備受關注的對沖基金，所揭露持股狀況的 13F 報告。以下介紹對沖基金教父喬治・索羅斯（George Soros）的索羅斯基金股權現狀之部分內容。

　　Column1 是持有標的名稱，Column 2 是投資類型，「COM」是普通股資本（Common Equity）的縮寫，代表買進普通股，「NOTE」是優先債權（Senior Note）的縮寫，代表投資債券。除此之外，ETF 等其他投資種類會列為證券。Column 4 是總投資金額（千位略），Column 5 是持有的股票數量以及選擇權 Put ／ Call 的分類。如果是個別投資項目，就會標注為「SOLE」，表示不是合資形式的共同投資。

　　分析持有項目和各季的部位變化，可以得到對沖基金的投資方向。例如，索羅斯在第 2 季投資了美國銀行 Bank of America（NYSE：BAC）、花旗集團 Citigroup（NYSE：C）、

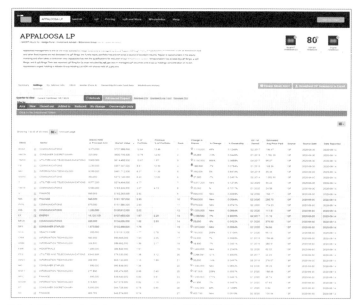

喬治·索羅斯對沖基金的 13F 報告部分內容，揭露對沖基金的持股狀況。
（資料來源：13F-HR, Soros Fund Management LLC, 2020.08.14）

WhaleWisdom（whalewisdom.com）網站匯整了全球性基金的 13F 報告，
圖中為 Appaloosa Hedge Fund（Appaloosa LP）的持股狀況。（資料來
源：WhaleWisdom, 2020.09.11）

JPMorgan Chase & Co.（NYSE: JPM）、摩根史坦利 Morgan Stanley（NYSE：MS）、浦瑞興金融服務集團 PNC Financial Services（NYSE：PNC）、富國銀行集團 Wells Fargo & Co（NYSE：WFC）等大型銀行及金融股，還有 CrowdStrike（NASDAQ：CRWD）、數據狗 Datadog（NASDAQ：DDOG）、Palo Alto Networks（NYSE：PANW）、Zendesk（NYS：ZEN）、Splunk（NASDAQ：SPLK）、Zscaler（NASDAQ：ZS）等雲端運算服務類股。相反的，索羅斯出清了迪士尼 Walt Disney（NYSE：DIS）和波音 Boeing（NYSE：BA）的股票。

13F 報告目的為提交 SEC 所用，因此可讀性較低。如果覺得進行比較和分析有點麻煩或困難，也有許多網站會整理及分享大型專業機構或著名對沖基金組織的相關資訊。但需要注意的是，要得知所有專業機構的投資現狀還是不可能的，且看到的是加工過的資料，可能會出現錯誤或是已經過時的資訊。

從資料顯示，Appaloosa 對沖基金買進了包括 AT&T（NYSE：T）、Visa Card、Mastercard（NYSE：MA）、PayPal 和 Walt Disney 等 12 檔股票。此外，還增持了 TMUS-T-Mobile US（NASDAQ：TMUS）、Alibaba 和 Microsoft（NASDAQ：MSFT）的股份，並減持了 Tesla 和 UnitedHealth Group（NYSE：UNH）等 14 檔股票。從整體投資組合部位比率來看，Amazon（NASDAQ：AMZN）、Alibaba 以及 Alphabet Inc Class A（NASDAQ：GOOGL）占據列表前幾位，因此可以看出 Appaloosa 正積極買進科技成長股。

請注意，這些資訊僅為參考。如果市場已經從 13F 報告知道，且媒體也開始散布消息，那麼專業機構很可能已經進行其他交易。另外，因為報告看不到未揭露的各種對沖倉位，散戶不可去猜測對沖基金的投資部位而跟著投資。

　　一般來說，專業投資人的投資週期比散戶更長遠，在資金規模或現金儲備上也遙遙領先，且在槓桿率、各種對沖策略和衍生金融商品等工具的交易運用方式，散戶幾乎無法模仿。與多頭部位不同，空頭部位或保護投資組合的對沖部位都不會揭露，所以散戶也無法得知對沖基金如何避險。

　　有時會看到 Clone Portfolio，這是一種複製特定對沖基金的投資策略、持股比例來設定和投資個人投資組合比例的投資方式，同樣也是風險非常高的。

從內部人士股權交易資料
可以看到什麼？

Form 3、4、5

美國股市沒有小道消息

　　股市投資打的是資訊戰。關鍵是從哪裡得到什麼資訊，且要比其他人更早知道。而個人在資訊取得和獲取的速度方面無法趕上專業機構。這就是為什麼股市經常有大量謠言。「持有大量股份的 M&A 勢力有出走的跡象，儘快拋售」、「管理層似乎在偷偷賣出公司股份」等，以未知來源的資訊或沒有任何關聯的內容為依據，動搖資訊掌握度較低的散戶信心。

　　如果是南韓或其他國家的股市，這種謠言或許還行得通，但是在美國股市根本不可能。當然，即使在美國，專業機構和散戶在資訊獲取和品質上，也存在明顯差異。雖然會有時間

差，但美國制度仍充分保護了應有的資訊透明度。

　　無論是專業機構還是散戶，美國股市有很多資訊是所有市場參與者都可以立即獲得的資訊，其中之一就是內線交易（Insider Transactions）。因此，在美國公開透明的制度下，「勢力脫離的徵兆」或「偷偷賣出股份」的謠言是很容易被澄清的。

　　公司內部人士是否在買進或賣出自家公司股票，有時是一個重要訊號，因為他們的買賣狀況有時會暗示了股價走向。首先，掌握經營權的內部和外部主體（公司高階主管和董事會，或以獲得經營權為目的而大量買進股份的對沖基金）在登記為實際所有者（Beneficial Owner）時就會受到證券交易法、SEC的嚴格監控。

　　因此，所有股份交易明細都要向 SEC 提交報告。這是美國證券交易法為了避免發生內線交易（Insider Trading）的措施，以防止公司內部人士利用擁有重大未公開資訊（MNPI；Material Non-public Information）的優勢，買賣股票並獲取不當利益。相關的公開揭露資料就是 Form 3 報告、Form 4 報告和 Form 5 報告。

　　首先 Form 3 報告是內部人士首次入股時要揭露的資料，也稱為持股率首次公告（Initial Filing）。實際上，無論是否持有股份，都必須在註冊為公司內部人士之日起 10 個曆日（Calendar Days）內，發布此報告。在 Form 3 報告中有揭露持股義務的公司內部人士如下：

FORM 3

UNITED STATES SECURITIES AND EXCHANGE COMMISSION

Washington, D.C. 20549

INITIAL STATEMENT OF BENEFICIAL OWNERSHIP OF SECURITIES

OMB APPROVAL	
OMB Number:	3235-0104
Estimated average burden	
hours per response:	0.5

Filed pursuant to Section 16(a) of the Securities Exchange Act of 1934
or Section 30(h) of the Investment Company Act of 1940

1. Name and Address of Reporting Person* Musk Elon (Last) (First) (Middle) C/O TESLA MOTORS, INC. 3500 DEER CREEK ROAD (Street) PALO ALTO CA 94304 (City) (State) (Zip)	2. Date of Event Requiring Statement (Month/Day/Year) 06/28/2010	3. Issuer Name and Ticker or Trading Symbol TESLA MOTORS INC [TSLA]

4. Relationship of Reporting Person(s) to Issuer (Check all applicable) X Director X 10% Owner X Officer (give title below) Other (specify below) Pres, Prod Architect & Chairmn	5. If Amendment, Date of Original Filed (Month/Day/Year) 6. Individual or Joint/Group Filing (Check Applicable Line) X Form filed by One Reporting Person Form filed by More than One Reporting Person

Table I - Non-Derivative Securities Beneficially Owned

1. Title of Security (Instr. 4)	2. Amount of Securities Beneficially Owned (Instr. 4)	3. Ownership Form: Direct (D) or Indirect (I) (Instr. 5)	4. Nature of Indirect Beneficial Ownership (Instr. 5)
Common Stock	2,666,666	I	By Trust

Table II - Derivative Securities Beneficially Owned
(e.g., puts, calls, warrants, options, convertible securities)

1. Title of Derivative Security (Instr. 4)	2. Date Exercisable and Expiration Date (Month/Day/Year)		3. Title and Amount of Securities Underlying Derivative Security (Instr. 4)		4. Conversion or Exercise Price of Derivative Security	5. Ownership Form: Direct (D) or Indirect (I) (Instr. 5)	6. Nature of Indirect Beneficial Ownership (Instr. 5)
	Date Exercisable	Expiration Date	Title	Amount or Number of Shares			
Series A Preferred Stock	(1)	(1)	Common Stock	4,880,343	(1)	I	By Trust
Series B Preferred Stock	(1)	(1)	Common Stock	12,162,167	(1)	I	By Trust
Series C Preferred Stock	(2)	(2)	Common Stock	10,572,687	(2)	I	By Trust
Series D Preferred Stock	(1)	(1)	Common Stock	4,097,877	(1)	I	By Trust
Series E Preferred Stock	(1)	(1)	Common Stock	40,825,647	(1)	I	By Trust
Option to Buy (Common Stock)[3]	12/04/2009	12/03/2016	Common Stock	3,355,986	6.63	D	
Option to Buy (Common Stock)	(4)	12/03/2016	Common Stock	3,335,986	6.63	D	
Series C Preferred Stock Warrants (right to buy)[2]	(5)	(5)	Common Stock	325,441	(5)	I	By Trust

Explanation of Responses:

1. Each share of the Issuer's Series A preferred stock, Series B preferred stock, Series D preferred stock and Series E preferred stock will automatically convert into .333333 of a share of common stock upon the closing the Issuer's initial public offering, and has no expiration date.

2. Each share of the Issuer's Series C preferred stock will automatically convert into .350013 of a share of common stock upon the closing the Issuer's initial public offering, and has no expiration date.

3. 1/4th of the shares subject to the option became vested and exercisable on December 4, 2009 and 1/48th of the shares subject to the option shall become vested and exercisable each month thereafter.

4. Shares subject to the option become vested and exercisable upon the Issuer's achievement of certain performance objectives set forth in the option agreement.

5. The warrant will be automatically net exercised by the reporting person on the effective date of Issuer's initial public offering. If not exercised, the warrant will automatically expire.

Remarks:

The anticipated effective date of Issuer initial public offering is June 28, 2010.

/s/ Elon Musk   06/25/2010

** Signature of Reporting Person   Date

在 Tesla 的 Form 3 報告中所揭露的 CEO 馬斯克的原始持股資料。（資料來源：Form 3, TSLA, 2010.06.25）

- 公司高階主管（Executive Officers）
- 公司董事會全體成員（Directors）
- 持有發行股票總數 10% 以上的實際所有者
- 公司主要負責人（Affiliated Persons）：10% 以上持股人或為 IR 等公司宣傳了解內部資訊的人、IPO 承銷商（Principal Underwriters）、公司策略／財務顧問公司（Advisory Service Providers）

讓我們來看看馬斯克在 Tesla 的持股，這是他在 2010 年 IPO 之前所揭露的資訊。最初在 Form3 報告，詳細記載了約 267 萬股普通股、各種優先股和股票期權等的持股資訊。

內部人士拋售或購買股票？

Form 3 報告是首次持股揭露，而持股變動的資料更新則要看 Form 4 報告，這是要在持股狀況變動時公布的報告。Form 4 報告的正式名稱為「內部人士實際所有股份變更事項報告」（Statement of Changes in Beneficial Ownership），必須在股票交易日起的兩個交易日內，提交予 SEC。如果不即時公布 Form 4 報告，將有民事和刑事責任。

最後是 Form 5 報告，正式名稱為「內部人士持有的股份變更年度報告」（Annual Statement of Changes in Beneficial

SEC Form 4

FORM 4

Check this box if no longer subject to Section 16. Form 4 or Form 5 obligations may continue. See Instruction 1(b). ☐

UNITED STATES SECURITIES AND EXCHANGE COMMISSION
Washington, D.C. 20549

STATEMENT OF CHANGES IN BENEFICIAL OWNERSHIP

Filed pursuant to Section 16(a) of the Securities Exchange Act of 1934 or Section 30(h) of the Investment Company Act of 1940

1. Name and Address of Reporting Person*	2. Issuer Name **and** Ticker or Trading Symbol	5. Relationship of Reporting Person(s) to Issuer (Check all applicable)
Kirkhorn Zachary	Tesla, Inc. [TSLA]	Director 10% Owner
(Last) (First) (Middle)	3. Date of Earliest Transaction (Month/Day/Year)	X Officer (give title below) Other (specify below)
C/O TESLA, INC.	08/17/2020	Chief Financial Officer
3500 DEER CREEK ROAD		
(Street)	4. If Amendment, Date of Original Filed (Month/Day/Year)	6. Individual or Joint/Group Filing (Check Applicable Line)
PALO ALTO CA 94304		X Form filed by One Reporting Person
(City) (State) (Zip)		Form filed by More than One Reporting Person

Table I - Non-Derivative Securities Acquired, Disposed of, or Beneficially Owned

1. Title of Security (Instr. 3)	2. Transaction Date (Month/Day/Year)	2A. Deemed Execution Date, if any (Month/Day/Year)	3. Transaction Code (Instr. 8)		4. Securities Acquired (A) or Disposed Of (D) (Instr. 3, 4 and 5)			5. Amount of Securities Beneficially Owned Following Reported Transaction(s) (Instr. 3 and 4)	6. Ownership Form: Direct (D) or Indirect (I) (Instr. 4)	7. Nature of Indirect Beneficial Ownership (Instr. 4)
			Code	V	Amount	(A) or (D)	Price			
Common Stock	08/17/2020		S[1]		250	D	$1,677.86	11,331	D	

Table II - Derivative Securities Acquired, Disposed of, or Beneficially Owned
(e.g., puts, calls, warrants, options, convertible securities)

1. Title of Derivative Security (Instr. 3)	2. Conversion or Exercise Price of Derivative Security	3. Transaction Date (Month/Day/Year)	3A. Deemed Execution Date, if any (Month/Day/Year)	4. Transaction Code (Instr. 8)		5. Number of Derivative Securities Acquired (A) or Disposed of (D) (Instr. 3, 4 and 5)		6. Date Exercisable and Expiration Date (Month/Day/Year)		7. Title and Amount of Securities Underlying Derivative Security (Instr. 3 and 4)		8. Price of Derivative Security (Instr. 5)	9. Number of derivative Securities Beneficially Owned Following Reported Transaction(s) (Instr. 4)	10. Ownership Form: Direct (D) or Indirect (I) (Instr. 4)	11. Nature of Indirect Beneficial Ownership (Instr. 4)
				Code	V	(A)	(D)	Date Exercisable	Expiration Date	Title	Amount or Number of Shares				

Explanation of Responses:

1. The sales reported on this Form 4 were effected pursuant to a Rule 10b5-1 trading plan adopted by the reporting person on May 19, 2020.

By: Aaron Beckman, Power of Attorney For: Zachary J. Kirkhorn   08/19/2020

** Signature of Reporting Person   Date

Reminder: Report on a separate line for each class of securities beneficially owned directly or indirectly.

* If the form is filed by more than one reporting person, see Instruction 4 (b)(v).

** Intentional misstatements or omissions of facts constitute Federal Criminal Violations See 18 U.S.C. 1001 and 15 U.S.C. 78ff(a).

Note: File three copies of this Form, one of which must be manually signed. If space is insufficient, see Instruction 6 for procedure.

Persons who respond to the collection of information contained in this form are not required to respond unless the form displays a currently valid OMB Number.

在 Tesla 的 Form 4 報告中所揭露的 CFO 於 2020 年 8 月 17 日出售 Tesla 股票及持股變化。表格上方告知了交易行為主體 CFO 的個人資訊、交易日期、符合企業內部人士標準的理由（管理人員欄位，在 Officer 旁邊以 X 表示）等資訊。從 Table I 可知，Tesla CFO 於 8 月 17 日，以每股 1,677.86 美元的價格出售了 250 股，最終持股變動為 11,331 股。表中，(A) 是「Acquisition」的縮寫，指買進股份；(D) 是「Disposition」的縮寫，是指售出股份。（資料來源：Form 4, TSLA, 2020.08.19）

SEC Form 4

FORM 4

Check this box if no longer subject to Section 16. Form 4 or Form 5 obligations may continue. See Instruction 1(b). ☐

UNITED STATES SECURITIES AND EXCHANGE COMMISSION
Washington, D.C. 20549

STATEMENT OF CHANGES IN BENEFICIAL OWNERSHIP

Filed pursuant to Section 16(a) of the Securities Exchange Act of 1934
or Section 30(h) of the Investment Company Act of 1940

OMB APPROVAL
OMB Number: 3235-0287
Estimated average burden
hours per response: 0.5

| 1. Name and Address of Reporting Person*
Taneja Vaibhav

(Last) (First) (Middle)
C/O TESLA, INC.
3500 DEER CREEK ROAD
(Street)
PALO ALTO CA 94304
(City) (State) (Zip) | 2. Issuer Name and Ticker or Trading Symbol
Tesla, Inc. [TSLA]

3. Date of Earliest Transaction (Month/Day/Year)
07/20/2020

4. If Amendment, Date of Original Filed (Month/Day/Year) | 5. Relationship of Reporting Person(s) to Issuer (Check all applicable)
Director _____ 10% Owner
X Officer (give title below) _____ Other (specify below)
Chief Accounting Officer

6. Individual or Joint/Group Filing (Check Applicable Line)
X Form filed by One Reporting Person
_____ Form filed by More than One Reporting Person |

Table I - Non-Derivative Securities Acquired, Disposed of, or Beneficially Owned

1. Title of Security (Instr. 3)	2. Transaction Date (Month/Day/Year)	2A. Deemed Execution Date, if any (Month/Day/Year)	3. Transaction Code (Instr. 8) Code	V	4. Securities Acquired (A) or Disposed Of (D) (Instr. 3, 4 and 5) Amount	(A) or (D)	Price	5. Amount of Securities Beneficially Owned Following Reported Transaction(s) (Instr. 3 and 4)	6. Ownership Form: Direct (D) or Indirect (I) (Instr. 4)	7. Nature of Indirect Beneficial Ownership (Instr. 4)
Common Stock	07/20/2020		M		7	A	$276.59	2,806	D	
Common Stock	07/20/2020		M		810	A	$273.26	3,616	D	
Common Stock	07/20/2020		S[1]		29[2]	D	$1,496.31	3,587	D	
Common Stock	07/20/2020		S[1]		300[2]	D	$1,498.15[3]	3,287	D	
Common Stock	07/20/2020		S[1]		100[2]	D	$1,519.67	3,187	D	
Common Stock	07/20/2020		S[1]		100[2]	D	$1,569.72	3,087	D	
Common Stock	07/20/2020		S[1]		111[2]	D	$1,596.38[4]	2,976	D	
Common Stock	07/20/2020		S[1]		100[2]	D	$1,628.99	2,876	D	
Common Stock	07/20/2020		S[1]		100[2]	D	$1,633.99	2,776	D	
Common Stock	07/20/2020		S[1]		47[2]	D	$1,645.41[5]	2,729	D	

Table II - Derivative Securities Acquired, Disposed of, or Beneficially Owned
(e.g., puts, calls, warrants, options, convertible securities)

1. Title of Derivative Security (Instr. 3)	2. Conversion or Exercise Price of Derivative Security	3. Transaction Date (Month/Day/Year)	3A. Deemed Execution Date, if any (Month/Day/Year)	4. Transaction Code (Instr. 8) Code	V	5. Number of Derivative Securities Acquired (A) or Disposed of (D) (Instr. 3, 4 and 5) (A)	(D)	6. Date Exercisable and Expiration Date (Month/Day/Year) Date Exercisable	Expiration Date	7. Title and Amount of Securities Underlying Derivative Security (Instr. 3 and 4) Title	Amount or Number of Shares	8. Price of Derivative Security (Instr. 5)	9. Number of derivative Securities Beneficially Owned Following Reported Transaction(s) (Instr. 4)	10. Ownership Form: Direct (D) or Indirect (I) (Instr. 4)	11. Nature of Indirect Beneficial Ownership (Instr. 4)
Non-Qualified Stock Option (right to buy)	$273.26	07/20/2020		M			810	[6]	04/19/2029	Common Stock	810	$0.0	62,968	D	
Non-Qualified Stock Option (right to buy)	$276.59	07/20/2020		M			7	[7]	10/16/2028	Common Stock	7	$0.0	263	D	

Explanation of Responses:

1. The sales reported on this Form 4 were effected pursuant to a Rule 10b5-1 trading plan adopted by the reporting person on June 4, 2020.

2. Out of the total of 887 shares sold, 478 shares were sold to cover the exercise price and, to satisfy the reporting person's tax withholding obligations related to the exercise of stock options to purchase 817 shares as reported in this footnote.

3. The price reported in Column 4 is a weighted average price. These shares were sold in multiple transactions at prices ranging from $1,497.930 to $1,498.350, inclusive. The reporting person undertakes to provide Tesla, Inc., any security holder of Tesla, Inc. or the staff of the Securities and Exchange Commission, upon request, full information regarding the number of shares sold at each separate price within the range set forth in this footnote.

4. The price reported in Column 4 is a weighted average price. These shares were sold in multiple transactions at prices ranging from $1,596.170 to $1,596.540, inclusive. The reporting person undertakes to provide Tesla, Inc., any security holder of Tesla, Inc. or the staff of the Securities and Exchange Commission, upon request, full information regarding the number of shares sold at each separate price within the range set forth in this footnote.

5. The price reported in Column 4 is a weighted average price. These shares were sold in multiple transactions at prices ranging from $1,645.410 to $1,645.610, inclusive. The reporting person undertakes to provide Tesla, Inc., any security holder of Tesla, Inc. or the staff of the Securities and Exchange Commission, upon request, full information regarding the number of shares sold at each separate price within the range set forth in this footnote.

6. 1/8th of the shares subject to the option became vested and exercisable on September 13, 2019, and an additional 1/48th of the shares subject to the option shall become vested and exercisable each month

在 Tesla 的 Form 4 報告中所揭露的 CAO 出售股份資料。從 Table I 可知，Tesla CAO 於 7 月 20 日，買入兩次股票，並分 8 次以每股 1,497～1,645 美元的價格賣出，以及 CAO 的持股變化。表格最後一行的第 5 欄為最終持有股票數量。從 Table II 可得知，在 Table I 中買入的 817 股，是行使員工認股權以 270 美元左右的價格交易的。（資料來源：Form 4, TSLA, 2020.07.22）

Ownership），這是對該年度持有股份的變更事項和最終股份情況進行整理及揭露的報告，必須在會計年度結束後 45 天內公布。而因特定原因獲得暫時免除或延後公布 Form 4 報告許可的人，必須在會計年度結束時提交 Form 5 報告，並義務性地揭露先前未公開的股份變更事項。

　　這樣的美國公開揭露機制，基本上已讓公司內部人士，無法祕密拋售持有股份。特別是在看內線交易明細報告時，不能單純解釋為「內部人士增加持股是好的，拋售持股則是不好的」，更重要的是，增持或拋售的動機。內部人士有可能只是為了行使部分股票期權而賣出，也有可能在掌握公司經營存在問題的資訊後，提前拋售持股。

　　後者對股價來說是個壞消息，這消息也是提醒投資者應該要賣出股票了。要了解內部人士股權狀況和變動意圖，有必要閱讀公司的整體情況和最新揭露的報告。不要將 Form 3 報告、Form 4 報告、Form 5 報告等資料視為獨立資訊，而是要透過這些資料，掌握更完整的公司整體情況，以利做出更適當的投資決策。

聽到併購消息
要先確認公開資料

Merger Presentation、DEFM-14A

不要錯過震撼股價的大事件

2019 年夏天，一則併購交易的公告震驚了美國休閒娛樂產業：Eldorado Resorts（NASDAQ：ERI）對 Caesars Casino（NASDAQ：CZR）的收購案。對於沉寂已久的博弈產業而言，這件價值 173 億美元的大筆交易，吸引了許多人的注意。兩間公司合併後，成了博弈界最大的公司。

事實上，對於關注該產業的投資者來說，Eldorado 收購 Caesars 是一個可預見的事件，這是只要看過公司揭露資料的標題就能了解的資訊。當時，有規模和資金能收購 Caesars 的公司並不多。比如美高梅國際酒店集團 MGM Resorts International

（NYSE：MGM）、拉斯維加斯金沙集團 Las Vegas Sands
（NYSE：LVS）和 Eldorado。

　　實際上，即使不做併購分析（Merger Analysis），只要關注
新聞和博弈產業趨勢，也能得知很多資訊。稍微留意一下公司
公告，就可以更容易理解這起併購案，並將這種資訊運用於自
己的投資上。

　　首先，讓我們確認一下 Caesars 的股東名單，最快並準確
的方法就是公司公布的 13D 報告、13G 報告、13F 報告。因為

▶ 藉由併購題材快速上漲的 **Eldorado 股價**

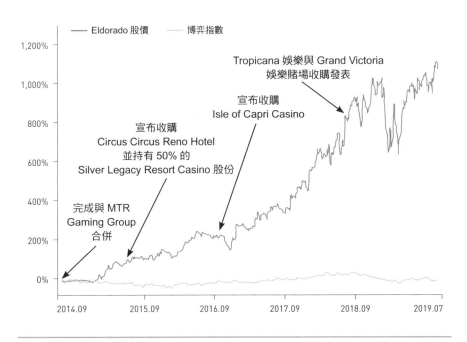

Eldorado 藉由多次併購表現積極發展，成為在博弈產業（Gaming）獨樹一幟的成長股。【資料
來源：Form 425(EX-99.2), CZR, 2019.06.24】

▶ 宣布併購消息時，持股數前 20 大基金

Fund	Shares Held	Market Value	% of Portfolio	Chg in Shares	% owner-ship	Qtr 1st Owned
ICAHN CARL C	99,250,942	$1,173,147,000	4.42		14.75%	Q1 2019
CANYON CAPITAL ADVISORS LLC	62,385,299	$737,394,000	14.97	15,196,562	9.27%	Q3 2012
BLACKROCK INC.	54,727,452	$646,878,000	0.03	2,695,191	8.14%	Q2 2012
VANGUARD GROUP INC	51,663,425	$610,662,000	0.02	453,665	7.68%	Q1 2012
ALLIANZ ASSET MANAGEMENT GMBH	40,357,772	$477,029,000	0.44	1,777,701	6.00%	Q4 2017
SHAPIRO CAPITAL MANAGEMENT LLC	25,717,811	$303,984,526	6.76	935,900	3.82%	Q2 2017
NOMURA HOLDINGS INC	23,001,269	$275,555,000	1.22	6,170,062	3.42%	Q3 2017
SOROS FUND MANAGEMENT LLC	19,043,658	$225,096,000	5.27	5,777,984	2.83%	Q1 2012
MORGAN STANLEY	17,395,571	$205,616,000	0.05	2,828,355	2.59%	Q1 2012
UBS Group AG	16,930,306	$200,116,000	0.08	7,622,529	2.52%	Q4 2017
GOLDMAN SACHS GROUP INC	14,523,870	$171,673,000	0.05	9,594,977	2.16%	Q1 2012
STATE STREET CORP	13,490,060	$159,453,000	0.01	112,870	2.01%	Q1 2012
MAGNETAR FINANCIAL LLC	13,205,974	$156,095,000	3.12	13,205,974	1.96%	Q2 2019
INVESCO LTD.	11,304,478	$133,619,000	0.03	10,751,775	1.68%	Q1 2013
APPALOOSA LP	11,200,000	$132,384,000	1.43	2,547,240	1.66%	Q4 2017
CAPITAL RESEARCH GLOBAL INVESTORS	10,585,160	$125,117,000	0.04	1,321,925	1.57%	Q1 2017
D.E.SHAW & COMPANY., INC.	10,096,417	$119,340,000	0.15	4,650,201	1.50%	Q1 2015
SILVER POINT CAPITAL L.P.	9,995,144	$118,143,000	14.68	6,238,982	1.49%	Q3 2015
CITADEL ADVISORS LLC	9,351,904	$110,539,000	0.05	5,325,704	1.39%	Q1 2012
EAGLE ASSET MANAGEMENT INC	8,413,040	$99,442,000	0.51	3,580,046	1.25%	Q2 2017
CNH PARTNERS LLC	7,755,000	$91,664,000	1.04	7,755,000	1.15%	Q2 2019

為了區分沒有特別策略目的、單純持有股份之被動基金或量化基金（Quant），對沖基金以藍色陰影表示。

Shares Held：持有股份數｜ Market Value：市場價值｜ % of Portfolio：資產組合比重｜ Chg in Shares：持股變化 |% ownership：持股率｜ Qtr 1st Owned：首次入股季／年度（資料來源：作者製表，以 2019 年第 2 季為準）

Caesars 一直被視為潛在的收購目標，所以可以先看看 Caesars 宣布收購前的股東組成。當時，Caesars 聚集了各種對沖基金勢力，被稱為對沖基金派對（Hedge Fund Party），其中之一就是著名的奉行股東行動主義對沖基金經理卡爾・伊坎（Carl Icahn）。

由於 Eldorado 於 2019 年 6 月 24 日宣布收購 Caesars，所以我們可以看看 Caesars 第 2 季截止日期 6 月 30 日的 13F 報告股東名單。左表是持股比例前 20 間專業機構和基金，卡爾・伊坎實際上是 Caesars 的最大股東，持股達 14.75%。

除了卡爾・伊坎外，也有許多對沖基金持有不少 Caesars 的股份，但卡爾・伊坎的基金是行動主義基金，其性質不同。行動主義基金的策略是以提高企業價值為目標，參與投資公司的經營，直接管理公司，由於卡爾・伊坎的持股超過 10%，能夠充分介入經營。換句話說，他是公司獵人，但也可以視為「公司重生者」或「股價推動器」，取決於你的切入點。

Hedge Fund Party
對沖基金派對
對沖基金在特定股票上的持股率異常地高，作為對沖基金的標的而備受歡迎的股票，被戲稱為對沖基金派對（Hedge Fund Party）。

從 2019 年第 1 季開始，卡爾・伊坎買入 15% 股份成為大股東，將 3 位自家基金經理安排進入 Caesars 董事會，獲得新任 CEO 任命權，使當時的 CEO 弗里索拉（Mark Frissora）退休，然後，他任命 Tropicana 賭場公司的總裁安東尼・羅迪擔任 CEO。

Tropicana 是一間賭場公司，於 2018 年出售給 Eldorado。

到這裡還看不清楚卡爾‧伊坎的意圖是什麼嗎？賣掉 Tropicana 的安東尼‧羅迪出任 Caesars 的 CEO 後，卡爾‧伊坎就開始要求他賣掉 Caesar。2 個月不到，安東尼‧羅迪就拍板將 Caesars 賣給 Eldorado。

併購消息出現後的投資機會

去了解背後的故事可能很有趣，但散戶要即時獲取這些消息並運用在自己的投資上並不容易，除非是本來就一直在關注的股票。實際上，大多數投資者只有在聽到併購消息時，才知道要去關注這筆交易。雖然可能為時已晚，但看到消息時，去想想有沒有套利空間總不是一件壞事，因為在併購過程中，總會出現各種變數。

在美國，公司併購非常活躍，公司之間會頻繁討論，發表併購交易的公司也很多。公司併購有法規限制，而且股票市場也存在各種變數，有可能接到不止一間公司的收購提議，也可能無法達成交易。在這種情況之下，股價會往上漲的情況很多，但暴跌的可能性也很大。但如果以準確的資訊息為基礎做出合理的判斷，就可以實現投資獲利。

在媒體已經報導了併購新聞的情況下，還需要看什麼報告呢？首先，收購公司和被收購公司會分別公布併購發表資料（Merger Presentation）、併購交易正式報導（Merger Press

ELDORADO TO COMBINE WITH CAESARS CREATING THE LARGEST OWNER AND OPERATOR OF U.S. GAMING ASSETS

- *COMBINES ICONIC GLOBAL BRANDS AND INDUSTRY-LEADING LOYALTY PROGRAM WITH EXCEPTIONAL GUEST SERVICES AND OPERATIONAL EXCELLENCE*
- *INCREASED SCALE AND GEOGRAPHIC DIVERSIFICATION ACROSS APPROXIMATELY 60 DOMESTIC GAMING PROPERTIES*
- *IDENTIFIED SYNERGIES OF $500 MILLION WITH LONGER-TERM UPSIDE*
- *$3.2 BILLION STRATEGIC TRANSACTION WITH VICI PROVIDES SIGNIFICANT PROCEEDS FROM LEASE MODIFICATIONS AND REAL ESTATE MONETIZATION*
- *EXPECTED TO BE IMMEDIATELY ACCRETIVE TO FREE CASH FLOW*
- *CONTINUED OWNERSHIP OF REAL ESTATE ACROSS BOTH PORTFOLIOS PRESERVES INHERENT VALUE*
- *ELDORADO'S CHAIRMAN GARY CARANO, CEO TOM REEG, COO, CFO AND CLO WILL LEAD THE COMBINED COMPANY, WHICH WILL USE THE CAESARS NAME*
- *COMPANY TO BE HEADQUARTERED IN RENO, NEVADA AND WILL RETAIN SIGNIFICANT CORPORATE PRESENCE IN LAS VEGAS*

Eldorado 與 Caesars 發布併購訊息（部分內容）【資料來源：Form 425(EX-99.1), CZR, 2019.06.24】

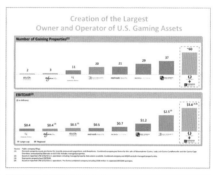

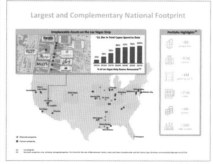

美國博弈產業大致上可分為拉斯維加斯賭場和其他地區賭場。拉斯維加斯賭場和其他地區賭場的經營模式和營收結構不同，在各市場經營賭場的公司也是完全不同的業者。Caesars 是以拉斯維加斯為中心的飯店、賭場事業，Eldorado 則是只經營地區賭場的公司。【資料來源：Form 425(EX-99.2), CZR, 2019.06.24】

Release），還有 SEC 規定要提交的 DEFM-14 報告。併購發表資料和併購交易正式報導，通常由兩間公司同時發表或由收購公司代表公布。

併購發表資料必須揭露的事項如下：

- 交易摘要（Summary of Transaction）
- 併購可行性和併購後之發展策略（Strategic Rationale）
- 併購交易結構（Transaction Structure）
- 交易條件和預定日期（Closing and Timing）
- 併購交易顧問（Advisors）

在併購案發表時，投資者關注的對象通常是股價暴漲的被收購公司，所以讓我們從 Caesars 的普通股股東或潛在投資者的角度來解讀這筆交易。由於媒體刊登的新聞，是對公司發表的公開資料進行整理後的資訊，因此傳達的資訊必然不夠完整。所以，最好自己檢視原始資料比較安全。雖然看起來有些複雜，但只需要從公開揭露的資料中，挑選出幾個重點來看就行了。首先是相關交易的結構，即支付收購款的結構。

被收購公司的股東可以獲得多少？

首先，需要了解完成併購交易所需要的融資動作，這是一

併購公告的概要說明（部分內容）。【資料來源：Form 425(EX-99.1), CZR, 2019.06.24】

個比想像中更簡單的原則。大家都知道，購買一間公司是需要一大筆資金的，但很少有公司有足夠的現金可以立即支付數十億韓元的收購資金，即便有那麼多現金儲備，比起 100% 使用現金，透過混合股權（Equity）和債務（Debt）的方式，盡可能便宜地籌集資金，更有利於交易成功。

這被稱為 M&A 融資貸款（M&A Financing）、收購融資貸款（Acquisition Financing），而被收購公司股東可獲得多少報酬，就要視收購資金結構而定。

最簡單的當然是 100% 現金交易，以現金收購股東手上的股票，就可以乾淨俐落地結束了。但如果收購資金包含股票發行，情況就不同了。

正如摘要／交易概要（Summary/Transaction Overview）一欄中所記載的，Eldorado 向 Caesars 提出了每股 12.75 美元的收購價格。其中，每股 8.40 美元以現金收購，其餘以 0.0899：1 的換股比例（Exchange Ratio）轉換為收購公司（Eldorado）的股份。

換股比例適用的股價，以收購公司 30 天交易量加權平均價

格的 30-Day VWAP 為基準。從這個案例的公告資料來看，以 2019 年 5 月 23 日為準，Eldorado 30-Day VWAP 的價格是 48.39 美元，適用換股比例為 0.0899。因此，Eldorado 將向 Caesars 股東發行 7,700 萬股股票，以每股 12.75 美元籌集收購資金。

也就是說，Eldorado 將發行價值 37 億 2,603 萬美元（= 48.39 美元 ×7,700 萬股）的股票給 Caesars 股東。以當時 Caesars 的已發行股份總數為 8 億 5,650 萬 7,000 股計算，Caesars 股東每股可以獲得價值 4.3503 美元（= 37 億 2,603 萬美元／8 億 5,650 萬 7,000 股）的 Eldorado 股票，如此一來，Caesars 股東每股共可獲得 12.75 美元（= 8.40 美元現金＋4.3503 美元的 Eldorado 股票）。

現金是固定價格，但股價總是在變化，如果想知道 Caesars 最終的每股收購價格，也只能這樣直接計算了。因為股價每天都在波動，每當 Eldorado 的股價發生變化時，被收購公司股東所獲得的股票價值也會跟著變化，而且會一直波動到併購交易案正式結束為止。

如果併購交易結構類似於 Eldorado-Caesars 案，隨著收購公司 Eldorado 股價的上漲，對被收購公司 Caesars 的股東較有利。首先每股 8.40 美元的現金部分已確定入袋。股票方面就取決於收購公司的股價，股價越高，被收購公司股東獲得的 Eldorado 股票數量就越多。

這時如果有第三方公司也表明收購意向，出現相互競爭的情況，那就更好了，收購價格就會隨著多方競爭而水漲船高，

但對收購公司的股東而言，就又是另一回事了。

首先，像這樣搭配現金且大規模發行股票的併購交易，收購公司的股價會在短期被壓低，因為為了籌集資金而進行了大規模的增資，將會稀釋股價。不過這也只是短期現象，隨著市場看好或看壞這筆交易所帶來的預期效應，收購公司的股價可能會上漲，也可能會下跌。

整體而言，被收購公司的股價空間受限於達成交易的收購價格，但收購公司的股價在完成交易之後，還有上漲機會。交易失敗的可能性越大，被收購公司的股價自然就會下跌。不僅會比提議收購價格低，還可能跌至比併購消息出現前更低的價格。交易破裂的原因有很多，包括反壟斷法的政府法規、董事會是否批准、協商破裂等。

收購公司和被收購公司，
誰才是好的投資標的？

併購公告出來後，被收購公司的股價基本上就會在收購單價附近徘徊。那為什麼會上漲到高於收購價格呢？可能是因為有另一個收購者提出更高的收購價，而市場只是反映了預期心理，也可能是因為併購消息導致交易量大增而帶動股價上漲，但也可能是對沖基金和投資者基於公司併購套利空間（Merger Arbitrage）而大量買進，促使股價上漲。

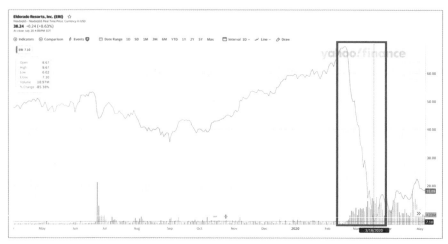

Eldorado 股價受到新冠肺炎衝擊，一週內暴跌 90% 以上。（資料來源：Yahoo Finance，2020.09.26）

　　但如果被收購公司的股價明顯低於收購價格，則可能是因為市場對交易的可能性抱持負面看法，若無特殊情況，被收購公司的股價會保持在稍微低於收購價格，最終在收購日以收購價格收盤。

　　自交易宣布以來，Eldorado 股價持續上漲，直到 2020 年 3 月初更接近 70 美元。顯示市場對於全球最大規模賭場公司的誕生與併購綜效的發展預期，表現出正面的態度。受惠於收購公司股價的上漲，Caesars 股價則是基於收購價格公式（Merger Math）而上漲接近至 15 美元。

　　最終應該投資哪一方，則取決於投資目的、時期和交易觀點。一般而言，在交易成功的假設下，如果想基於收購價格和市場價格之間的套利空間，獲取報酬低但風險也低的短期收

益，可以買進被收購公司股票；如果相信這筆交易會帶來發展效應和未來成長空間，且也有意長期投資的話，就買進收購公司的股票。如果不確定最後成交價格的話，可以按比例同時買進兩邊公司的股票。

　　這筆交易原本看似可以順利進行的，但隨著新冠肺炎疫情爆發，這筆交易陷入了意外之外的困境。由於 3 月中旬股市的崩盤，Eldorado 股價暴跌至 7 美元以下，Caesars 股價也跌到 3 美元左右。

　　雖然沒人可以預料到新冠肺炎的發生，但收購公司的股價會這樣暴跌嗎？仔細想想的話，可以發現疫情造成全球經濟衰退，導致消費市場急速萎縮，賭場更被美國政府下令暫停營業，在博弈產業前景不被市場看好的情況下，這時要進行規模達 170 億美元的併購交易是不合理的，進而導致了 Eldorado 的股票遭到市場拋售，股價也因此暴跌。最後，應該在 2020 年第 1 季末達成的併購交易被無限期地延後了。

　　幸運的是，股價受惠於股市的巨大流動性而止跌，並快速反彈上漲，在第 1 季電話會議時，收購方經營團隊詳細解釋了融資流程、監管審批、交易時機等，努力消除市場對併購破局可能性的憂慮。在電話會議當天的公告中，也出現「雖然因無法預期的因素而在第 1 季沒能成功，但至少會在 7 月之前完成交易」的內容，因此，第二天這兩間公司的股價也都大幅上漲。

　　交易成功前本來就存在各種變數，在這段時間的股價波動幅度本來就會大幅增加。如果只聽到併購消息就認為是一個利

多消息，沒有詳細了解就直接投資的話，將會給自己帶來相當大的風險。因為市場的各種變數以及受不了股價波動加劇而拋售，或是在看不清前景的情況下，持續抱著可能破局的股票，很有機會因此蒙受巨大損失。

S-4 報告內含併購交易的所有紀錄

最後，對於併購案的相關股票來說，記載交易所有內容且最詳細的公告資料，那就是 SEC 規定的 S-4 報告。閱讀這份 S-4 報告就可以對併購交易有較為完整的了解，因此我推薦一定要詳讀這份報告，但由於內容多達數百頁，如果不是專業投資人，閱讀難度並不低。

不過，在併購交易的公開資料中，這份報告包含了深入的分析和資訊，因此最好還是去了解這份報告的主要項目，構成 S-4 報告的主要項目如下：

· 申請批准併購的聯合委託書／招股說明書（Joint Proxy Statement/ Prospectus）
· 股東問答（Q&A）
· 收購公司與被收購公司
· 併購交易概要（Summary of Merger）
· 收購公司董事會批准併購的原因與建議（Board's Reasons

for the Merger, Recommendations）

- 收購公司財務顧問（投資銀行）的意見（Financial Advisor's Opinion）
- 被收購公司理事會批准並支持相關併購的理由
- 被收購公司財務顧問的意見
- 併購合約全文（Agreement And Plan Of Merger）：包括財務分析，（合併後）預估的（Pro-Forma）財務報表、估值、融資計畫等重要內容。
- 併購籌資相關事項（Bank Commitment Letter and Related Financing）
- 收購公司、被收購公司股東的權利相關事項（Comparison of Stockholders' Rights）
- 併購案對收購、被收購公司的影響（Effects of the Merger）
- 收購對價方案（Merger Consideration）
- 合併後所有股東的持股比例變化（Ownership following the Merger）
- 經營團隊的黃金降落傘（Golden Parachute）
- 交易的成功條件（What is Required to Consummate the Merger）
- 終止交易條件（Termination）

　　需要注意的是收購公司的估值，這是只有在 S-4 報告中才能看到的有用資訊。在併購交易中，會有一間投資銀行分別

Ticking Fee

延遲賠償金

隨著時間變化（as time is ticking）收取相應手續費。

為收購公司和被收購公司提供諮詢，並收取巨額諮詢費，他們被稱為「金融顧問」（Financial Advisors）。除此之外，還會聘請第三方投資銀行，提供「公正性保證意見」（Fairness Opinion），這是一項評估公司收購過程中，向收購對象公司股票支付的價格，是否公正的價值評估的工作，要最大限度地站在客觀的立場，評估併購案

Caesars Standalone DCF Analysis	Implied Prices per Share of Caesars Common Stock (Rounded to nearest $0.25)
Base case	$ 12.00—$14.00
Recession case	$ 9.50—$11.25
Alternative case	$ 13.75—$15.75

PJT Partners then compared these ranges of implied price per share of Caesars common stock to (1) the closing share price of Caesars common stock of $9.99 as of June 21, 2019, (2) the implied Merger Consideration of $13.00 per share of Caesars common stock (calculated as the sum of $8.40 in cash and the implied value of 0.0899 shares of ERI common stock as of June 21, 2019) and (3) the unaffected closing share price of Caesars common stock on June 6, 2019 of $9.13.

As part of its review, PJT Partners selected ranges of multiples of TEV to NTM EBITDA and NTM EBITDAR, and applied such ranges to Caesars' estimated EBITDA and estimated EBITAR for the calendar years 2019 and 2020 in the case of each of base case, recession case and alternative case to calculate ranges of the implied price per share of Caesars common stock. The following summarizes the results of these calculations:

	TEV/NTM EBITDA selected range	Implied Prices per Share of Caesars Common Stock (Rounded to nearest $0.25)
2019 Estimated EBITDA (base, recession and alternative cases)[1]	8.25x—9.25x	$ 8.00—$9.75
2020 Estimated EBITDA (base case)	8.25x—9.25x	$ 9.00—$11.00
2020 Estimated EBITDA (recession case)	8.25x—9.25x	$ 3.75—$5.00
2020 Estimated EBITDA (alternative case)	8.25x—9.25x	$ 9.50—$11.50

[1] The 2019 Estimated EBITDA was the same for the base case, recession case and the alternative case.

	TEV/NTM EBITDAR selected range	Implied Prices per Share of Caesars Common Stock (Rounded to nearest $0.25)
2019 Estimated EBITDAR (base, recession and alternative cases)	8.00x—9.00x	$ 7.00—$9.75
2020 Estimated EBITDAR (base case)	8.00x—9.00x	$ 8.50—$11.50
2020 Estimated EBITDAR (recession case)	8.00x—9.00x	$ 3.25—$5.75
2020 Estimated EBITDAR (alternative case)	8.00x—9.00x	$ 9.00—$12.00

在 Caesars 的 S-4 報告的收購企業「Caesars 的財務顧問意見」（Opinion of Caesars' Financial Advisor）部分，揭露了對企業價值評估的公平意見（部分內容）。

在併購過程背景說明（Background of the Merger）部分，說明了延遲賠償金內容。（資料來源：S-4, CZR, 2019.09.03）

是否為代表股東利益的正確交易，而 S-4 報告會記載該公正性保證意見的一部分內容。如果對估值感興趣，單獨看這個部分就可以學到很多知識。

公正性保證意見說明了各種情境適用何種倍數、適用何種折扣價格等方法論，另外，契約全文亦記載評估企業價值時，各種預估財務報表以及使用的假設，也會有基於資訊公開揭露目的之簡要說明，所以很容易理解大致的估值流程。

在做出投資決策時，是否知道這個消息是有天壤之別的。在每天要支付數千萬美元手續費的情況下，經營團隊沒有具體宣布「重新討論交易」或「重新協商收購資金相關事宜」，就表示對併購交易有很強的信心和自信，也就表示沒有資金面的問題。毫無根據地相信「無論如何都會成功」而抱著股票，以及應該以準確的資訊為基礎進行投資，是完全不同的兩件事，而這最終會影響到你的投資報酬率。

此外，根據報告揭露的收購資金組成方案，截至交易公告日，需要籌集超過 70 億美元的債務或重組（Refinancing）收購公司的債務，這涉及許多投資銀行，資金規模龐大，如果併購

▶ 在完成併購之前的一季，專業投資人和對沖基金的持股狀況

Fund	Shares Held	Market Value	% of Portfolio	Chg in Shares	% owner-ship
BNP PARIBAS ARBITRAGE, SA(PRN)	197,556,461	$331,302,185	0.58		
ICAHN CARL C	114,250,942	$1,385,864,000	7.03		16.70%
LMR PARTNERS LLP(PRN)	109,325,000	$185,306,000	4.61	36,500,000	
UBS OCONNOR LLC(PRN)	86,609,745	$146,483,000	4.92	18,944,000	
ALLIANZ ASSET MANAGEMENT GMBH(PRN)	80,567,611	$135,814,000	0.16	80,567,611	
BLACKROCK INC.	52,178,868	$632,930,000	0.03	4,333,256	7.63%
D.E.SHAW & COMPANY., INC. (PRN)	51,781,000	$87,478,000	0.1	41,000,000	
VANGUARD GROUP INC	50,205,847	$608,996,000	0.02	1,227,672	7.34%
ALLIANZ ASSET MANAGEMENT GMBH	38,089,048	$462,021,000	0.53	4,293	5.57%
WELLS FARGO & COMPANY(PRN)	33,486,190	$56,280,000	0.02	8,161,616	
STATE STREET CORP(PRN)	28,131,020	$47,632,000	0	4,500,000	
CANYON CAPITAL ADVISORS LLC	27,102,973	$328,759,000	10.99	18,247,198	3.96%
GOLDMAN SACHS GROUP INC	25,715,622	$311,930,000	0.09	5,154,863	3.76%
SG AMERICAS SECURITIES, LLC	24,571,057	$298,047,000	2.48	24,511,373	3.59%
FMR LLC(PRN)	21,451,452	$36,053,000	0	4,083,452	
CAPSTONE INVESTMENT ADVISORS, LLC(PRN)	21,000,000	$35,400,000	0.23	2,000,000	
CSS LLC(PRN)	20,892,056	$35,142,000	1.99	15,176,356	
NOMURA HOLDINGS INC	20,540,685	$248,513,000	0.86	2,205,036	3.00%
BANK OF NOVA SCOTIA(PRN)	20,000,000	$33,898,000	0.12	858,700	
UBS Group AG	18,666,042	$226,419,000	0.1	2,521,985	2.73%
SUSQUEHANNA INTERNATIONAL GROUP, LLP(PRN)	15,508,557	$26,065,000	0.01	5,718,557	
OAKTREE CAPITAL MANAGEMENT LP	15,250,000	$184,982,000	4.11		2.23%
BERYL CAPITAL MANAGEMENT LLC	14,958,646	$181,448,000	34.48	12,284,687	2.19%
BANK OF NOVA SCOTIA	14,729,975	$178,675,000	0.62	6,890,212	2.15%
STATE STREET CORP	13,758,831	$166,895,000	0.01	531,272	2.01%

強調對沖基金持有量，是為了將其與被動基金或量化基金（例如共同基金）區分開來，後者只是持有股票而沒有特定的戰略目的。

Shares Held: 持有股份 | Market Value: 市場價值 | % of Portfolio: 投資組合百分比 | Chg in Shares: 股票變動 | % owned: 擁有百分比（資料來源：手寫，截至 2019 年第二季度）

交易失敗，華爾街也將遭受巨大損失。在多重利害關係下，不難預測有很高的可能性，可以達成交易。

即使在如此不可預測的情況下，大多數專業投資人都認為只是外部環境因素發生了變化，不會影響交易的完成和交易的價值，因此並沒有出現大規模出脫的情況。

該交易經過一番努力最終成功，最後以被收購公司的公司名稱「Caesars」、股票代碼「CZR」繼續在市場交易，就這樣，ElDorado 和 Caesars 順利完成了合併。

Q&A

Q　Caesars 併購後的股價變化

A　併購完成一年半後，Caesars 2021 年第 3 季的股價為 115 美元。有趣的是，以 Caesars 現在的交易代號（NASDAQ：CZR）查詢歷史股價的話，查到的結果會是舊的 ERI（Eldorado）股價，而非併購前的舊 CZR 股價。

在大部分的 M&A 案例中，在被收購後，被收購者會改為收購者的公司名稱及交易代號。而這次交易卻特別保留了被收購者 Caesars 的名稱和交易代號。原因正是出自於「Caesars」這個名字在賭場界享有的品牌價值。因此，舊的 CZR 因收購而不復存在，其股價歷史隨之被刪除，不管是在納斯達克交易所或是各種證券交易平台上都找不到。現在的股價即為 Eldorado 股價，只是名稱更改為 CZR 而已。

收購者 Eldorado（現 CZR）的股價持續上漲，如果投資人以 Covid-19 爆發後的最低價買進 Eldorado 股票，並持股 1 年以上，則

將獲得 1,200% 的報酬率；而若是在舊 CZR 的最低點，也就是不到 3 美元的價格買進的話，報酬率將達 3,700%。儘管 Covid-19 後的經濟復甦速度令人憂心，還面臨著中國的賭場規範帶來的市場逆風（Headwind），但 Caesars 的股價依然挺立。

因為 Caesars 與美高梅國際酒店集團（MGM Resorts）或拉斯維加斯永利酒店（Wynn Las Vegas）等其他博彩公司不同，並未在澳門開設賭場。Caesars 只在美國國內營運賭場，100% 供應內需的優勢發揮了作用。

CZR 過往兩年間的股價走勢。（資料來源：Yahoo Finance, 2021.09.30）

另一個利多因素：
企業分拆
Form 10-12B

為什麼公司分拆是利多？

在華爾街，上市公司的公司分拆（Spin-Off）一度成為熱門話題。這是由於美國零售、飯店、休閒產業的公司 CEO 們經常討論的話題之一就是不動產 REITs 的 Spin-Off。

我在投資銀行負責公司金融業務時，本應忙於併購交易的我，不得不專注於公司分拆交易，因為相關諮詢的要求大量湧入。在那段時間內，所有客戶的會議主題和 CEO 關心的重點都是公司分拆交易。結果在當年我們進行了幾次非常大的公司分拆案，帶來了巨大收益，不動產顧問費占了整體收益的大部分。

特別是，將公司的不動產業務獨立 Spin-Off 為上市 REITs

的做法，對法人稅具有節稅效果，且還能推升股價，因此是相當受歡迎的策略。公司一宣布 Spin-Off 消息，股票就上漲的情況並不少見，由於 Spin-Off 釋放了未來長期成長潛力的積極信號，市場認為這是一個利多消息，股價就隨之波動。究竟是什麼決定公司的分拆，這對企業價值有什麼影響呢？

在美國的特定類股經常出現公司分拆案的原因是，那些飯店、賭場、購物中心和餐廳特許經營等不動產比重較大，多年成長性偏低，因而導致企業估值也長年偏低的公司的股東們，要求公司將不動產資產分拆出去。例如橄欖園連鎖餐廳的所有者達登餐飲 Darden Restaurants（NYSE：DRI）的不動產 Spin-Off 案，以及美高梅國際酒店集團 MGM Resorts International（NYSE: MGM）和希爾頓全球酒店集團 Hilton 全球（NYSE：HLT）的 Hotel REITs Spin-Off 上市案。

Spin-Off 能使公司同時最大化其主要業務價值和不動產資產價值，設立 REITs 的公司可以獲得法人稅減免優惠，而這優惠所增加的現金流量可以用於償還債務或設備投資等。這是在股東友善、高效的市場機制之中，有相對優勢的美國公司的金融環境下，創造的金融操作手法。

然而，幾年前共和黨提出的稅法修改案，開始對市場的 Spin-Off 派對施加限制，該法案將取消對不動產 REITs 公司的免稅條款，而這正是不動產 REITs 分拆的一大優點，最終國會批准了該法案。

事實上，美國國稅局（IRS）一直在密切關注有越來越多公

司利用 REITs 的法人稅節稅條款來節稅，
IRS 要求加強監管，認為透過海外併購或
REITs Spin-Off 來逃避相對較高的美國公司
稅，進行所謂「稅負倒置」（Inversion）的
公司避稅策略，導致了大約 340 億美元的
稅金流失。

Inversion
稅負倒置
接管外國公司後，將被收購公司遷至公司稅率較低的外國或成立新公司以節省稅款。

最後，根據新稅法，如果母公司在營業分類上不是不動產公司，那麼在不動產資產進行 REITs Spin-Off 之後，也不能適用法人稅減免。那些依賴 Spin-Off 案生存的公司，就將目光轉向了售後租回（Sale & Leaseback）或不動產資產分割出售等次優方案。這些次優方案也是提高企業價值策略的一部分，雖然依據交易價格（Deal Pricing）有所不同，當售後租回交易或資產出售消息被公開時，也會對股價造成積極影響。

雖然 Spin-Off 案和以前相比有所減少，但美國的 Spin-Off 市場依然活躍，投資者仍然有很高的興趣去投資那些有機會 Spin-Off 的母公司股票，或是 Spin-Off 分拆出去的新上市公司，因此最好掌握相關公告資料。

公司分拆是創造股票價值的寶庫

一間公司之所以要進行 Spin-Off，是因為當 Spin-Off 分拆後，兩間不同公司的價值會大於現有一間公司的價值。由於公

司 Spin-Off 分拆、業務部門 Spin-Off 成為獨立公司，所創造的價值和套利空間，很有機會帶來不小的報酬，因此對沖基金總是對分拆感興趣。

有時，如果對沖基金認為應該實行 Spin-Off 的公司，卻沒有採取任何行動，就會大量買入該股票，獲得一定的持股後，再施加壓力讓經營團隊進行 Spin-Off，這是行動主義派對沖基金經常使用的手段，也都是許多 Spin-Off 誕生為不動產 REITs 的幕後緣由。

由於許多公司採用了將不動產部門 Spin-Off 分拆後上市的方法，因此，REITs 往往是 Spin-Off 的產物，所以 REITs 的第一份公告資料通常是 Form 10 報告。

希爾頓全球 Hilton Worldwide 的分拆過程是一個典型案例，該公司於 2016 年分拆為三間公司，分別是 Hilton Worldwide（NYSE：HLT）、Park Hotels & Resorts（NYSE：PK）和 Hilton Grand Vacations（NYSE：HGV）。首先，母集團 Hilton Worldwide 決定 Spin-Off，並向 SEC 提交 Form 10-12B 報告的初步聲明（Preliminary Statement），以進行正式的批准程序。這份報告，業界簡稱為「Form 10」。投資者可以在 SEC 的 EDGAR 系統閱讀數百頁的 Form 10 報告。

列出所有的 Form 10 報告後，就會看到在 Spin-Off 案完成前，有許多 Form 10 報告的修改版本（Form 10-12B/A）。修改版本是更新、添加或刪除於提交報告時，尚未最終確定的數值和細節的版本，因此最好看最後發布的版本。

要搜尋 Form 10 報告，需要知道要 Spin-Off 後新公司名稱或新交易股票的交易代號，但在 Hilton 集團的揭露資料中卻找不到這份資料。在這種情況下，唯一的辦法就是先瀏覽要進行 Spin-Off 的母公司 IR 網站發表的新聞，一旦要 Spin-Off 的公司向 SEC 提交 Form 10 報告，該公司就會在其 IR 網站發布 Spin-Off 案之概要內容。在 IR 網站的最近新聞列表，會看到如下圖的標題內容。

Hilton 在新聞中簡要概述了將 Spin-Off 的兩間公司名稱和資訊，然後我們就可以在 SEC 的 EDGAR 系統搜尋欄，輸入剛

在 Hilton Worldwide 宣布 Spin-Off 的當天，IR 網站發布的新聞頭條。（資料來源：Hilton Investors, Spin-Off Information, 2016.06.02）

Hilton Worldwide 分拆 Park Hotel 的 Spin-Off 申報表 Form 10-12B，可在 Park Hotel 網站找到。（資料來源：SEC）

▶ Hilton Group 在 Spin-Off 後之組織結構

【資料來源：Form 10-12B/A(Exhibit 99.1), PK, 2016.11.23】

剛看到的新公司名稱。有時，母公司 IR 網站會提供 Form 10 報告的連結，或者直接在 IR 網站提供報告文件。

如上所述，Form 10 報告是以 Spin-Off 設立的新公司為主體的公開資料，雖然是母集團的部分業務，但從脫離現有公司組織，獨立為一個新主體上的角度看，也可以看成這是一件 IPO 案，以 IPO 的估算方式判斷是否值得投資。以下是在 Form 10 報告中，需要仔細閱讀的內容：

· 分拆的背景和過程（The Spin-Off）
· 股利政策（Distribution Policy）在分拆 REITs 的情況下尤其重要

- 分拆公司的預估合併財務報表（Pro-Forma Combined Consolidated Financial Statements）
- 公司管理階層對於公司財務狀況及營收的討論與分析 MD&A
- 介紹公司分割後的新經營團隊 SpinCo Management

　　如果新公司從一開始就是獨立於母公司的獨立業務實體，那在預估財務報表中，會提供新公司過去的財務報表。報告內容還會詳細記載新公司未來如何運作、將實現多少新價值，以及如何反映股價。當然，這是以新公司的經營團隊立場，向潛在投資者說明的公司未來發展前景，具有一定的主觀性。

資訊很多，
卻還是焦慮的原因

「可能有投資機會」的錯覺

答案就在公開資料中

　　閱讀公開揭露資料、了解公司，然後將其應用到投資上，是需要練習的，這是應對每天的股價波動，也是長期投資、價值投資之路的必備條件。如果沒有把從公司公開資料看出隱含重要資訊的習慣，訓練到身體自然反應的程度，人類心理就會習慣性地焦慮，而去依賴網路上不可靠的消息。

　　雖然經濟明顯處於停滯狀態，但隨著史無前例的流動性資金湧入市場，美國股市已不見 2020 年 3 月時大幅下跌的跡象，甚至超越了疫情前的狀態。特別是由大型成長股主導的NASDAQ、S&P500，都達到了歷史最高點，投資股票都獲得了

高報酬，說是憑運氣賺的也不為過，但很多投資者都說這是因為自己的投資功力過人。

例如，公司公開報告資料連一行都沒看過，就直接自誇成功投資股票是因為眼光精準，或者只看技術分析圖表買入就跑贏了大盤。

然後，當股價放緩甚至下跌一點點時，就會開始在網路上搜尋各種小道消息，來為股價不如預期找個可以安慰自己的理由。像股票論壇這樣來源不明的消息，真的可以相信嗎？當然絕對不能相信！

網路論壇、聊天室等自稱「股票專業頻道」的社群網站，就是針對那些不想了解公開揭露資訊，只想炒股賺錢的散戶，利用他們想尋找依賴的焦慮心理，讓散戶依賴他們提供的資訊，誘導散戶加入會員消費。

有些散戶即使因為網路的小道消息或是從熟人聽到的內部消息而大賠，還是會繼續在各種投資論壇尋找看起來可以賺大錢的投資消息，這是非常高風險的做法。

CHAPTER 3

越懂財報，
報酬越高

財務報表裡的
資訊

財報的章節祕密

看數字前，先閱讀上下文

　　有人說看財報，就要看文字裡的「言外之意」。意思是，不要原封不動接受公司的公開資料，而是掌握企業公開財報的意圖、公司想要強調或隱瞞的部分。每當財報週到來，聰明的投資者就會努力解讀隱藏在數字背後的故事和經營團隊的策略意圖，這是把虧損機率降到最低的最佳方式。

　　仔細閱讀公司的財務指標的目的，與其說是選擇優秀的公司，不如說是為了提高識別不良公司（不能投資的）的可能性。看懂財務報表包括掌握公司隱瞞的不良財務、經營團隊提出的公司策略和成長預測值，以及目前的財務和營業狀況，判

別業績指引的真實的能力。也就是說，要根據公司所屬的產業和市場狀況，檢驗各項財務指標。

　　本章會重點說明美國股市主要產業、類股股價的影響因素，以及在查看個股時，最基本檢視的經營、財務和估值指標。

　　＜**注意**＞本書提及的任何公司內容，都不能視為投資標的推薦，僅作為案例解說，幫助讀者理解。

股票買進和賣出
的時機
估算股票的合理價值

判別低價值股和高價值股

「要低買高賣」（Buy low, Sell high）是投資的潛規則，股市投資也是如此嗎？實際上，股市投資也是這樣做的話，大多時候就會遇到需要認賠殺出的狀況，這其實不是好的投資策略。在股市很難做到真正的低買或高賣，只要某種程度上做到，就會認定為成功的投資。

值得注意的是，這句話的意義與「低點買入、高點賣出」不同。這並不是指在價格低點時買入股票，而在高點的拐點賣出股票的技術性買賣。而是要清楚價值和價格之間的關係，並在價值變化的瞬間，做出買進賣出的決定。

短期內出現的價格和價值的落差，就意味著獲取報酬機會。價值投資的代名詞，就是基於股價長期會向價值靠攏，利用市場波動的機會，賺取最大利益。如果所有股票的價格都正確反映公司合理價值，這樣的市場將是一個令人難過的市場，因為沒有人能賺到錢。幸運的是，這種市場並不存在。

價格（Price）－價值（Value）不等式

- 價格＜價值
  →低價值股票（Cheap、Undervalued、Trading at a Discount、Trading Low）
- 價格＞價值
  →高價值股票（Expensive、Overvalued、Trading at a Premium、Trading High）

首先，要先搞懂低價值股和高價值股的概念。大家都知道愛馬仕是名牌包的經典代名詞，也是業界最高價的商品。愛馬仕柏金包的價格是 2 萬～ 20 萬美元，這會「太貴」嗎？你可能會想，「那個包算什麼？居然等同於幾輛汽車的價格？」但是，這個價格在市場上是被認可的，沒人會覺得柏金包太貴。即使是買不起柏金包的人也知道，柏金包的稀有性，其價值遠大於它的市場價格。

柏金包代表了品牌價值、財富象徵（Status Symbol），這是一種非物質資產的價值，因而使它的市場價值超越了皮包本身

的商品價格。這就是為什麼即使柏金包以幾十萬美元的價格售出，市場也會認為不貴的原因，接下來更詳細研究其價值。

- 商品價格（Price Tag）：20 萬美元
- 商品價值（Value of the Product）：皮包＋愛馬仕品牌價值＋社會象徵性＋持續上漲的價格（＋滿足炫富＋稀有商品收藏等，因人而異的附加價值）。

　　這樣的價值內涵，並不適用所有人。柏金包本身不輕，也無法放筆記本或電腦，實用性不高。跟我一樣認為外觀設計也不太漂亮的人，也一定存在。所以對我而言柏金包並不是昂貴的商品，因為它對我的價值不高，我也不想買，所以不會感覺到價格是貴還是便宜。如果你認為柏金包就是一件非常高價的奢侈品，也認為它對你很有價值，而你也有能力買，那你就認同它的物超所值。

　　相對的，路邊賣的 10 美元的包包，就是便宜貨嗎？那些 10 美元的包包是我喜歡的款式而且很實用，如果還可以用很久，那更是物超所值了。那麼我對它的估值，就遠高於 10 美元。但如果設計不良，才用一天繩子就斷了、拉鍊壞了，別說 10 美元，連 1 美元我都嫌「太貴」。股票也是一樣。

不是估算價格，而是估算價值

　　任何情況下，我們都可以客觀估算及判斷一間公司的價值。如果現在的股價遠高於公司價值，那就表示在市場的高度期待心理下，目前的股價已經反映了未來價值。

　　這種情況下，如果公司營收符合預期，股價基本上也不會有什麼上升空間。這時只有出現尚未反映在股價上的利多因素，才有可能再推升股價上漲。現在的股價基本上就是市場預期的未來價值，如果營收不符預期，那股價可能就會應聲下跌。

　　換句話說，如果你買的股價已經反映未來價值，那即使營收表現符合預期，你仍無法從中獲利，也就是說你買貴了。相反的，「低價買進股票」是指在實際股價遠低於合理估值時買進股票。如果一間公司的合理股價是 100 美元，但現在的交易價格只有 75 美元，那麼這表示市場沒有看出這間公司的實際價值，或者可能有什麼內部問題或外部因素導致股價低於價值，可能是經營團隊有問題，可能是新的政策限制，也可能是因為信用限制（Credit Constraint）的關係，各種原因都有可能。

　　如果該公司真的價值 100 美元，那麼 75 美元的交易價格就是低價買進。每股 1 美元的雞蛋水餃股（Penny Stock），如果公司的實際內在價值只有 20 美分，而你買進的話，就是買貴了。如果每股 30 萬美元的股票，公司價值卻超過 30 萬美元，那你買的就是「便宜」的股票。

　　價格只是市場的交易數據，可以即時確認，是無法爭議的

絕對數字，因為這是買方和賣方達成協議的數字。但價值不同，價值的數字並不絕對，根據計算的人不同而有所不同，而且市場參與者之間也很難達成協議。公司的合理價值因為標準不一，計算也不易，所以一般不會花太多心力在價值估算上。更何況短期而言，價值和價格經常是脫鉤的，因此大家更重視價格而非價值。

不過如果你沒有建立自己的估值方式，那在交易時就無法判斷是買貴還是買便宜了，如果覺得自己估算太過麻煩，那可以多參考專業機構的共識，以培養評估合理價值的判斷力。雖然他們的共識不一定對，他們所說的價值也不是絕對的，但是那些研究報告都是他們充分做好基本面的分析報告，對於培養投資眼光，還是有幫助的。

如果自己沒有合理估值，只是跟著市場買進的話，那買貴的可能性就很高了，因為你沒有自己的合理估值；不論你什麼時候買，你買的價格可能不貴，也可能不便宜，你只能觀望價格是走多還是走空，這也是新手經常買高賣低的原因。

只有反過來操作，才可能獲得投資報酬。當然如果你能買進正在上漲的股票，並且在上漲一定幅度後賣出，也能獲得投資報酬。不過因為你不知道合理價值，所以你可能漲一點就賣，或是抱過頭而認賠殺出。

「買看起來要漲的股票，跌的時候就馬上賣出，不就行了，很簡單啊？」

說這種話的人，真是令人佩服。你要如何知道感覺要漲的

股票？又是如何知道何時會跌呢？真是神奇啊！

交易的價值和應有的交易價值

還有另一種區分低價值股和高價值股的方法。如果說之前所提到的「股價合理價值」是一種絕對值的估價，那麼這一種就屬於相對值的估值方式，意思是去比較同一類股的股價，以評估你所選的個股價格是便宜還是貴，我們看看下面這些公司。

最貴的股票是哪一家呢？是當前股價（Current Price）最高的 C 公司？還是目前市值（Market Cap）最高的 A 公司？那最便宜的股票，是股價最低的 B 公司嗎？還是企業價值（EV）最低的 D 公司呢？

答案是「不知道」。只看這些資訊，無法比較這 4 家公司的股價。當前股價、市值和企業價值並不是區分低價值股和高價值股的標準，這些指標都無法反映出每間公司基於各自的成

▶ 企業價值比較範例

股票	Current Price	Market Cap	Net Debt	Enterprise Value（EV）
A 公司	$300.00	$26,400M	$23,000M	$49,400M
B 公司	$50.00	$7,750M	$5,500M	$13,250M
C 公司	$1,200.00	$25,200M	$18,000M	$43,200M
D 公司	$100.00	$7,500M	$5,300M	$12,800M

Current Price：當前股價 | Market Cap：市值 | Net Debt：總負債 | Enterprise Value（EV）：企業價值

▶ 套用 Trading Multiple 工具的企業價值比較範例

股票	Current Price	Market Cap	Net Debt	EV	NTM EBITDA	EV/ EBITDA
A 公司	$300.00	$26,400M	$23,000M	$49,400M	$2,800M	17.6x
B 公司	$50.00	$7,750M	$5,500M	$13,250M	$720M	18.4x
C 公司	$1,200.00	$25,200M	$18,000M	$43,200M	$2,500M	17.3x
D 公司	$100.00	$7,500M	$5,300M	$12,800M	$900M	14.2x

Current Price：當前股價｜ Market Cap：市值｜ Net Debt：總負債｜ EV：企業價值｜ NTM EBITDA：未來 EBITDA 預估值｜ EV/EBITDA：EBITDA 倍數值

長率、營收和負債比等等的相對合理價值。這時要利用倍數的概念，進一步轉換為相對比率數值，就可以進行比較。

將反映當前股價的企業價值（EV；Enterprise Value）（＝市價＋淨負債）除以公司的營業利益和現金流指標（EBITDA），就可以計算 EBITDA 倍數。這裡的 EBITDA 是預估未來 12 個月（NTM；Next Twelve Months）業績的 NTM EBITDA，不是過去、現在的業績。

這是一種利用市場共識獲得相對比率數值的方法，如此計算得出的倍數叫做 Trading Multiple。透過 Trading Multiple 得到的倍數，並不是評估合理價值的數值，而是以目前市場上交易的（Trading）股價為基礎計算的，Trading Multiple 就是以市場交易價格為基礎的股價倍數，但這與估價所用的 Valuation Multiple 是兩個不同概

EBITDA

「Earnings Before Interest, Taxes, Depreciation and Amortization」的縮寫，息稅折舊攤銷前盈餘是指未計法人稅（Taxes）、利息（Interest）、折舊費（Depreciation and Amortization）的營業利益，這是公司通過營業活動賺取現金能力的指標。

念，所以要有所區分。

- **Trading Multiple**（Price Multiple）是指一種以當前股價和未來營收為基礎計算的股價倍數（EV/NTM EBITDA 值）。在投資網站、證券公司看到的股價倍數就是 Trading Multiple，可被視為市場主觀認定的企業價值。這裡的企業價值和股價都是市場價值（當前市值、當前股價）。股價倍數是一種 Output 值。
- **Valuation Multiple**（Applied Multiple）是一種適用於評估企業價值的估值乘數。估值乘數是以標的公司和同類股公司的股價倍數（Trading Multiple）平均值為標準。根據分析師的估算，在平均值上反映公司的成長性、競爭優勢等，並基於一定溢價或折扣調整乘數。「預估 EPS ×12x＝每股價值預估」，「預估 EBITDA×8x＝ 公司價值預估」。這裡的 12x、8x 是價值倍數和 Input 值。

在算出 Trading Multiple 值後，前面問題的答案就顯得很簡單。相對來說，最貴的股票是目前 EV/NTM EBITDA 值最高的 B 公司（18.4x），最便宜的股票是 EV/NTM EBITDA 值最低的 D 公司（14.2x）。如此一來，即使不清楚公司的合理估值，也能在同一類股中以 EV/NTM EBITDA 值判斷出高價值股和低價值股。

跟類股平均值相比，較低 EV/NTM EBITDA 值的股票被稱

為「Trading below market」、「Trading below sector average」、「Trading at a discount」。另外跟類股平均值相比，較高 EV/NTM EBITDA 值 的 股 票 則 稱 為「Trading above market」、「Trading above industry average」、「Trading at a premium」。這是美國股票投資相關網站或證券公司報告經常出現的名詞，建議各位一定要熟悉。

另外，需要注意的是較低 EV/NTM EBITDA 值的個股並不一定是「被低估的低價值股」，EV/NTM EBITDA 值低的股票也是有其理由的。如果是過度槓桿、事業競爭力不足、經營團隊有狀況或股權結構不正常等問題，導致市場不得不對該公司股價打折，而使 EV/NTM EBITDA 值低的話，那就不能看作是便宜的股票。相反的，如果是在同一類股中，因為預估該股的 NTM EBITDA 成長性高，使得 EV/NTM EBITDA 的分母增加、倍數較低，那才是便宜的股票。

同上所述，如果是因為該股的成長性較高、較具競爭優勢導致 EV/NTM EBITDA 值較高，則該股並不一定就是「被高估的高價值股」。相反的，如果沒有合理的理由，只是隨著市場期待心理或議題炒作帶出 EV 值上漲而使 EV/NTM EBITDA 值偏高，那可能就是「被高估的高價值股」。

像這樣以 EV/NTM EBITDA 值作為類股內之相對估值標準是有效，但是若單純只看數值反而可能會得出錯誤的結論，因此，在分析公司價值時，最好養成整體分析的習慣。

Q 營業利益、EBIT 和 EBITDA 等指標之間的差別

A 雖然有很多跟營業利益相關的名詞,但會計處理不同,財務意義和使用方法也不同,因此有必要正確理解。首先,「營業利益」(Operating Income)是指銷售額扣除產品成本(Cost of Goods Sold)、一般銷售費用、管理費用的金額。營業利益與 EBIT 通常被混用,但這兩者是不同的。

在 EBIT 中扣除業外收入((Non-operating Income),加上營業外費用(Non-operating Expenses)及非經常性費用(Non-recurring Expenses),就是營業利益。

Operating Income = EBIT
  – Non-operating Income
  + Non-operating Expenses

(只有在沒有營業外收入／費用的情況下,EBIT 才是營業利益)

EBIT 是指「利息和法人稅減除前的淨利潤」,被認為是與公司通過營業活動,從現金流中扣除資本支出(CapEx;Capital Expenditures)的剩餘現金流(Free Cash Flow)最為接近的數值。因此非常適用於基礎設施、石油天然氣、採礦等設備投資費用較大的公司的比較型收益性指標。

作為參考,比起 EBITA,華倫·巴菲特更喜歡用 EBIT,這是因為觀察公司的收益性更為客觀(不計入設備投資等費用)。EBITDA 為「利息、法人稅、折舊費用扣除前的淨利潤」,是純粹通過營業活動創造現金報酬能力的指標,是比較 CapEx、折舊(D&A)費用不大的公司的收益性指標。這數值並不計算設備投資攤銷或財務利息等相關費用,也是比較公司價值時最廣泛使用的指標。

Q 估值有時效性嗎？

A 企業估值不是固定不動的，它是動態的數字。當外部經濟環境、
內部企業活動發生重大變化時，就要調整個股估值以能適當反映
這些變化，但不會因為特定的週期性活動而調整，例如市場利率
的變化、估值溢價（Multiple Expansion）和估值折價（Multiple
Contraction）等整體經濟變數，或公司資本（實質性）減少
（Capital Impairment）、股權結構變化、資產收購或出售帶來現金
流變化、併購外部事業或發展新興事業、進入新市場等會引發利益
結構產生變化的事件，並不需要每季業績發布就調整一次。如果公
司本身沒有大變化，即使過了幾個季度，估值也不會有太大變化。

低 PER 的陷阱
和高 PER 的意義

搞懂 PER 的方法

大家對 PER 的誤會

即使是對股票不感興趣的人,多少也聽過用本益比來衡量公司股價與每股盈餘的比率,可能不知道實際內容是什麼,

但有聽過的人通常會知道這是指股價的倍數。P/E 值就是單純講股價的倍數,這是判斷股票投資價值的最簡單且直觀的指標,所以非常有用。

但若將 PER 套用在所有情況,以所有股票或作為重要投資的決定標準,就會是個大問題。

「P/E 值低的話，不就是便宜的股票嗎？為什麼還會繼續下跌呢？」

「那好像是很好的成長股，現在漲高了啊。P/E 值已經超過了 100 倍，太貴了買不下去。」

上面的話並不誇張，而是當朋友一提到股票，我就會聽到上百次類似的話。這個時候，我就會解釋 P/E 值的正確觀念，而朋友聽懂後，通常就會陷入茫然。經過反覆了解之後，我來介紹一下「最直觀的解釋」。

$$\text{本益比 P/E Multiple} = \frac{\text{股價 Price}}{\text{每股盈餘 EPS}}$$

$$= \text{股票投資者投資回本的年數}$$

比如說，A 公司股票 P/E 值為 10x。A 公司的每股盈餘是 1 美元，若以 10 美元買入 A 公司股票的話，A 公司每年每股盈餘是 1 美元（假設 EPS 增長率為 0），就表示要收回我所投資的金額，需要 10 年。這是一個完全沒有考慮貨幣時間價值或公司發展等其他因素的單純假設。不過就是這樣了，這就是最簡單看股價倍數的方法。

· P/E 值從相對視角看才有意義。

如果以 20 美元的價格購買了同行業 B 公司的股票，而 B

公司的每股盈餘為 4 美元的話，那 B 公司的 P/E 值為 5x，這意味著回收我的投資金額需要花 5 年的時間。現在讓我們用 P/E 值來比較一下這兩間公司。

- B 公司的 P/E 值低於 A 公司。
- 購買 1 股的話，回本的時間，B 公司是 A 公司的一半。
- 這表示 B 公司股票是更便宜、更好的股票（？）

如果要這樣比較，就要假設除了 P/E 值以外的價值驅動因素（Valuation Drivers）、成長性、營業利益率（Operating Margin）、財務槓桿是相同的。如果不

WSJ | MARKETS

	P/E RATIO			DIV YIELD	
	9/30/20*	YEAR AGO*	ESTIMATE^	9/30/20*	YEAR AGO*
Dow Jones Industrial Average	27.26	18.71	23.37	2.22	2.35
Dow Jones Transportation Average	94.15	16.71	n.a.	1.57	1.69
Dow Jones Utility Average Index	24.00	27.74	19.32	3.24	2.92

* Trailing 12 months
^ Forward 12 months from Birinyi Associates; updated weekly on Friday.
P/E data based on as-reported earnings; estimate data based on operating earnings.
Sources: Birinyi Associates; Dow Jones Market Data

《華爾街日報》每日更新的市場指數 P/E 值。目前平均股價倍數、預測 12 個月（NTM、F12M）股價倍數、追蹤過去 12 個月（LTM、TTM）股價倍數。（資料來源：WSJ, 2020.10.01 為基準）

是相同性質的公司，則需要產業平均 P/E 值（Sector Average Multiple）、該公司過去的 P/E 值（Historical Multiples），或者標準普爾 500 或納斯達克等市場指數 P/E 值（Market Multiples）才能進行評估。關鍵要用相對角度去看 P/E 值。

PEG 比：P/E 值高的股票評估指標

前面拿 P/E 值比較，P/E 值低是便宜的股票，P/E 值高是昂貴的股票，這是在一切條件相同的情況下才能比較，現實中這樣的情況並不存在。市場會買入 P/E 值高的公司股票，其原因之一就是可以期待該公司的成長性。市場預估該公司未來 3 ～ 5 年 EPS 可能會大幅增加，所以願意給較高的溢價。

考慮未來成長性的可能，就比較不適合再拿 P/E 值做比較。到底該如何做呢？因每間公司的本益比成長性都不同，這裡要用本益成長比 PEG（Price Earnings to Growth Ratio）。這是估算 P/E 值反映預期成長的方法，計算方式很簡單。

$$本益成長比\ PEG = \frac{本益比\ P/E}{稅後淨利成長率\ EPS\ Growth\ Rate \times 100}$$

這裡的成長率是預期成長率，大致是指今後 3 ～ 5 年的複合年均成長率（CAGR），主要考慮高 P/E 值且成長性高的股票而制定的指標，以高 P/E 值的技術成長股為例。表格是美國

券商報告常見的 P/E 值比較表（Trading Comparables Table；Comps Table）。表格中主要是拿線上支付系統公司 PayPal（NASDAQ：PYPL）的 P/E 值與同業競爭公司的 P/E 值比較。

2020 年 PayPal 的 P/E 值為 44.1x。即使沒做比較，這個數字看上去並不低，但是同一行業的競爭對手荷蘭支付平台 Adyen（AMS：ADYEN）的 P/E 值為 170x，Square（NYSE：SQ）的 P/E 值為 466.8x。這該怎麼解釋呢？Square 的 P/E 值達到幾百倍，不用說這一定是高價值股，那 40 倍左右的 PayPal、Visa（NYSE：V），是不是就是便宜的好公司呢？

最右邊的 PEG 比率是每家公司的 P/E 值，除以未來 3 年 EPS 複合年均成長率（EPS CAGR）的倍數。PayPal 是 1.84x

▶ **PayPal 和競爭公司的 P/E 值比較表**

	Market cap	EPS CAGR 2019－2022	P/E			PEG		
			2020	2021	2022	2020	2021	2022
PayPal（PYPL）	$205,118M	24%	44.1x	37.5x	30.6x	1.84x	1.57x	1.28x
VISA（V）	$446,562M	9%	39.2x	33.6x	28.3x	4.60x	3.94x	3.32x
Mastercard（MA）	$312,446M	11%	46.5x	35.2x	28.8x	4.23x	3.20x	2.62x
Adyen（ADYEN）	$47,481M	42%	170.0x	102.0x	72.1x	4.03x	2.42x	1.71x
Square（SQ）	$58,981M	23%	466.8x	127.4x	82.0x	20.24x	5.52x	3.55x

（資料來源：Goldman Sachs Research, 2020.08）

（44.1/24），Square 是 20x（466.8/23），其餘公司約為 4x 左右。這個數字看起來就比較有意思了。改用 PEG 比較，最大的變化是 Paypal 和 Adyen。Adyen 從高達 170x 的 P/E 值，變成了除 PayPal 外，競爭公司 PEG 最低的公司，PEG 只有 4.03x，這是因為它有著更高的成長率。

如果依據這數值觀察，反而可以看作是相對被低估的低價值股。PayPal 看起來像是一支 P/E 值相對便宜的股票，但用 PEG 比較，發現它比競爭公司更具吸引力。像這樣，PEG 能讓成長性更大的公司（雖然 P/E 值高），看起來股價並不算貴。換句話說，PEG 是一個對評估 P/E 值偏高的股票有幫助的指標。

理論上，PEG 低於 1.0 的公司是投資合格對象，0.5 以下的股票則是要積極買入。據說這是價值投資界教父彼得‧林區實際用在投資策略的投資評估標準。理論上沒錯，PEG 要想達到 1.0，至少該公司的成長率要達到 P/E 值的水平。也就是說，P/E 值為 20x 的公司，至少每年要能達到 20% 的成長率才能算是不貴的股票。不過這只是理論而已，如果 P/E 值為 100x 的公司，成長率為 100%，那不也是被高估的股票嗎？

可以彌補 P/E 值的 PEG 使用限制

PEG 可以彌補 P/E 值的缺點，看起來不錯，但仍無法擺脫標準化股價倍數帶來的侷限。PEG 主要有兩大缺點。

- 高估了那些 P/E 值高和成長率高的公司魅力。
- 偏重 EPS 成長率，沒考慮到代表公司價值的自由現金流（Free Cash Flow）的創造能力。

為了正確了解第一個限制，這裡以某間企業價值被估達 1,000 億美元的公司為範例來說明，依據企業估值數據顯示，該公司預計淨收益為 5 億美元，目前股價為 500 美元，目前市價為 600 億美元，P/E 值為 120x。

如果要說該股價合理，那麼該公司股價的 EPS 成長率必須達到 120% 以上，這樣 PEG 才會達到 1.0（=120×120%）。這裡使用的成長率是年平均成長率，意味著今後 5 年每年增長 120%（這裡以 5 年為期並設定 P/E 值為固定值，不考慮其他變數）。這種程度的成長，現實中真的存在嗎？

另外，要想合理利用 PEG 進行價值判斷，還需要一個假設。投資者的預期報酬率應該要與該公司的純益率（Net Profit Margin）相同。這裡的純益率也被稱為收益率（Earnings Yield），為 P/E 值的倒數，即每股盈餘除以股價的值（=EPS/Price）。單純試想一下，有個股股票 P/E 值為 20x，那投資回本

的預期報酬率則是 5%（=1/20）。

以前面的範例來說，P/E 值達到 120x 的股票，若未來成長率是 150%。那它的 PEG 是 0.8x 就會被認為是低估的股票而無條件買進，那該股票的預期報酬率就變成是 0.8%（≒ 1/120）。在這超低利率的時代，這是連銀行利息都不如的預期報酬率。

如果投資者只看到 PEG 只有 0.8x 就買進，那可能要未來 5 年該個股每年都要保持 150% 的高增長率，他才能回本。那這個還是「被低估的便宜股」嗎？

第二點限制是沒有考慮到公司的自由現金流。評估公司價值的主要基本指標之一，就是公司的自由現金流。但 EPS 增長率並不能代表公司創造自由現金流的能力。例如，為勉強成長而過度資本支出的公司，現金流明顯偏低。即使有較高的 EPS 成長率、較高的 P/E 值、相對較低的 PEG 的股票，但如果是自由現金流過低，就很難看作是被低估的股票。

最終，要想判斷股票是高價值股還是低價值股，仍需要超越單純以 P/E、PEG 等指標來比較分析。成長股投資的核心是實際可持續地成長，因此必須有支撐這一目標的綜合依據。

換句話說，需要知道相關產業的成長性、成長的可持續性、競爭優勢、公司的收益結構、經營團隊的經營能力、槓桿率等綜合因素，要想找到答案，就要參考財務報表和公司公開資訊。這就是本書的宗

Free Cash Flow
自由現金流
正如英語單詞「Free Cash Flow」的意思，指公司通過企業活動賺取的資金中，減去稅金、營業費用、設備投資額等後可以自由使用的現金。

旨，幫助投資人正確地評估企業價值。

Q **投資時，要如何運用收益率和價值倍數？**

A 收益率顧名思義，就是指我所投資每 1 美元從投資標的可以獲得的
報酬，因此在股票投資者的立場，與期待報酬率相同。這是比較各
種股票（即使是其他族群類股的股票）之間的預期報酬率時，經常
使用的指標。但是 P/E 值是 Valuation Multiple 的一種，可以作為股
價的評估標準，但收益率不能作為 Valuation Multiple 的指標。

與生活關係密切
的公司

消費類股

防禦性類股：食品零售產業

　　美國的消費零售（Consumer & Retail）類股龐大，所以分類也有很多種。根據經濟週期的消費程度，分為必需消費品（Consumer Staples）和非必需消費品（Consumer Discretionary），而我們將主要關注受經濟不景氣的影響相對較小，並作為防禦性股票，被視為必需消費品的食品零售類股。這相當於南韓量販店的食品零售（Grocery Retailers）、食品／餐飲業（Restaurants）、折扣店（Discounters）。

　　食品零售領域是一個非常分散且競爭激烈的市場，它是高度成熟且是美國最古老的零售市場之一。由於其反映實體經濟

的產業特性，一般會與 GDP 增長率正相關，不過受到新冠肺炎造成前所未有的經濟衰退影響，反而和 GDP 成長率逆相關而快速成長。

　　根據美國商務部經濟分析局（Bureau of Economic Analysis，BEA）的數據，約有 2 兆美元的消費品市場為完全競爭市場，其中超過 1 兆美元食品餐飲市場（Food & Beverage）競爭最為激烈。

　　該類股要觀察的重要指標如下表所示。

▶ 食品零售類股主要指標

業務營運指標	財務指標	估值指標
· SSS(Same-Store-Sales) Growth：同店銷售額成長率 · Market Share Growth：市場占有率成長率 · Membership Count (% growth)：會員人數（成長率） · Loyalty Programs：會員優惠方案 · Membership Fees Revenue：會員費收入 · Price Investments：價格投資 · Vendor Relationships(Merchandising, Pricing)：供應商關係（採購成本、採購管理能力） · Private Label Offerings(% of total margin)：自有品牌商品競爭力（占公司營業利潤的比率） · E-commerce Penetration(% of total sales)：電子商務銷售比率（營收比重）	· Same-Store Sales：同店銷售額 · Gross Margin：營業毛利（率） · COGS, SG&A Change (Productivity Initiatives)：銷貨成本和銷售、一般和管理費用變化（競爭力主要指標） · Operating Income：營業利益 · EBITDA, Adj.EBITDA：息稅折舊攤銷前盈餘、調整後息稅折舊攤銷前盈餘 · Net Debt/EBITDA(Net Leverage)：淨負債／息稅折舊攤銷前盈餘比（槓桿率） · Net Income：本期淨利 · EPS：每股盈餘 · FCF：自由現金流	· P/E：本益比 · EV/EBITDA：EBITDA 倍數值 · EPS Growth：每股盈餘成長率 · OpEx PSF：單位面積營業成本 · CapEx PSF：單位面積資本支出成本 · FCF Yield%：自由現金流收益率

其中，值得特別關注的盈利指標是同店銷售額（Same-Store-Sales）、公司門市銷售增長（Comparable-Store Sales Growth）、營業毛利（Gross Margin）和營業毛利（率）（Gross Profit [Ratio]）。

同店銷售額是用於估計以同店為基礎，估算銷售額成長率的基本數據，不包括門市總數和一年內波動的銷售額波動率，如公司之間頻繁的併購、品牌收購，零售業的商店改造、關閉和新開業。在揭露的數據中，關注同店銷售額成長率而不是總銷售額增長率是正確的，這不僅是經營團隊公布的指標，也是股市分析師以實際業績評估的指標。

其次是營業毛利。在製造業或貿易業中，營業毛利是指銷售收入減去生產成本後所得的金額，代表成本管理效率，即生產產品或服務的效率。但是在零售業中，營業毛利的意義有所不同。由於其實際上是一種「經銷」業務營收模式，因此營業毛利是總銷售額減去產品經銷成本後獲得的金額。經銷成本包括供應商產品的成本、將產品運輸到公司物流中心或最終零售店面的成本、庫存量、價格折扣和促銷及其他進口成本。

由於行業競爭激烈，平均淨利率（Net Income Margin）約在 2% 左右，毛利管理是公司成長的核心。因此在查看公司數據時需要注意這一點，況且這是公司間差異最多的部分，會影響淨利率、每股盈餘和股價成長率。

Walmart 成為股利之王的理由

　　從廣義上來說，食品零售類股票包括艾伯森 Albertsons（NYSE：ACI）、克羅格 Kroger、BJ 批發俱樂部 BJ's Wholesale Club（NYSE：BJ）、Grocery Outlet（NASDAQ：GO）、沃爾瑪 Walmart、目標百貨 Target Corporation（NYSE：TGT）、好市多 Costco（NASDAQ: COST）等。股票投資者在比較和分析個股時必須要注意一點是，即使在同一產業內，商業模式也可能不同。

　　對外國人來說很難一下子注意到這些公司的區別，但美國

▶ 美國食品零售類股分類

Grocery Retailers	Restaurants	Discounters(dollar stores)
Albertsons（NYSE：ACI） Kroger（NYSE：KR） BJ's Wholesale Club 　（NYSE：BJ） Grocery Outlet 　（NASDAQ：GO） Walmart 　（NYSE：WMT） Target Corporation 　（NYSE：TGT） Costco（NASDAQ： COST）	Brinker International（NYSE： EAT） Darden Restaurants（NYSE： DRI） McDonald's（NYSE：MCD） Bloomin' Brands（NASDAQ： BLMN） Restaurant Brands International 　（NYSE：QSR） Yum! Brands（NYSE：YUM） Domino's Pizza（NYSE：DPZ） Chipotle Mexican Grill（NYSE： CMG） Wingstop（NASDAQ：WING） Wendy's Company（NASDAQ： WEN） Shake Shack（NYSE：SHAK）	Dollar Tree（NASDAQ： DLTR） Family Dollar 　（Family Dollar，母集團： Dollar Tree） Dollar General（NYSE： DG） Ross Stores（NASDAQ： ROST） Ollie's Bargain Outlet 　（NASDAQ：OLLI） Five Below（NASDAQ： FIVE） Big Lots（NYSE：BIG）

人當然可輕易分別，且市場也會反映這一點，所以投資美股的南韓散戶要有某種程度上的認知。

例如，即使在同一食品零售領域，Walmart、Target Corporation、Costco 等大型折扣店也被稱為「大型零售商」（Big Box Retailer），在零售市場中占有重要地位。另外，還有 Albertsons、Kroger 等被歸類為大型連鎖超市。而 Costco 是採用會員制的倉儲批發俱樂部，最適合與 Walmart 的山姆會員商店（Sam's Club）進行比較。但是在分析股票時，由於它們在價格和商店規模上與 Walmart、Target 相似，所以通常會被歸類為同一組。

在知名度和規模方面，最深入美國人生活的公司是 Walmart，也是全國規模和價格競爭力非常突出的公司。

Walmart 是最受歡迎的防禦性股票之一，就算在經濟不景氣的時期，美國消費者也不得不購買其產品和服務，並以超過 S&P 500 指數收益的股價、可持續支付股利的「安全現金流」商業模式而自豪。另外，Walmart 自 1974 年首次配發股利 0.05 美分以來，在過去的 47 年一直持續配發股利，是美國代表性的股利之王（Dividend King）。

Walmart 出售的產品平均比其他零售商便宜 12.7%，自有品牌（PL；Private

> **Dividend King**
> 股利王
> 這是指過去 50 年，持續保持股利成長的公司。我們所熟悉的寶僑 P&G（NYSE：PG）、3M（NYSE：MMM）、Coca-Cola（NYSE：KO）、嬌生 Johnson & Johnson（NYSE：JNJ）、荷美爾 Hormel Foods（NYSE：HRL）、Target Corporation（NYSE：TGT）等都屬於這類公司。

▶ Walmart 股利成長曲線

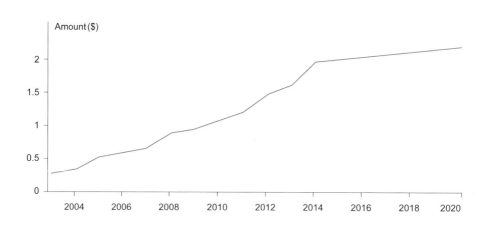

（資料來源：Walmart Investor Relations）

Results of Operations

Consolidated Results of Operations

(Amounts in millions, except unit counts)	Fiscal Years Ended January 31,		
	2020	2019	2018
Total revenues	$ 523,964	$ 514,405	$ 500,343
Percentage change from comparable period	1.9%	2.8%	3.0%
Net sales	$ 519,926	$ 510,329	$ 495,761
Percentage change from comparable period	1.9%	2.9%	3.0%
Total U.S. calendar comparable sales increase	2.7%	4.0%	2.2%
Gross profit rate	24.1%	24.5%	24.7%
Operating income	$ 20,568	$ 21,957	$ 20,437
Operating income as a percentage of net sales	4.0%	4.3%	4.1%
Consolidated net income	$ 15,201	$ 7,179	$ 10,523
Unit counts at period end(1)	11,501	11,361	11,718
Retail square feet at period end(1)	1,129	1,129	1,158

(1) Unit counts and associated retail square feet are presented for stores and clubs generally open as of period end. Permanently closed locations are not included.

Our gross profit rate decreased 40 and 18 basis points for fiscal 2020 and 2019, respectively, when compared to the previous fiscal year. For fiscal 2020, these decreases were primarily due to price investment in the Walmart U.S. segment and the addition of Flipkart in the Walmart International segment, partially offset by favorable merchandise mix including strength in private brands and less pressure from transportation costs in the Walmart U.S. segment. For fiscal 2019, the decrease was due to the mix effects from our growing eCommerce business, the acquisition of Flipkart, our planned pricing strategy and increased transportation expenses.

Walmart 最近 3 年主要績效指標。（資料來源：10-K, WMT, 2019.03.20）

Label）更便宜將近 30%，成為價格敏感度高的美國中產消費者長期青睞的商業模式。雖然與競爭對手相比，Walmart 的營業毛利率偏低且最近一直在下降，但從 Walmart 的年報可以看出，這不是商業模式問題，而是因為 Walmart 為了增加市場占有率和銷售額，在 Merchandising Mix、自有品牌（PB；Private Brand）開發和收購、節省運費等方面增加了資本支出的費用。也就是說，這是因為增加投資而使毛利率減少。

但如果是因庫存過多或是銷售成本增加導致毛利率比競爭對手少，那就是 Walmart 的內部問題，也會對營收及股價造成負面影響。

Walmart 表示，成本的增加是為了價格競爭力（Price Investment），以利推動未來銷售額成長。這是 Walmart 的主要競爭策略之一，而且隨著過去幾年電話會議中「Price Investment」一詞頻繁出現，可見這是公司經營策略的重點。這種投資會觸及食品零售業者最敏感的營業毛利率指標，因此其他零售業者並不會像 Walmart 那樣積極投資。

例如競爭對手 Target 在過去 3 年間的營業毛利率為 28 ～ 29%，比 24% 左右的 Walmart 高，但投資金額並不一樣，因此在分析公司財務時應避免只看數字就片面地比較。從年報上來看，不僅要看數字，還要看經營團隊提供的內容和解說，才能更準確地了解 Walmart。

大型連鎖超市 Albertsons 和 Kroger 的財務對比

    Kroger 是一家折扣連鎖超市公司，為美國食品零售市場（不含 Walmart）銷售額最高的業者。截至 2020 年第 2 季，Kroger 在美國共有 2,757 家超市、2,270 家藥局和 1,567 家加油站（Fuel Centers），擁有 Kroger、Harris Teeter、Mariano's、Ralphs、Fred Meyer 等品牌。

    Albertsons 是僅次於 Kroger 的食品零售業者，在美國共有 2,200 家食品超市、1,700 家藥局、400 家加油服務店和 35 家便利商店，擁有 Albertsons、Safeway、Jewel-Osco 和 Vons 等品牌。比起 Kroger，Albertsons 更注重自有品牌商品的銷售，包括美國大型有機商品 O Organics 在內，共銷售 11,000 種自有品牌產品。

    Albertsons 和 Kroger 在許多方面都很類似，包括全國據點、經營規模、銷售模式、行銷、價格／產品策略、自有品牌產品線和物流服務。由於它們在銷售和策略方面相似，因此在比較兩家公司的股票時，最好關注其財務表現。

    看食品零售類股時必須聚焦營收成長及經營表現，這是在每一間公司的季和年度報告中，很容易找到的數字。基本上需要比較銷售成長率、營業毛利率增長幅度（Gross Margin Expansion）、資本支出

Capital Expenditure
資本支出
指為創造未來利潤而支出的費用，大致是指設施、土地、建築等固定資產和設備方面的支出。英語縮寫為「CapEx」。

（Capital Expenditure，CapEx）、利息覆蓋率（ICR）、自由現金流等等。

而從近期表現來看，Albertsons 在毛利、營業利潤、淨利潤方面均優於 Kroger，例如在 3 年 EPS 成長率上，Albertsons 大概在 17% 左右，優於 Kroger 的 8%。如想了解更多資訊，可從公司揭露資料和證券研究報告中，比較包含過去 3 年和未來 3

▶ **Albertsons 和 Kroger 指標比較分析**

（單位：百萬美元、百萬股）

		Albertsons	Kroger
營業指標比較	Sales	$62,455	$122,286
	# Supermarkets	2252	2757
	SF；Square Foot	112	180
	Avg Sales per Store	$28	$44
	Avg Sales PSF	$558	$679
	Gross Margin	28.2%	22.1%
	EBIT Margin	2.2%	2.3%
	OpEx PSF	$115	$134
	CapEx PSF	$13	$17
財務指標比較	Net Debt / EBITDA	2.1x	1.8x
	Interest Coverage	3.1x	5.2x
	FCF Yield	4%	6%

Sales：年營業額｜# Supermarkets：超市數量｜SF（Square Foot）：面積｜Avg Sales per Store：超市平均營業額｜Avg Sales PSF：單位面積平均營業額｜Gross Margin：營業毛利潤率｜EBIT Margin：營業利潤率｜OpEx PSF：單位面積營業成本｜CapEx PSF：單位面積資本支出｜Net Debt / EBITDA：財務槓桿比例｜Interest Coverage：利息保障倍數｜FCF Yield：自由現金流殖利率（資料來源：各公司 2019 年 10-K 報告及 2020 年第 2 季 10-Q 報告）

▶ **Albertsons 和 Kroger 股價增加因素的比較**

		2017	2018	2019	2020e	2021e	2022e	2019-2022 CAGR
Albertsons	EBITDA	$2,398	$2,741	$2,835	$3,769	$3,170	$3,318	
	EBITDA 增長率		14%	3%	33%	- 16%	5%	5.4%
	EPS	$0.13	$0.74	$1.03	$2.22	$1.49	$1.67	
	EPS 增長率		469%	39%	116%	- 33%	12%	17.5%
Kroger	EBITDA	$5,873	$5,297	$5,510	$6,148	$5,890	$6,041	
	EBITDA 增長率		- 10%	4%	12%	- 4%	3%	3.1%
	EPS	$2.04	$2.11	$2.19	$2.81	$2.58	$2.77	
	EPS 增長率		3%	4%	28%	- 8%	7%	8.1%

年分後面的「e」表示預期，並應用了截至 2020 年第 3 季度的共識。（來源：各企業 10-K 披露數據，Bloomberg Consensus）

年預估值的營業績效趨勢變化。

　　食品零售類股最明顯的特性就是低毛利，最大的風險就是獲利下滑導致的營收及 EPS 表現不佳。因此必須確認是否有為了擴大市場占有率和增加營業額，而導致營業利益率下滑的不合理支出。

　　另外，美國大部分的食品零售業者都有工會，勞動成本（Labor Cost）、醫療福利和退休準備金都不低，所以也要注意公司損益表的營業額、一般管理費用（SG&A）、財務報表的退

休金負債（Pension Liabilities）等數據。

此外，跟 Amazon 一樣具有全國規模及高效配送的電子商務業者也積極搶占食品經銷市場，使食品零售業者之間的競爭加劇，這也是要注意的投資風險。

為了應對這些風險因素，Albertsons 和 Kroger 等公司也透過高額資本支出來增強經營能力。從股票投資者的角度來看，有必要分析這些公司資本支出規模所帶來的投資報酬率（ROI）和最後影響股價的自由現金流。經營團隊也很清楚股東對什麼感興趣，因此每個季報都會詳細說明資本支出用於何

▶ **Albertsons 和 Kroger 相對價值比較**

（單位：百萬美元、百萬股）

	Albertsons	Kroger
Stock Price	$15.60	$34.20
# shares	591	799
Market Cap	$9,220	$27,326
Net Debt	$6,774	$11,343
Enterprise Value	$15,994	$38,669
NTM EBITDA	$3,170	$5,890
EV/EBITDA	5.0x	6.6x
Forward EPS	$1.49	$2.58
P/E	10.5x	13.3x

Stock Price：當前股價｜# shares：發行股票總數｜Market Cap：市值｜Net Debt：淨負債（總負債 - 現金）｜EV：企業價值｜NTM EBITDA：先期 12 個月 EBITDA｜EV/EBITDA：企業價值倍數｜Forward EPS：預期 EPS（截至 2020 年第三季度）

種業務項目。

Albertsons 表示，在 2015 年至 2019 年投資的 68 億美元資本支出中，有超過一半即 38 億美元用於門市改造、開設新店和新商品開發。未來也會有一半的資本支出預算繼續投入開設新店和改造，受惠這樣的大規模投資，營業額可望增加 2 ～ 3%。

Kroger 雖然沒有像 Albertsons 那樣進行大規模的投資，但是利用相對較高的自由現金流，以其他方式回饋股東，Kroger 過去 3 年累積的自由現金流約為 11 億美元，受惠於新冠肺炎的銷售成長，預計到 2020 年的自由現金流可增至 25 億美元，Kroger 宣布將其用於回購價值在 5 億至 10 億美元間的公司股票。

我們憑藉上述資訊，就可以簡單地評估 Albertsons 和 Kroger 這兩檔個股的價值，無論從 EBITDA 倍數還是 P/E 倍數來看，Albertsons 的股票相對比 Kroger 便宜，之前透過毛利率、營業額、毛利、EPS 成長率和積極資本支出等方面的分析，可看出 Albertsons 較具有未來成長性。

有一點值得考慮的是，Kroger 是自 1986 年 IPO 以來已經經營了 30 多年的公司，Albertsons 則上市不到 2 個月。

目前為止還不需要大量的分析或計算，從每個季報與年報公布的指標數據、經營團隊說明的策略方向及其他可以公開取得的資料中，就可以看出結論。

股東結構裡的重要祕密

到目前為止，我們已經可以掌握營收公告和定期報告（季報／年報）、經營團隊的電話會議中的重要資訊。那現在可以做出買賣交易決定了嗎？還要看另一種資料，那就是要確認公司的股東結構（Shareholders Base）。

特別是像 Albertsons 這樣 IPO 沒多久的公司，更要觀察股東結構。因為持有大量股份的特定大股東可能會稀釋普通股東（Common Shareholders）持有的股份價值。在美國，IPO 後的閉鎖期間（Lock-Up Period，通常為 90 ～ 180 天）內，公司內部人士不能出售公司股票。但在閉鎖期過後，可能就會大量拋售股票，因此投資 IPO 股票的普通股民尤其要小心。

那麼，讓我們透過 Albertsons 的 S-1 報告，簡單地了解 IPO 過程和股東結構吧。Albertsons 是博龍資產管理 Cerberus Capital Management 私募基金，以財務性投資人（Financial Sponsors）支持的零售公司。

Albertsons 有段時間負債比率高，現金流量和淨利潤偏低，但受惠新冠肺炎刺激食品需求增加，2020 年會計年度前 12 週，營業額迅速增長了 34%，反而成為疫情的受益者。

由於在短期內擴大了市場占有率，營業利益率也恢復正常，2020 年 6 月 26 日成功完成 IPO 後，開始在紐約證券交易所公開交易。在 IPO 時，Albertsons 獲得私募基金阿波羅全球管理公司 Apollo Global Management（NYSE：APO）的支持，

以可轉換優先股（Convertible Preferred Shares）獲得共 17.5 億美元的資金。

按照 Apollo 此時的估值，Albertsons 的企業價值約為 100 億美元。雖然這筆交易在 IPO 前就談好了，但這筆投資仍影響外界對 Albertsons 的估值。總之，Apollo 投入的 17.5 億美元轉換優先股相當於獲得 Albertsons 的 17.5% 股份，私募基金對即將上市的公司大規模投資的確是利多消息，但從一般投資者的立場來看，仍需要確認其他股東的組成和持股比例。

最簡單、最快速的方法就是到 SEC 公開系統去看 Albertsons 的 S-1 報告，但 S-1 報告可能有幾十頁到幾百頁，不建議從頭到尾看一遍，只要用幾個關鍵詞搜尋，閱讀必要的內容即可。因為我們只想確認股東結構、持股比例、大股東權益、股份稀釋等內容，所以用這些做關鍵詞搜尋就行。

搜尋關鍵字
Sponsors、Dilution、
Majority Shareholder、
Controlled Company

根據 S-1 的報告，Albertsons 完成 IPO 後，投資者（私募基金等財務性投資人）共持有約 73% 以上的普通股，控制了理事會的任命權和公司經營權。S-1 報告也揭露了 Cerberus 及其他投資者的持股狀況，大股東 Cerberus 持股 31.9%，Kimco Realty 持股 8%，Clef Realty、Lubert-Adler、Schottenstein 各持股 11.7%。

投資這些 IPO 公司的一般投資者需要知道的是，持股 70% 以上的大股東在閉鎖期後拋售股票時可能會拖累公司股價，如果大股東大量拋售，則股價就很容易因為單純的供過於求而崩

OUR SPONSORS

We believe that one of our strengths is our relationship with our Sponsors. We believe we will benefit from our Sponsors' experience in the retail industry, their expertise in mergers and acquisitions and real estate, and their support on various near-term and long-term strategic initiatives.

Cerberus. Established in 1992, Cerberus and its affiliated group of funds and companies comprise one of the world's leading private investment firms with approximately $42 billion of assets across complementary credit, private equity and real estate strategies. In addition to its New York headquarters, Cerberus has offices throughout the United States, Europe and Asia.

We are controlled by our Sponsors and they may have conflicts of interest with other stockholders in the future.

After the Repurchase and the Distribution and the completion of this offering, our Sponsors will control in the aggregate approximately 75.0% of our common stock (or 73.0% if the underwriters exercise in full their option to purchase additional shares). As a result, our Sponsors will continue to be able to control the election of our directors, determine our corporate and management policies and determine, without the consent of our other stockholders, the outcome of any corporate transaction or other matter submitted to our stockholders for approval, including potential mergers or acquisitions, asset sales and other significant corporate transactions. Four of our 12 directors are either employees of, or advisors to, members of our Sponsors, as described under "Management." Our Sponsors will also have sufficient voting power to amend our organizational documents. The interests of our Sponsors may not coincide with the interests of other holders of our common stock. Additionally, our Sponsors are in the business of making investments in companies and may, from time to time, acquire and hold interests in businesses that compete directly or indirectly with us. Our Sponsors may also pursue, for their own account, acquisition opportunities that may be complementary to our business, and as a result, those acquisition opportunities may not be available to us. So long as our Sponsors continue to own a significant amount of the outstanding shares of our common stock, our Sponsors will continue to be able to strongly influence or effectively control our decisions, including potential mergers or acquisitions, asset sales and other significant corporate transactions.

在 Albertsons 的 S-1 報告中，以關鍵字「Sponsors」的搜尋結果。（資料來源：S-1, ACI, 2020.06.18）

Consumer Defensive | Grocery Stores | USA

statements

Index	-	P/E	5.42	EPS (ttm)	2.50	Insider Own	15.20%	Shs Outstand	568.00M	Perf Week	3.75%
Market Cap	6.41B	Forward P/E	9.00	EPS next Y	1.51	Insider Trans	0.05%	Shs Float	227.52M	Perf Month	-7.82%
Income	1.00B	PEG	0.41	EPS next Q	0.24	Inst Own	55.30%	Short Float	3.82%	Perf Quarter	-12.30%
Sales	66.47B	P/S	0.10	EPS this Y	523.60%	Inst Trans	-	Short Ratio	2.44	Perf Half Y	-
Book/sh	2.10	P/B	6.45	EPS next Y	-31.12%	ROA	4.00%	Target Price	19.75	Perf Year	-
Cash/sh	4.28	P/C	3.17	EPS next 5Y	13.21%	ROE	48.80%	52W Range	12.91 - 16.50	Perf YTD	-12.30%
Dividend	-	P/FCF	3.82	EPS past 5Y	18.90%	ROI	10.90%	52W High	-17.88%	Beta	-
Dividend %	-	Quick Ratio	0.40	Sales past 5Y	18.10%	Gross Margin	28.80%	52W Low	4.96%	ATR	0.47
Employees	270000	Current Ratio	1.10	Sales Q/Q	21.40%	Oper. Margin	3.00%	RSI (14)	44.08	Volatility	3.35% 3.64%
Optionable	Yes	Debt/Eq	7.28	EPS Q/Q	469.50%	Profit Margin	1.50%	Rel Volume	0.49	Prev Close	13.38
Shortable	Yes	LT Debt/Eq	7.10	Earnings	Jul 27 BMO	Payout	0.00%	Avg Volume	3.57M	Price	13.55
Recom	2.00	SMA20	-1.15%	SMA50	-7.11%	SMA200	-7.82%	Volume	1,735,346	Change	1.27%

揭露 Albertsons 流通股票和發行股票的股市資訊網站。（資料來源：Finviz, 2020.09.28）

跌。但如果大股東繼續保留持股而不拋售，也要注意。因為大股東不賣，公開市場的流通股票比率太低，就會出現流動性方面的問題，而流動性（Illiquid）越差的股票，越不容易買賣，投資風險也越高。

S-1 報告基本上是根據美國證券交易委員會的 IPO 上市規定而揭露的資料。完成 IPO 以後，在公開市場開始交易的公司就要看季報 10-Q 報告和年報。在這些報告揭露之前，我們可以

透過股票網站提供的一個簡單行情指標來得知目前在市場交易股票的流動性。

查看「Shares Float」或「Free Float」可以得知個股在市場交易上流通股票總數,而「Shares Outstanding」是指個股發行的股票總數。從發行股票與流通股票的比率來看,就可以知道個股有多少股票在市場流通。

Albertsons 目前的可流通股份比率(Free Float Percentage)約為 40%(=227.52M/568.00M)。雖然比 IPO 時要好,但這個比例還是明顯低於其他公司,所以要把流動性問題考慮進去。

根據上面的說明,我們就可以透過公司的公開揭露資訊知道很多內容,知道得越多,就越能夠做出明智的投資決策,所以要好好利用這些能輕易取得的原始資料。

不存在高點的
成長績優股

科技股

左右 S&P500 指數的科技績優股

　　當我們談論美國的市場和行情時，通常是在講 S&P500 指數或道瓊指數的漲跌。像「今日股市收跌」(The market was down today)和「股市連續收紅」(The market continued its rally today)，這類關於美國股市的整體報導時，指的就是 S&P500 指數的情況。

　　問題是應以整體市場為標竿的指數過度受少數幾間企業牽動，而很難代表美國股市。在美股市場，「今日市場以漲勢收場」這句話的意義等同於「Apple、Microsoft、Google、Amazon 股票今日以漲勢收場」。

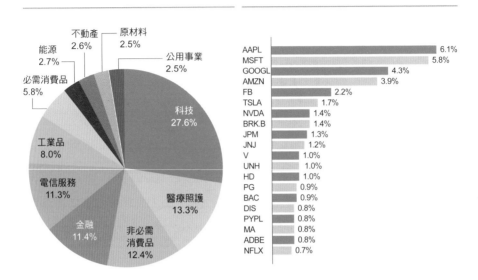

▶ S&P500 指數中的類股比重	▶ S&P500 指數總市值前 20 大股票占比（以總市值為基準）

S&P500 指數中的類股比重（圓餅圖）：
- 科技 27.6%
- 醫療照護 13.3%
- 非必需消費品 12.4%
- 金融 11.4%
- 電信服務 11.3%
- 工業品 8.0%
- 必需消費品 5.8%
- 能源 2.7%
- 不動產 2.6%
- 公用事業 2.5%
- 原材料 2.5%

S&P500 指數總市值前 20 大股票占比：
- AAPL 6.1%
- MSFT 5.8%
- GOOGL 4.3%
- AMZN 3.9%
- FB 2.2%
- TSLA 1.7%
- NVDA 1.4%
- BRK.B 1.4%
- JPM 1.3%
- JNJ 1.2%
- V 1.0%
- UNH 1.0%
- HD 1.0%
- PG 0.9%
- BAC 0.9%
- DIS 0.8%
- PYPL 0.8%
- MA 0.8%
- ADBE 0.8%
- NFLX 0.7%

事實上，標準普爾將亞馬遜或特斯拉等企業劃分為必要消費品，後者更適合將其歸類為科技企業。正如現在的市場參與者認為的，如果以合理化估值的方式對 IT 行業進行加權，IT 行業將近 40%。

AAPL：蘋果｜MSFT：微軟｜GOOGL：字母控股｜AMZN：亞馬遜｜FB：Facebook｜TSLA：特斯拉｜NVDA：輝達｜BRK.B：波克夏｜JPM：摩根大通銀行｜JNJ：嬌生公司｜V：Visa｜UNH：聯合健康集團｜HD：家得寶｜PG：P&G｜BAC：美國銀行｜DIS：迪士尼｜PYPL：Paypal 控股有限公司｜MA：萬事達卡｜ADBE：奧多比系統公司｜NFLX：網飛（資料來源：（左）標普道瓊指數，（右）標普全球，截至 2021 年 9 月 30 日）

　　目前 S&P500 指數前 10 大公司的市值約占指數的 30%（截至 2021 年 9 月 30 日）。如上述圖表所示，其中的前 5 大企業 ——Apple、Microsoft、Google、Amazon、Facebook（現為 Meta）僅僅 5 支科技股便左右著整體指數。

　　S&P500 指數原本可反映更廣泛的市場變化，但現在幾家公司就能代表 S&P500 指數，使得 S&P500 指數已失去原有意

義，因為同樣在實體經濟中發揮主導作用的股市，變成了一個只追蹤押注少數科技成長股的市場指數，而沒有反映產業狀況。

　　整個指數的權重集中在少數公司，這還是歷史上第一次，而我們要聚焦在其中的科技類股。如果你想投資科技類股，那你一定要了解它的市場狀況，因為這是一個跟基本面、企業估值操作相反，又強勢的類股。

　　投資者應如何應對這種情況？

現在的科技類股漲勢跟 2000 年的科技泡沫不同

　　現在有些人擔心，科技類股的過度漲勢和股市的高度集中，是否會帶來科技泡沫，有些人將此現象與 2000 年代初期的科技泡沫相提並論。近期科技類股的估值確實飆升，但推論這種現象是泡沫並不合理，因為支持科技類股持續上漲的原因是愈趨成熟的商業模式和營收。

　　隨著經濟停滯，股市的不確定性增大，資金必然會湧向能夠確保營收模式和未來成長潛力的公司。由於美國科技公司不只在美國，在全球市場都具有壟斷優勢，因此市場投資者對國際股市走向感到焦慮，自然會選擇科技類股作為避風港。

　　在推動美股走勢的指數基金和指數股票型基金 ETF 中，

MAGA（Microsoft、Amazon、Google、Apple）占美國科技類股很大的比重，因此其漲幅會比整個市場指數大。甚至傳統上偏愛價值股的對沖基金也開始將科技成長股納入投資組合，導致市場的兩極化現象越來越嚴重。

過去幾年一直主導 NASDAQ 市場的科技類股被質疑估值泡沫，是因為其商業模式尚未達到穩定階段，當時這些公司的營收模式為單一收入模式，雖然積極創新和市場擴張，但是當營業額、訂戶和用戶基數下滑時隨即影響營收，使股價的不確定性加劇。

尤其不少人對 Facebook 和 Netflix（NASDAQ：NFLX）表示擔憂，這是因為 Facebook 主要依賴廣告收入（Ad Revenue）、Netflix 也依賴訂閱收入（Subscription Revenue），全公司就只有一個收入來源。因為只有一個收入來源，只要有另一個競爭對手搶入市場，就可能使市場占有率縮減，導致股價下跌。

但是最近，科技類股藉由收入來源多樣化建立了防禦性營收模式，使市場開始重新評估其價值。MAGA 就是其中的代表，儘管科技業競爭激烈，仍能持續推動市場成長及收入創新，而 MAGA 的實際成長率和商業模式效率，已經遠高於市場平均水準。如下表所示，科技股的平均營收成長率和 EPS 成長率都超出 300bps 以上（3%），營業利益率更是達到兩倍左右。

其中，已經形成規模經濟且具多元收入來源的平台商業模式，對需要持續增加營業額並穩定收益的優質科技類股而言，

▶ 科技類股和 **S&P500** 指數之本益比比較

2021 年表現	IT 部門	S&P500
平均銷售額增長	18%	15%
平均每股收益增長	30%	21%
平均營業利潤率	25%	14%

（資料來源：彭博社，截至 2021.09.30）

有不小的幫助。所以這波的股價上漲主要受惠於企業估值的上調，與以前的科技泡沫性質並不相同。

讓我們回顧 1999 到 2000 年間，股市歷史上最火熱的科技泡沫潮吧。在當時科技類股火爆的市場中，獲得 IPO 上市的科技公司季季虧損，雖然只有初期事業概念的空殼公司（Shell Company），但正式在公開市場交易後，卻獲得了與 Apple 相當的市值。當時雅虎（Yahoo!）股票的市值達到 1,190 億美元，比通用汽車 GM、福特 Ford（NYSE：F）的總和還要多，本益比超過 1,000 倍以上。

當時網路類股的企業估值，並不是以實際成長速度和營收模式優化為基礎，看待未來 10 年可以獲得 10% ～ 20% 的年報酬率計算的，而是根據猜測的利潤和高度預估的本益比，期待數年內就可以實現 1,000% 的報酬所計算出來的。公司營收成長和可能的投資報酬率就在這樣的泡沫中被高估了，當沒有足夠的數據去估算與股價連動的企業估值時（營收虧損或營收模式不完善時），公司基本面就與股價脫鉤，取而代之的是，以玩吃角子老虎機般的賭徒心態來決定的投資決策。即使透過基本

▶ 科技類股和 S&P500 指數之本益比比較

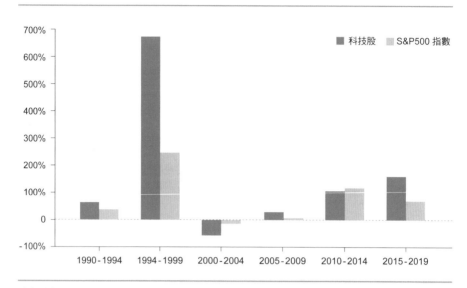

（資料來源：Bloomberg, Factset）

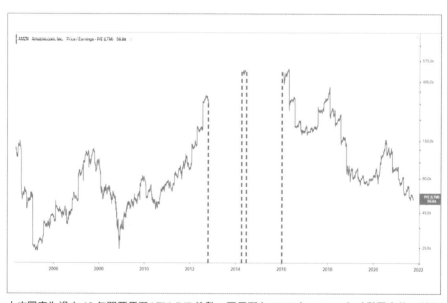

上方圖表為過去 10 年間亞馬遜 LTM P/E 倍數。亞馬遜在 2012 年、2014 年（與圖表的 X 軸年度不同）留下了淨虧損的紀錄，EPS 為負。P/E 倍數中分母為負的區間 P/E 沒有意義，視為空白處理。（資料來源：Koyfin, 2021.09.30）

面分析還是無法算出應有的股價，投資者仍願意買進的這種心態主導著股票市場。

接著來看商業模式持續變化的 Amazon。市場預估 Amazon 在 2020 年的 P/E 值達 100 倍，但在幾年前 Amazon 頂多損益兩平，只是基於對未來成長的預期心理，本益比就高達到 400 倍左右，對比現在的 100 倍本益比可說是下滑非常多。

即使如此，Amazon 現在已經成為電子商務、物流和零售的產業巨頭，營收規模也是以前無法比擬的。此外，在淨利潤跟營收表現也很亮眼，而雲端服務和實體零售店的新興事業也可望快速成長。現在的 Amazon 營收模式更加清楚。

我們可以透過經營團隊提供的財務報表和與業務成長相關的公開資料，找出當今科技成長股的企業估值是否合理。

看財報前，先了解商業模式

另一個科技巨頭 Google 的商業模式呢？擁有 YouTube 的 Google，在 YouTube 平台擁有廣告收入、付費訂閱收入和 YouTube TV 等多種收入來源，也積極投資雲端運算和自動駕駛技術以搶占市場先機。

Microsoft 的商業模式又是什麼呢？ Microsoft 並沒有停留在軟體這一主要業務上，而是積極進軍雲端運算服務以改變其營收模式。

另外，Amazon 除了電子商務主力業務外，還發展實體商店零售、第三方賣家、廣告業務、訂閱服務和 AWS（Amazon Web Services，亞馬遜雲端運算服務）等多元收入來源，Amazon 正在競爭 Google 的傳統業務，而 Microsoft 和 Apple 也積極地跨越現有的主力業務，搶占未來趨勢的新興市場。這意味著傳統定義上的「事業版圖界線」正在消失中。

發展新興業務，不僅可擴大主力業務和增加收入來源，當某些業務下滑時，其他的業務也可能發揮防禦作用，使股價穩定而不至於下跌。投資者若想分析這些個股，首先就要了解日益擴張的商業模式，科技類股多數是以「未來成長性」為訴求的股票，自然要了解該公司要如何實現成長、要如何創造營收才能決定該公司的合理股價。

Amazon 和 Google 等跨國科技公司在全球市場發展業務，其事業版圖不斷擴張，並在季報／年報和財務報表中，以不同方式表述各自的營收模式。我們會看到不同業務部門的營收狀況，所以也要根據各部門的收益結構（Segment Results）以不同方式去衡量及評估價值。

Amazon 主要分成北美事業（North America）、海外事業（International）及雲端運算服務 AWS 等，我們在 10-K 報告或年報可以看到這 3 大業務的營收結構，但在對投資者揭露更精確的金融業務（Financial Supplement）資料中，則是將業務營

The North America segment primarily consists of amounts earned from retail sales of consumer products (including from sellers) and subscriptions through North America-focused online and physical stores. This segment includes export sales from these online stores.

International

The International segment primarily consists of amounts earned from retail sales of consumer products (including from sellers) and subscriptions through internationally-focused online stores. This segment includes export sales from these internationally-focused online stores (including export sales from these online stores to customers in the U.S., Mexico, and Canada), but excludes export sales from our North America-focused online stores.

AWS

The AWS segment consists of amounts earned from global sales of compute, storage, database, and other services for start-ups, enterprises, government agencies, and academic institutions.

Information on reportable segments and reconciliation to consolidated net income (loss) is as follows (in millions):

	Year Ended December 31,		
	2018	2019	2020
North America			
Net sales	$ 141,366	$ 170,773	$ 236,282
Operating expenses	134,099	163,740	227,631
Operating income	$ 7,267	$ 7,033	$ 8,651
International			
Net sales	$ 65,866	$ 74,723	$ 104,412
Operating expenses	68,008	76,416	103,695
Operating income (loss)	$ (2,142)	$ (1,693)	$ 717
AWS			
Net sales	$ 25,655	$ 35,026	$ 45,370
Operating expenses	18,359	25,825	31,839
Operating income	$ 7,296	$ 9,201	$ 13,531
Consolidated			
Net sales	$ 232,887	$ 280,522	$ 386,064
Operating expenses	220,466	265,981	363,165
Operating income	12,421	14,541	22,899
Total non-operating income (expense)	(1,160)	(565)	1,279
Provision for income taxes	(1,197)	(2,374)	(2,863)
Equity-method investment activity, net of tax	9	(14)	16
Net income	$ 10,073	$ 11,588	$ 21,331

Amazon 年報揭露之營收模式，大致分為北美、海外和 AWS 等三項業務。（資料來源：10-K, AMZN, 2021.02.03）

AMAZON.COM, INC.
Supplemental Financial Information and Business Metrics
(in millions, except employee data)
(unaudited)

	Q1 2020	Q2 2020	Q3 2020	Q4 2020	Q1 2021	Q2 2021	Y/Y % Change
Net Sales							
Online stores (1)	$ 36,652	$ 45,896	$ 48,350	$ 66,451	$ 52,901	$ 53,157	16 %
Online stores -- Y/Y growth, excluding F/X	25 %	49 %	37 %	43 %	41 %	13 %	N/A
Physical stores (2)	$ 4,640	$ 3,774	$ 3,788	$ 4,022	$ 3,920	$ 4,198	11 %
Physical stores -- Y/Y growth, excluding F/X	8 %	(13)%	(10)%	(7)%	(16)%	10 %	N/A
Third-party seller services (3)	$ 14,479	$ 18,195	$ 20,436	$ 27,327	$ 23,709	$ 25,085	38 %
Third-party seller services -- Y/Y growth, excluding F/X	31 %	53 %	53 %	54 %	60 %	34 %	N/A
Subscription services (4)	$ 5,556	$ 6,018	$ 6,572	$ 7,061	$ 7,580	$ 7,917	32 %
Subscription services -- Y/Y growth, excluding F/X	29 %	30 %	32 %	34 %	34 %	28 %	N/A
AWS	$ 10,219	$ 10,808	$ 11,601	$ 12,742	$ 13,503	$ 14,809	37 %
AWS -- Y/Y growth, excluding F/X	33 %	29 %	29 %	28 %	32 %	37 %	N/A
Other (5)	$ 3,906	$ 4,221	$ 5,398	$ 7,952	$ 6,905	$ 7,914	87 %
Other -- Y/Y growth, excluding F/X	44 %	41 %	49 %	64 %	73 %	83 %	N/A

在季報資料揭露了 Amazon 營收模式有 6 個業務項目。（資料來源：Earnings Release, AMZN, 2021.07.30）

收做了更詳細的細分。

在這裡我們可以看到整個營收結構包含了線上商店、實體商店、第三方支付平台（Third Party Sellers Services）、訂閱服務（Subscription）、AWS 和其他營收等共 6 個業務項目。若要掌握整體業務成長性和營收模式，後者的幫助更大。

此外，由於跨國公司的特性，海外銷售比重越大，則美元匯率的影響就越大，所以在比較前一季和當季營收時應該要看消除匯率變動效果後的數字，在公開揭露的資料中，請記得看標有「Constant Currency」、「F/X Adjusted」、「Comparable」和「Excluding F/X」的調整後數字。

科技成長股的估值方式

當不同業務的成長因素（Growth Factors）和價值創造因素（Value Drivers）不同時，可以採用對各個業務項目進行單獨評估再整合的 SOTP（Sum Of The Parts）方法，這方法可適用於評估個股的合理價值。例如，讓我們簡單了解一下 Amazon 的 SOTP 估值方法和過程，這裡的範例省略了許多過程，只說明關鍵假設的建立和關鍵指標的計算方法。

針對未來營業利益或現金流的推估，將以市場共識數值為基礎，並以對商業模式的理解為核心，計算出合理價值的方式，例如估值法。這裡要強調的是，之所以使用市場共識數

▶ SOTP 估值法

事業 A 估值	Business Segment A Value
＋事業 B 估值	＋ Business Segment B Value
⋮	
＋事業 × 估值	＋ Business Segment × Value
＝事業估值總和	＝ Consolidated Business Value
－整體成本	－ Unallocated Corporate Costs
＝ EV 企業價值	＝ Enterprise Value
－淨負債 *	－ Net Debt (or ＋ Net Cash)
＝股東價值	＝ Equity Value
÷ 發行股票總數	÷ Shares Outstanding
＝合理股價	＝ Equity Value per Share

* 淨負債的計算方式為「總負債 - 現金及約當現金」，現金大於負債時則為「淨現金」（Net Cash），因此不會扣除，而是合併計算。此時，股東價值為「企業價值＋淨現金」，將大於企業價值。

值，並不是因為它最正確或最值得信賴。

所謂的市場共識如字面所示，只是一種共識。為華爾街的眾多分析師從各自的模型推算出未來現金流數值之間的平均值，僅此而已。盡可能避免主觀因素影響，這樣一來就算是普通散戶，也能夠以容易取得的資訊為基礎，看出運算未來加值時會得到什麼數值。

先搞懂估價框架和邏輯，運用市場共識推估出合理股價，便能夠根據之後的結果數值，判斷套用的市場共識數值是否合理，或是判斷將該市場共識數值上調或下調的話會出現什麼樣的結果，因此對投資散戶來說，是最實際的方法。

Google 的散戶投資比重和企業知名度皆高，並且商業模式

較容易理解，我將以它為估值企業模型進行說明。估值的核心在於了解企業的商業模式。這雖然屬於基本認知，卻往往難以掌握。儘管有些企業我們在生活中經常接觸，大概知道「這家企業是做什麼的」，卻對於如何區分其旗下事業以及各部門的獲利模式沒有概念。

簡易過程如下所述：首先，對業務項目和業務部門的現金流進行分類，這裡不是指過去的現金流，而是預測未來 12 個月後的預估現金流（Projected Cash Flow），到這裡，我們應該能估算出營業額和 EBITDA 值。

為了估算預估值，可以參考每季電話會議中經營團隊提供的業績指引內容，而沒有在業績指引中揭露的業務項目則可參考經營團隊對每一業務的營收成長率、預期收益結構、各業務所處領域的整體市場成長率預估值及市場共識的資料。

最後，計算估值的價值倍數，也是以市場共識為基礎，計算出可反映 Google 成長率和營收結構的調整值。

第 1 階段：對商業模式的理解

Google 公開資訊的目的分為 3 種商業模式。根據 Google 的 10-K 說明，包括 Google Service、Google Cloud 以及其他事業（Other Bets）。Google 先前從未針對 Cloud 事業部門發表過個別淨利（Profit Level Disclosure），至 2020 年第 4 季才公開。

「Google Service」是由創造廣告收益的管道——Google Search、YouTube、Google Network 所組成。「其他事業」則是指 Google 投資尚處於 R&D 階段,或商品尚未商用化,處於初入市場階段的各種外部事業,並獲得網路、電視授權等收益。

由於各種業務的營收模式和營收結構完全不同,所以也應該分別評估市場成長空間、營業利益率和投資報酬率等。如果只看合併財務報表的損益表,會很難理解各項業務的營業收入狀況,因為營業額是合併後的數字。

因此,我們應該參考 10-K 報告中的 MD&A,此處會對財務報表中的每個業務項目進行詳細分類,並提供說明,不僅有各項業務項目的營收,還說明了成本分析,對我們掌握整個公司的營收模式有很大的幫助。季報 10-Q 中也有更新且更詳細的各事業部門損益資訊,建議多加參考。

▶ **Google 的商業模式**

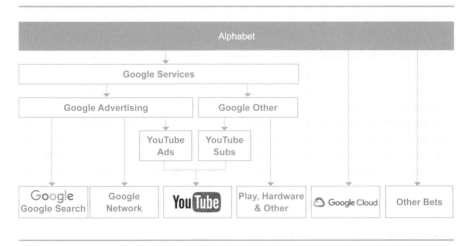

Revenues

The following table presents our revenues by type (in millions)

	Year Ended December 31,	
	2019	2020
Google Search & other	$ 98,115	$ 104,062
YouTube ads	15,149	19,772
Google Network Members' properties	21,547	23,090
Google advertising	134,811	146,924
Google other	17,014	21,711
Google Services total	151,825	168,635
Google Cloud	8,918	13,059
Other Bets	659	657
Hedging gains (losses)	455	176
Total revenues	$ 161,857	$ 182,527

Google 公開的各事業部門營業收入現況。（資料來源：10-K, GOOGL, 2021.02.03）

Segment Profitability

The following table presents our segment operating income (loss) (in millions). For comparative purposes, amounts in prior periods have been recast.

	Year Ended December 31,		
	2018	2019	2020
Operating income (loss):			
Google Services	$ 43,137	$ 48,999	$ 54,606
Google Cloud	(4,348)	(4,645)	(5,607)
Other Bets	(3,358)	(4,824)	(4,476)
Corporate costs, unallocated[(1)]	(7,907)	(5,299)	(3,299)
Total income from operations	$ 27,524	$ 34,231	$ 41,224

[(1)] Corporate costs, unallocated includes a fine of $5.1 billion for the year ended December 31, 2018 and a fine and legal settlement totaling $2.3 billion for the year ended December 31, 2019.

Google 各事業部門的營業利益及損失規模。（資料來源：10-K, GOOGL, 2021.02.03）

第 2 階段：估算各業務部門損益表

如要估算未來損益表，首先要估算各業務項目的營業額。例如在估算 Google 的營業額時，「今年將增長 25%，明年將增長 15%」這類整體概括性的數值是不能使用的，因為在 Google 的商業模式中，每個業務項目的營收結構、成長因素和營業利益率完全不同，所以這樣的估算是沒有意義的。

首先，依據 Google 公開揭露資料所列出的 6 個業務細分項目，分別套用不同的增長率，以同樣的方式去估算各個業務項目的銷售成本、營業利益。在這裡可以參考經營團隊在業績指引或電話會議中詳細說明的營業毛利潤、營業成本、營業利潤等資料進行估算，特別是分析師最關注的主要業務預期營收指標、全公司成本（Corporate Expenses）、資本投資、追加資金籌措和現金持有量等，這些資訊都可以透過季報或電話會議 Q&A 獲得。

　　在完成各業務項目的損益表估算後再合計，就可以得到整個公司的損益表。所以我們就依序算出營業收入、營業毛利、營業利益和 EBITDA，再去估算稅前淨利和本期淨利，以完成整個損益表的估算。

　　推算出的 EBITDA 值理應套用估值倍數，不過此時的合理倍數計算標準是參考商業模式相似的同類企業及同種或其他競爭業者當下的交易倍數（Trading Multiple）。也可以套用對照組的平均值，或自行制定邏輯，調整倍數。這個過程屬於定性分析，因此分析師或投資散戶可以自行依主觀需求嘗試套用不同倍數。

　　來自 Google Search、Google Network 或 Google Play 的數位及廣告收益已經進入商業模式相當穩定的階段，很難視其為營業收入有爆發性成長的事業群。所以營業利益或 EBITDA 水準變數不大，能夠藉由營業收入成長趨勢或營業支出等數值推算出不受特別變數影響的現金流。可以套用 EBITDA 和企業價值

來計算 Google Service 中這 3 項的事業價值。將會得到 Google Search 約 9,900 億美元；Google Network 的價值約 420 億美元；Google Play 則為約 500 億美元的計算結果。

雖然 YouTube 被分類在 Google Service 中，但情況不太一

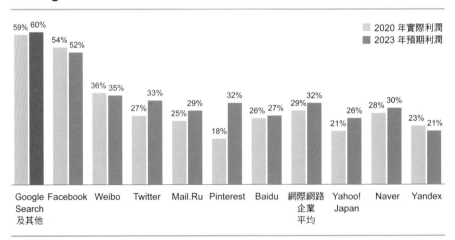

Competition

Our business is characterized by rapid change as well as new and disruptive technologies. We face formidable competition in every aspect of our business, particularly from companies that seek to connect people with online information and provide them with relevant advertising. We face competition from:

- General purpose search engines and information services, such as Baidu, Microsoft's Bing, Naver, Seznam, Verizon's Yahoo, and Yandex.
- Vertical search engines and e-commerce websites, such as Amazon and eBay (e-commerce), Booking's Kayak (travel queries), Microsoft's LinkedIn (job queries), and WebMD (health queries). Some users will navigate directly to such content, websites, and apps rather than go through Google.
- Social networks, such as Facebook, Snapchat, and Twitter. Some users increasingly rely on social networks for product or service referrals, rather than seeking information through traditional search engines.
- Other forms of advertising, such as billboards, magazines, newspapers, radio, and television. Our advertisers typically advertise in multiple media, both online and offline.
- Other online advertising platforms and networks, including Amazon, AppNexus, Criteo, and Facebook, that compete for advertisers that use Google Ads, our primary auction-based advertising platform.
- Providers of digital video services, such as Amazon, Apple, AT&T, Disney, Facebook, Hulu, Netflix and TikTok.

In businesses that are further afield from our advertising business, we compete with companies that have longer operating histories and more established relationships with customers and users. We face competition from:

- Other digital content and application platform providers, such as Amazon and Apple.

經營團隊公布的 Google 各事業別競爭企業。（資料來源：10-K, GOOGL, 2021.02.03）

▶ **Google Search 事業部門及網際網路競爭企業的 EBITDA 利潤比較**

- 2020 年實際利潤
- 2023 年預期利潤

	Google Search 及其他	Facebook	Weibo	Twitter	Mail.Ru	Pinterest	Baidu	網際網路企業平均	Yahoo! Japan	Naver	Yandex
2020 年實際利潤	59%	54%	36%	27%	25%	18%	26%	29%	21%	28%	23%
2023 年預期利潤	60%	52%	35%	33%	29%	32%	27%	32%	26%	30%	21%

比較 2020 年 EBITDA 利潤及 2023 年預期 EBITDA 利潤。據推估，Google Search 的 EBITDA 利潤達 1 兆美元以上，占 Google 整體企業價值近 60%。

▶ Google 各事業部門價值及競爭企業

（單位：百萬美元）

Google 事業類型	Google Search	Google Network	Google Play	YouTube	Google Cloud	其他事業 (Other Bets)
	來自搜尋引擎流量的直接、間接收益;來自Gmail或Google Map等的收益	Google AdSense、Ad Manager、AdMob	Google Play應用程式收益、數位內容收益	YouTube廣告收益;銷貨成本為內容費用（支付給YouTuber、授權人的費用）	Google Cloud Platform（GCP）服務、Google Workplace（原G-Suite）	Access/Fiber、Calico、CapitalG、Verily、Waymo、GV等;現在營業收入大部分來自Access/Fiber的網際網路服務及Verily的授權、R&D收益
2022年預期營業收入 ×	$150,000	$28,000	$22,500	$45,000	$25,900	$800
營業收入倍數				10.0x	9.0x	N/A
（%margin）	60%	20%	25%	17%	15%	N/A
2022年預期EBITDA×	$90,000	$5,600	$5,625	$7,650	$3,885	N/A
EBITDA倍數	11.0x	7.5x	9.0x			
各事業部門價值	$990,000 +	$42,000 +	$50,625 +	$450,000 +	$233,100 +	$55,750*
合理倍數計算標準 Comps 範例（競爭業者/類似事業群）	FB, BIDU, NAER, TWTR	TTD、CRTD、PUBM、MGMI（有必要考量到Small-cap discount問題）	AAPL、EBAY、LOGI（更廣範圍來看還有BKNG、EXPE）	FB, TWTY, SNAP, ROKU, NR_X, SPOT	AMZN, MSFT, CRM, WDAY, NOW, ADBE, SAP	GM Cruise（Waymo的自動駕駛comps）

* 針對 GM Cruise 進行估值時，所參照的 Waymo 評估價值為約 $48B（依 2020 年獲得的投資額 $3.25B 以 15× 倍數計算的 Post-money Valuation）＋ 其餘企業價值約 $7B。
2021 年上半年基準預期營收及估值倍數。

樣。因為儘管有廣告收益及內容收益這一點和其他服務相似，不過成長率比其他事業部門高出很多，銷貨成本或成本結構經常變動，獲利模式本身處於持續進化的狀態。由於成長速度快，且在無法掌握整體規模的市場鶴立雞群，因此幾乎不可能算出 EBITDA，想推算出營業收入也很困難。

這種時候，可以和許多科技新創一樣，只套用估計營收和營收倍數來計算事業價值。用這種方式計算出的 YouTube 價值約為 4,500 億美元。如果對 YouTube 這個平台的成長性和獲利能力抱持更樂觀的態度，則可以套用更高的估值倍數。實際上，Google 事業部門中，估值差異最大的就是 YouTube 事業（目前分析師採用的倍數範圍從 9x 到 12.5x 都有）。

同樣的邏輯，Cloud 事業也還處於成長階段，因此只推估營業收入再套用倍數計算。以這種方式計算的 Cloud 事業價值約為 2,300 億美元。很難一一估算被分類在「Other Bets」的其他事業，可以用其中最具代表性的 Waymo 進行估值。以 2020 年獲得的投資額 32 億 5,000 萬美元套用 15x 的投後估值（Post-Money Valuation）倍數後，得到的結果為 480 億美元。其餘事業價值則參考經營團隊偶爾在電話會議中提及的金額，約 70 億美元。以此推算出的價值共約 560 億美元。

第 3 階段：計算各業務部門價值、企業整體成本及企業價值

　　以上是以最簡單的方式推算出的各事業部門估值。這些個別事業的價值總和約為 1 兆 8,200 億美元。這個階段要留意的重點是，各事業部門價值的總和並不等於企業整體價值。雖然反映了各事業部門支出的成本，但並不包含營運企業整體所需的成本──營業支出（Corporate Expenses）。各事業體「未分配的」企業營運費用在美國企業公開資訊中稱為「Unallocated Costs」、「Unallocated Corporate Expenses」。

　　之所以需要設有整體營運成本項目，是因為除了反映在各事業部門利潤上的費用（包括銷售和行銷成本、G&A、R&D、其他人事成本或設備費用等）和折舊等會計費用外，還有其他現金存在。

　　觀察 Google 公開資訊中的整體成本漲跌，從 2018 年的 79 億美元、2019 年的 53 億美元到 2020 年的 33 億美元，呈現逐漸降低的趨勢。

　　分析師大部分在估算這些成本時，可能會和經營團隊進行電話會議直接詢問（是法說會上經常出現的問題），或是會從經營團隊提供的成本資料做延伸考量，也會就整體營業收入依比例核算等，有各種推算方式。

　　若是經營團隊未提供精確的參考方針，則會考慮目前為止的變化和事業成長趨勢，例如 2019 年的整體成本為年營收的

一起來看看 Google 親自公開的整體營業成本定義。包含公司整體層面支出的各種營業費用、人事費用、財務／會計／法務費用（Legal Fees/Fines、R&D）、各種避險費用等。（資料來源：10-K, p.33, GOOGL, 2021.02.03）

文中標明 Google 的各部門營業利益及損失中並未反映整體成本（Corporate costs, unallocated）。未分配的整體成本在 2018 年為 51 億美元，在 2019 年為 23 億美元，以注解標示。（資料來源：10-K, p.40, GOOGL, 2021.02.03）

3.3%，而 2020 年為 1.8%，那麼 2021 年則預計會占預估年營收的 1.5 ～ 2.0%。當然，如果預期將會支出某些法務費用（反壟斷法相關）等，就要在估算過程中考慮到這一點，並做出調整。

以這個方式推算出的整體成本約為 46 億美元。先前以各事

業部門 EBITDA 套用估值倍數計算，同樣的，我們也必須對這項成本進行價值換算，這部分主要使用針對企業整體的倍數。就 Google 的情況來說，套用 11 ～ 12 的倍數後算出的結果約為 556 億美元。因為是成本，所以要從事業價值總和 1 兆 8,200 億美元中扣除。得到的數值約 1 兆 7,700 億美元，即為 Google 的企業價值。

第 4 階段：計算財務報表中的負債和現金

算出企業價值之後，現在輪到我們身為投資人一定會好奇的股東價值了。股東價值是從總企業價值中扣除淨負債後得到的數值。想要計算淨負債，必須先知道企業的總負債金額、現金及約當現金金額。

目前為止推算的未來收益（次年，NTM）是來自於當下的企業流動性（約當現金和債務融通），因此要套用當下的財務報表數值。舉例來說，針對 2022 年計算預估收益和未來價值時，應套用 2021 年度的淨負債，而針對 2023 年計算未來收益時，則應使用 2022 年度的淨負債。

在這個例子中，因為已經估算出 2022 年的現金流和企業價值，所以現在必須要計算 2021 年會計年度末（預估的）淨負債和約當現金金額。

相對於現金持有金額，Google 的負債比例非常低。其他

公司的財務報表不同，與其觀察可承擔貸款和槓桿率的現金能力、利息覆蓋率等，更應該分析該公司將現金投資到哪些業務成長項目。

來確認看看 2020 年會計年度末基準的 Google 現金及約當現金總和數值吧。將現金及約當現金（Cash and Cash Equivalents）項目和屬現金等價資產的有價證券（Marketable Securities）全部合計起來後，視為現金及約當現金的總和。大部分企業只保留最底限的現金，其餘現金會投資在股票或債券等證券買賣或其他流動性資產上，這部分可與現金等同視之，因為是確保能隨時變現的流動性資產。

最後透過 10-K 或 10-Q 報告，可以從目前財務報表的持有現金及到年底的預期現金流量，估算出年末現金持有水準，代表公司現金支出和收入項目等經營活動的現金流量、資本支出和債務償還狀況，除非發生特殊情況，否則這些現金支出都是可預期的。

首先，將剩下的時間（第 3 ～ 4 季）可創造的淨利，加上各項非現金成本（折舊、股票期權支付費用等非現金會計費用），再考慮基於公司營運產生的額外現金費用和支出，就可以估算出到年底為止的營業活動現金流量，估計在第 3 ～ 4 季，Google 營業活動現金流量約達 915 億美元。

另外，資本支出規模可參考經營團隊提供的方向估算，例如 2021 年計劃投資營業額的 9% ～ 11%，根據先前計算的年營業額，估算到年底為止的資本支出規模，根據 10-K 及 10-Q 報

告，截至 2021 年上半年，用於償還債務的費用約為 87 億美元。

參考每季公開的債務證券及償還時限表（Debt Securities and Maturity Schedule），即可推算年度現金支出。此外，Google 董事會在 2021 年授權進行 500 億美元的股票回購，每季分別買回約 120 億美元的庫藏股，這也屬於現金支出。

現在可以估算出 Google 到年底前可持有現金約為 415 億美元。為了以簡單的方式說明概念，所以省略詳細的項目和過

▶ 估算 Google 的現金及約當現金

（單位：百萬美元）

現金（FYE 2020）	**26,465**
＋營運現金流量（Operating Cash Flow）	91,494
－資本支出（CapEx Spending）	(27,328)
＋新增債務融通（New Debt Issuance）	7,599
－償還借款（Repayment of Debt）	(8,678)
－買回庫藏股（Repurchase of Common Stock）	(48,191)
現金（預估到 2021 年底）	**41,451**
＋有價證券（Marketable Securities）	110,229
現金及約當現金總和（**Total Cash and Cash Equivalents**）	**151,680**

這個方法是利用當下時間點的財務報表上的現金（Balance Sheet Cash），考量欲推測期間新增的收益、成本並計入現金流，從而計算出下一年度的現金（Ending Cash Balance）。

	As of December 31,				
	2016	2017	2018	2019	2020
			(in millions)		
Consolidated Balance Sheet Data:					
Cash, cash equivalents, and marketable securities	$ 86,333	$ 101,871	$ 109,140	$ 119,675	$ 136,694
Total assets	$ 167,497	$ 197,295	$ 232,792	$ 275,909	$ 319,616
Total long-term liabilities	$ 11,705	$ 20,610	$ 20,544	$ 29,246	$ 40,238
Total stockholders' equity	$ 139,036	$ 152,502	$ 177,628	$ 201,442	$ 222,544

各年度 Google 資產及負債現況。（資料來源：10-K, GOOGL, 2021.02.03）

Alphabet Inc.
CONSOLIDATED BALANCE SHEETS
(In millions, except share amounts which are reflected in thousands, and par value per share amounts)

	As of December 31, 2019	As of December 31, 2020
Assets		
Current assets:		
Cash and cash equivalents	$ 18,498	$ 26,465
Marketable securities	101,177	110,229
Total cash, cash equivalents, and marketable securities	119,675	136,694
Accounts receivable, net	25,326	30,930
Income taxes receivable, net	2,166	454
Inventory	999	728
Other current assets	4,412	5,490
Total current assets	152,578	174,296
Non-marketable investments	13,078	20,703
Deferred income taxes	721	1,084
Property and equipment, net	73,646	84,749
Operating lease assets	10,941	12,211
Intangible assets, net	1,979	1,445
Goodwill	20,624	21,175
Other non-current assets	2,342	3,953
Total assets	$ 275,909	$ 319,616
Liabilities and Stockholders' Equity		
Current liabilities:		
Accounts payable	$ 5,561	$ 5,589
Accrued compensation and benefits	8,495	11,086
Accrued expenses and other current liabilities	23,067	28,631
Accrued revenue share	5,916	7,500
Deferred revenue	1,908	2,543
Income taxes payable, net	274	1,485
Total current liabilities	45,221	56,834
Long-term debt	4,554	13,932
Deferred revenue, non-current	358	481
Income taxes payable, non-current	9,885	8,849
Deferred income taxes	1,701	3,561
Operating lease liabilities	10,214	11,146
Other long-term liabilities	2,534	2,269
Total liabilities	74,467	97,072
Commitments and Contingencies (Note 10)		
Stockholders' equity:		
Convertible preferred stock, $0.001 par value per share, 100,000 shares authorized; no shares issued and outstanding	0	0
Class A and Class B common stock, and Class C capital stock and additional paid-in capital, $0.001 par value per share: 15,000,000 shares authorized (Class A 9,000,000, Class B 3,000,000, Class C 3,000,000); 688,335 (Class A 299,828, Class B 46,441, Class C 342,066) and 675,222 (Class A 300,730, Class B 45,843, Class C 328,649) shares issued and outstanding	50,552	58,510
Accumulated other comprehensive income (loss)	(1,232)	633
Retained earnings	152,122	163,401
Total stockholders' equity	201,442	222,544
Total liabilities and stockholders' equity	$ 275,909	$ 319,616

可以在 Google 的合併財務報表中查看到現金及約當現金總和、長期債務。（資料來源：10-K, GOOGL, 2021.02.03）

程，不過因為掌握了大現金流，所以還是可以算出相對正確的預計現金持有額。

連屬現金等價資產的有價證券持有額也一併合計的話，預估現金持有額將足足達到 1,517 億美元。

此外還必須確認總負債數值，只要查看長期債務（Long-term Debt）項目即可。不過要留意這與負債（Liabilities）不是同樣的概念。

因本來就是現金持有量達數百億美元的企業，所以資金籌措的需求較少，負債金額只有 143 億美元。大多數的企業則與之相反，負債更多，現金較少。因此 Google 的淨負債數值為負。這是 Google 及大部分科技巨頭的優勢。

第 5 階段：計算股東價值和合理股價

將先前計算的 Google 企業價值減去總負債，再加上約當現金，即可得到股東價值，其數值為 1 兆 9,000 萬美元，比企業價值更高。除以發行股票總數 6 億 6,000 萬股，可以算得每股價值為 2,896 美元。這正是在 2021 年第 2 季末能夠推算出的 Google「合理股價」。

美國分析師報告或新聞報導中提到企業的「隱含價值」（Implied Equity Value）、「股票內在價格」（Intrinsic Share Price）等用語的時候，就代表是用這種方法計算出的合理股價。

▶ 從 **Google** 的企業價值到股東價值，算出「合理股價」

（單位：百萬美元，百萬股）

Google 事業價值總和	**$1,821,475**
－整體成本（Corporate Expenses）	(55,560)
Google 企業價值總和	**$1,765,915**
－總負債	(14,328)
＋現金及約當現金	151,680
股東價值	**$1,903,267**
÷ # 發行股票總數	657
每股價值（合理股價）	**$2,896**

估算合理股價只要短短 5 分鐘？

這種估值方式的缺點是，缺乏基本的財務知識和對會計的認知，將會很難解讀美國企業的事業報告書、財務報表，並進行估值。到所有人都能免費使用的股價網站上，在 5 分鐘內推算出合理股價，也不失為一種相對輕鬆的方式。

不過我想強調的是，這種做法得到的結果將極為片面且有其極限。比起得到結果值，更重要的是懂得如何解讀它。簡單的方法有很多，不過我們採取的方法，只需要「推算 EPS×P/E ＝預估股價」這道極簡又很深奧的公式。

首先，在美國股票網站上搜尋有興趣的企業交易代號。以下以最普遍使用的 Yahoo! Finance 為例，在 Yahoo! Finance 上搜尋 Google 的交易代號「GOOG」，進入「Analysis」分頁，即可查看分析師針對該企業營收的預估值及目標股價、投資意見

Rating。我們最想知道的就是分析師平均計算出的每股價值 EPS。

Annualize
將一定期間的年化報酬率轉換為年度報酬率。

　　下方圖片中，前兩欄（Current Qtr.、Next Qtr.）表示該季的 EPS 數值，右側最後兩欄（Current Year、Next Year) 則為該會計年度整體的 EPS 數值。因要以年化報酬率的數值為基礎進行價值評估，所以應要看這些數值。據華爾街分析師分析，Google 在 2021 年的 EPS 為平均 109 美元，2022 年的 EPS 預計將為平均 112 美元。

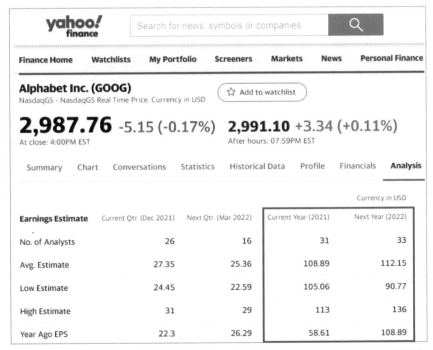

Earnings Estimate	Current Qtr. (Dec 2021)	Next Qtr. (Mar 2022)	Current Year (2021)	Next Year (2022)
No. of Analysts	26	16	31	33
Avg. Estimate	27.35	25.36	108.89	112.15
Low Estimate	24.45	22.59	105.06	90.77
High Estimate	31	29	113	136
Year Ago EPS	22.3	26.29	58.61	108.89

可以在 Yahoo! Finance 上找到營收和預估值，其中標示部分為建議參考的年化報酬率數值。（資料來源：Yahoo Finance, 2021.11.15）

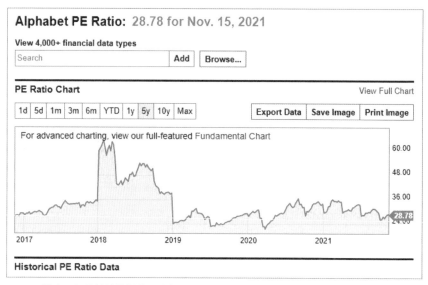

Google 過去 5 年間的倍數變化。（資料來源：YCharts, 2021.11.15）

　　接下來我們需要 Google 的股價倍數，也就是 P/E 倍數。在入口網站搜尋交易代號加上「PE Multiple」或「PE Ratio」。左側下方圖表中顯示 Google 在過往 5 年間的平均 P/E 倍數為 33.9x。將時間範圍縮到最近 3 年的話，平均股價倍數約在 22x 到 42x 之間，平均接近 34x。

　　現在先別看類似競爭企業的平均倍數或市場倍數，一起以 Google 自身過去的股價倍數趨勢為基礎，試著推論合理股價吧。根據 2021 年 9 月 30 日資料，S&P500 指數的 P/E 倍數為 29.5x，一年前的 2020 年末則足足有 40x。P/E 倍數高就代表股價「貴」。

　　若以 Google 這個企業的預估淨利為基礎，套用平均股價倍

數得到的 Google 合理股價會是 808 美元。股價倍數最低的時間點為 2020 年 3 月，當時美國股市因 Covid-19 經歷短暫卻劇烈的暴跌期，考量到該股價倍數出現時市場整體處於崩潰狀態，也可以用它計算下行情形。

也就是說，如果再度遇到類似情形，發生倍數壓縮的話，Google 的估值可能會跌至 22x。不過就連在這樣的情況下，其股價還是有 2,464 美元的水準。也能選擇以更保守的方式評估。若是因市場的結構性變化或企業本身的問題，導致營收遠低於分析師或經營團隊預估的 EPS 的話，則以比 112 美元更低的 EPS 數值套用 22x。這樣的情況下，下限將降得更低。同理，也能夠計算追加的上行趨勢。提高套用於 EPS 預估值的股價倍數，合理股價也會變高。

▶ 利用 EPS 和 P/E 簡單計算 Google 合理股價的方法侷限性

2022 年市場共識 EPS	$112	$112
× 股價倍數（P/E）	34x	22x
＝目標股價（**12 個月**）	**$3,808**	**$2,464**
% Upside (Downside)	＋36%	（－12%）

評估上行和下行的基準股價以 2021 年 10 月的 Google 平均股價 2,800 美元為準。

反之，可以用投資某企業股票所期望的預期報酬率為基準，對自己的報酬率進行真實檢定（Reality Check），看看自己的期望是否實際。舉例來說，以 10 月為基準，投資交易價格在 2,800 美元的 Google 股票時，我在買進時間點的期望報酬率

為 35%。假設買進股票的目標是在股價漲
35% 以上時獲利，並進行計算。

根據期望報酬率，我的目標股價為
3,780 美元。以現在的預估 EPS 為基準，這
代表約 34x 的股價倍數。這不是我套用的
股價倍數，而是從目標股價反推得到的倍
數，因此稱為隱含倍數（Implied Multiple）。

以相同的方式，套用 Yahoo! Finance 上提供的分析師預估
EPS 的最大值 136 美元和最小值 91 美元。以相對保守或具攻擊
性的方式推算 Google 的成長和獲利模式時，代入預估的每股盈
餘的話，股價倍數將在 28x 到 42x 之間。出現的數值落在之前
查看過的 Google 過去 3 年、5 年間股價倍數區間。

只要不出現劃時代的變數，導致情況脫離可以從過去幾年
間的市場狀況或企業成長趨勢推論出的預測範圍，這種估值方
式就是有實行性的。

像這樣，只憑幾個簡單到讓人覺得匪夷所思的估值指標，

▶ 目標收益率是否合適？

購買價格（示例）	$2,800		
% 預期回報率	35%		
＝目標股價（12 個月）	**$3,780**		
2022 年每股收益共識	$112	$136	$91
股價倍數	34x	28x	42x

就可以輕鬆檢驗（Sense Check）期望報酬率和目標股價是否合理。誠如前文所強調的，這個方法省略了各種假設和變數，十分片面，要考慮可能的漏洞。

合理股價真正的意義與實戰投資應用法

再次強調，上述案例所採用的所有數據均基於公司公開揭露的財務報表、業績指引和市場共識，也就是並未基於有深度的產業分析、市場分析、公司分析，附加考量到其他假設和情境，這只是一個計算方式的基本框架，示範如何僅憑既有的公開資訊進行估值。

實際投資公司的估值分析工作會做更深入的分析、數次的經營團隊會議、公司現場調查、產業市場調查和競爭公司實地調查等。但只要理解和利用簡單的框架，就可以完成分析、建立假設、反映個人觀點的估值工作。

需要特別注意的是，企業價值是會不斷變化的，估算出來的合理價值也不是絕對的。光從 Google 的案例看，在 2021 年第 1 季所計算的估值和第 2 季末套用的價值、合理股價都有發生變化。

這段期間，第 1、2 季營收以及各事業部門成長率的發布對盈餘驚奇（Earning Surprise）有所貢獻，事業價值倍數作為其他科技股的估值基礎也被往上調，套用更高的倍數。

經營團隊還宣布回購數百億美元規模的庫藏股，這所有因素構成了帶動股價的動力。

不到 6 個月，股價便超過了以 12 個月為時間範圍評估的價值，在我寫作的 2021 年末當下，依據新的資訊和市況進行估值作業的話，將會得到截然不同的結果。

另外，儘管美國股市近來對通膨的憂慮持續發酵，加上處於調整期，許多科技業股價下跌到足以平息高評價爭議的程度，Google 的市場共識股價反而持續上調，正在重塑自身作為科技成長股的價值評價。

不是單純獲得高評價的成長股，而是具備以營收為後盾的未來成長模式，增加透明度和期待感，進而帶動股價上升的股票，贏得市場另眼相看。因此，市場共識和公司合理估值會基於市場或個別公司的變化而改變。

最後，投資者必須認知到的是對合理企業價值和目標股價的實際預期和時機。企業估值會隨計算方法和個人觀點而朝某一方向移動，包括分析師的目標股價，都是在各自的假設下導出的結果。

另外，雖然合理價值是估算公司 12 個月後成長和營收所得出的，但股價達到該合理價值可能只需要短短 6 個月，但也可能長達兩年，這跟市場上所有的交易一樣，理論估算的合理價值與實際交易的市場價格間總是存在差距。

理論上，在高效率的市場中，價格會向價值收斂，但實際上的市場效率也並非完美，因此，比起合理價值這個數字本

▶ 實現事業多角化的科技業主要指標範例

業務營運指標	財務指標	估值指標
· **TAM(Total Addressable Market) Size, Growth,** ：整體服務可觸及市場的規模和成長性 · **Penetration Rate** ：該企業的市場滲透率 · **Digital Content Volume, GMV(Gross Merchandise Value)** * ：數位內容量、（電子商務）商品交易總額 · **Ad Revenue, Content Revenue, Royalties** ：廣告營收、內容收益、權利金（IP）收益等 · **Traffic Acquisition Cost, Content Acquisition Cost, Ad Spend** ** ：流量確保費用、內容確保費用、廣告費用 · **Customer Growth (# of Accounts, Subscriptions, etc.)** ：客戶成長率（帳號數、訂閱者數等） · **Infrastructure Development Pipeline** ：基礎設施開發支出 · **ROIC (Return on Invested Capital)** ：投資資本回報率 · **CapEx and Capital Lease** ：資本支出與資本租賃 · **Strategic Partnerships** ：策略合作夥伴 · **R&D Pipeline** ：研發支出 · 公司集團旗下的各種新創企業及少數（**Minority**）資本投資規模	· **Revenue** ：營業收入 · **Gross Profit/Gross Margin** ：營業毛利 · **G&A (General and Administrative Expense)** ：一般管理費用 · **Operating Income** ：營業利益 · **Stock-based Compensation** ：股權激勵制度（高階職員的獎勵支付，主要是科技公司股票期權比例偏高） · **Net Income** ：本期淨利潤 · **EPS** ：每股盈餘 · **Free Cash Flow** ：自由現金流	· **P/E** ：本益比 · **EV/Sales** ：企業價值銷售倍數 · **EV/EBITDA** ：EBITDA 倍數值 · **PEG** ：本益成長比 · **FCF Yield %** ：自由現金流收益率 · **ROE %** ：股東權益報酬率 · **EPS Growth %** ：本益比成長率

* 不被看作企業的營業收入，但是在該平台上的交易規模對營收成長有貢獻的數值。

** 可以衡量平台事業定價能力（Pricing Power）的定量、定性價值因素。

隨著電子商務、廣告、內容平台、雲端等科技企業經營的事業性質和領域的不同，成長及獲利指標也很多樣化。上述指標只是片面的範例，要先具備對商業模式的理解。

身，更需要了解估算合理價值所使用到的市場和公司成長假設、營收模式，並掌握經營團隊根據業績指引帶領公司發展的執行力；估算過程需要採用的同業股價估值和市場溢價，以及隨著時間出現的各種變數。要訓練自己判斷在上述諸多因素的發展下，股價會發生什麼樣的變化。

消費和經營分離的
美國式全球旅館產業
飯店類股

連鎖加盟飯店和飯店 REITs 的差別

　　當我們提到「飯店」時，大概就會想到萬豪Marriott（NASDAQ：MAR）、Hilton、凱悅Hyatt（NYSE：H）等公司。我們經常聽到的這些飯店品牌（Hotel Brand），正確地說是連鎖加盟飯店的品牌，也就是不直接持有大部分飯店資產，只擁有飯店品牌，授權經營的連鎖加盟模式。這跟南韓上市的飯店集團母公司直接持有和經營飯店的形態完全不同，因此投

> **Hotel Brand**
> 飯店品牌公司
> 「Hotel Operator」、「Hotel C-Corp」、「Lodging C-Corp」，如Marriott、Hilton以品牌為基礎，經營飯店租賃（Hotel Leasing）、飯店營運（Hotel Management）和連鎖飯店（Hotel Franchise）等業務的公司。

Hotel REITs
飯店投資信託
直接擁有酒店物業的房
地產經紀人，也稱為
「Lodging REITs」。

資美國飯店類股就需要了解美國飯店業。台灣跟南韓上市的飯店集團母公司直接持有和經營飯店的型態類似。

換句話說，美國飯店業不是指持有飯店建築物（不動產）之類有形資產的業者，而是指以飯店品牌之無形資產作為商業模式的業者，而那些直接擁有飯店建築物的公司，則是以飯店投資信託（Hotel REITs）的不動產公司形式單獨分類上市。因此，美國飯店不動產所有者和經營管理者是明確分開的，並有統稱的術語，所以要好好了解一下。

飯店類股最重要的業務指標是每間客房收益（RevPAR；Revenue Per Available Room），這是一個結合客房住用率（Occupancy）和客房平均單價（ADR）的績效指標，對於了解和評估飯店業務非常重要。由於它是分析師在財報週最關注的指標，因此在飯店類股上，我們要看季／年度營收及相對於競爭者的 RevPAR 增長率。

特別是在美國股市上市的飯店品牌公司，大多是經營國際規模的連鎖飯店，因此必須注意標記代表全公司整體營收的 System-wide 業績，還有代表排除了正在裝修或改建而年底前無法經營的飯店及房間數之比較本期與前期的 Comparable 業績的相關數值（如 System-wide Revenue、System-wide EBITDA、Comparable Revenue、Comparable EBITDA 等），要看這些數字才能掌握公司全貌。

▶ Hotel Group、Hotel REITs 類股主要指標

業務營運指標	財務指標	估值指標
· **RevPAR Growth**：平均客房收益成長率 · **Occupancy**：客房住用率 · **ADR**：客房平均單價 · **NUG(Net Unit Growth)**：客房淨成長率 · **Managed Rooms, Franchised Rooms Growth**：營運客房、連鎖客房成長率 · **Managed & Franchise Fees**：營運及連鎖加盟費 · **Loyalty Programs**：會員優惠方案 · **Credit Card Sign-ups**：飯店聯名信用卡發行數 · **Hotel Development Pipeline(as % of supply)**：飯店開發狀態（該地區市場之持有開發資產比率） · **Working Capital Changes**：營運資本變化額	· **Hotel Revenue**：飯店營業收入 · **Fees Revenue**：手續費（會員費）收入 · **Timeshare Sales**：分時度假屋收入 · **Cost of Owned & Leased Hotels**：自有及租賃飯店成本 · **Cost of Managed & Franchise**：營運及連鎖加盟成本 · **Capital Expenditure(CapEx)**：資本支出 · **Owned & Leased Hotels EBITDA**：自有及租賃飯店之息稅折舊攤銷前盈餘 · **Managed & Franchised EBITDA**：營運及連鎖加盟飯店之息稅折舊攤銷前盈餘 · **Free Cash Flow**：自由現金流	· **EV/Keys**：每間可用客房之企業價值 · **EV/EBITDA**：EBITDA 倍數值 · **EBITDA/Available Rooms, EBITDA/Keys**：每間可用客房的息稅折舊攤銷前盈餘 · **FCF Yield %**：自由現金流收益率 · **ROE %**：股東權益報酬率 · **Hotel Capitalization Rate%**：飯店資產回報率

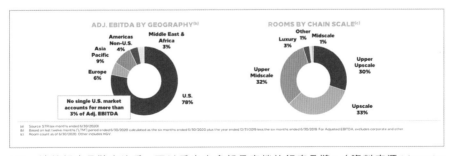

Hilton 連鎖飯店品牌之比重，可以看出大多都是高端的飯店品牌。（資料來源：Investor Presentation, HLT, 2020.08）

▶ 美國飯店集團 RevPAR 業績

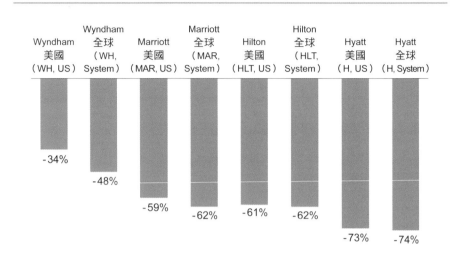

▶ 美國連鎖飯店等級別 RevPAR 業績

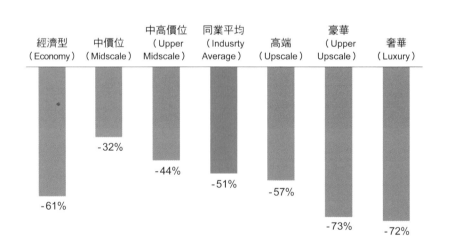

（資料來源：STR Global, 2020 年第 2 季各公司公開資料）

飯店業是經濟敏感產業，是典型的景氣循環股，在經濟繁榮時可業績沖天，但在經濟衰退時就會被打到谷底。最明顯的例子是，在新冠肺炎引發經濟衰退初期，僅在 2020 年 3 月，規模最大的 Hyatt、Marriott、Hilton 股票的 RevPAR 平均下跌 22%。此後，隨著平均客房住用率下降到 30% 以下，第 2 季 RevPAR 也下降到 60% 左右。

觀察幾次經濟衰退的歷史，飯店類股 RevPAR、EBITDA 的景氣敏感度和恢復速度，隨著連鎖規模（Chainscale），即飯店品牌等級不同，受到的打擊和恢復速度也存在著很大的差異。整體來說，價格最高的奢華（Luxury）和豪華（Upper Upscale）等級品牌飯店對景氣最為敏感，相對的，對經濟型（Economy）和中價位（Midscale）等較低價品牌飯店的影響較小且復甦速度較快。

因此，在投資飯店類股時，觀察投資標的所經營的飯店品牌在各個等級的比例也很重要。當經濟不景氣時，不要因為旅遊相關股暴跌就盲目買入「跌價最多」的飯店類股，如果不了解飯店類股的商業模式、品牌營運和盈利結構，而只依據技術指標就無腦投資飯店類股，則你的資金將會被長期套牢，甚至會疑惑「為什麼不快點反彈呢？」跌幅最大的飯店類股必然有其暴跌的原因，而且還可能是最後反彈的股票。

飯店品牌公司的發展模式

　　飯店品牌公司的發展模式在於擴大連鎖經營收益，因此加入該飯店品牌系統的飯店數量越多越好。為此，這些業者在發展飯店業務的同時，也要增加加盟飯店的數量，這一增長率被稱為客房淨成長率（NUG；Net Unit Growth），計算飯店公司營業額的標準是 RevPAR，而每季發表公告資料中，也將 NUG 數據列為重點指標，這個數據在與其他飯店股進行比較分析時也很有用。

　　在美國，所有的飯店類股的營收結構都區分為「自有和租賃」（Owned & Leased）業務及「經營和連鎖」（Managed &

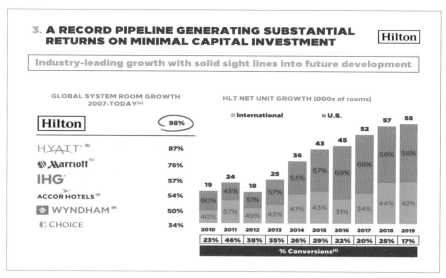

本圖是 Hilton 連鎖飯店客房淨成長率（Net Unit Growth），為掌握連鎖飯店擴張速度和營收成長率的重要指標。（資料來源：Investor Presentation, HLT, 2020.08）

CONDENSED CONSOLIDATED STATEMENTS OF OPERATIONS

(in millions, except per share data)

(unaudited)

	Three Months Ended June 30,		Six Months Ended June 30,	
	2020	2019	2020	2019
Revenues				
Franchise and licensing fees	$ 132	$ 444	$ 471	$ 826
Base and other management fees	8	89	68	169
Incentive management fees	(5)	58	18	113
Owned and leased hotels	31	387	241	699
Other revenues	10	26	33	52
	176	1,004	831	1,859
Other revenues from managed and franchised properties	388	1,480	1,653	2,829
Total revenues	564	2,484	2,484	4,688
Expenses				
Owned and leased hotels	95	334	334	632
Depreciation and amortization	88	86	179	170
General and administrative	63	113	123	220
Reorganization costs	38	—	38	—
Impairment losses	15	—	127	—
Other expenses	13	15	27	35
	312	548	828	1,057
Other expenses from managed and franchised properties	554	1,458	1,890	2,841
Total expenses	866	2,006	2,718	3,898
Operating income (loss)	(302)	478	(234)	790
Interest expense	(106)	(101)	(200)	(199)
Loss on foreign currency transactions	(13)	(3)	(4)	(3)
Other non-operating loss, net	(23)	(12)	(23)	(8)
Income (loss) before income taxes	(444)	362	(461)	580
Income tax benefit (expense)	12	(101)	47	(160)
Net income (loss)	(432)	261	(414)	420
Net loss (income) attributable to noncontrolling interests	2	(1)	2	(2)
Net income (loss) attributable to Hilton stockholders	$ (430)	$ 260	$ (412)	$ 418
Earnings (loss) per share:				
Basic	$ (1.55)	$ 0.90	$ (1.49)	$ 1.43
Diluted	$ (1.55)	$ 0.89	$ (1.48)	$ 1.42
Cash dividends declared per share	$ —	$ 0.15	$ 0.15	$ 0.30

Hilton 2020 年第 2 季損益表。（資料來源：10-Q, HLT, 2020.08.06）

Franchised）業務，所以要依據營收模式分別分析各自的業務營收、EBITDA 和營業利益率等數據。

以 Hilton 飯店為例，第 237 頁的 10-Q 報告是 Hilton 飯店在 2020 年第 2 季財務報表的部分內容。首先營業收入（Revenue）部分，列出了營收細項，可以看到，飯店連鎖經營業務和 Hilton 品牌授權業務（Franchise and Licensing Fees）的營收最高，第二高是自有或租賃經營（Owned and Leased Hotels）的營收，剩下是其他飯店營運或品牌授權業務的營收。

不僅要看總營業收入（Total Revenue），還要看營收占比最大的連鎖經營與授權業務之收入成長率。和其他飯店集團一樣，Hilton 在 2020 年第 2 季的業績也非常慘澹，連鎖與授權業務收入只剩下去年同期的三分之一，直營飯店收入甚至還不到去年同期的十分之一。

支出（Expenses）項目也要分開看，占比最大的是擁有或租賃飯店的支出項目，其中包括飯店職員僱傭費、食品飲料費、清掃費、物品費和建物管理費等。其他的支出項目都是公司（總公司）的經營成本（Corporate-level Expenses），其中的一般管理費（General & Administrative）包含了 Hilton 集團行銷成本、經營團隊人事成本、飯店連鎖平台營運費用和資訊系統建置成本等項目。

防範經濟衰退風險的方法

從上面可以看出，原本看起來簡單的營業收入和支出，其實並不是那麼簡單的概念，分析細項的表現也很重要。由於新冠肺炎爆發，迫使許多飯店暫停營業，Hilton 2020 年第 2 季的營業收入總額也減少了約 77%，Hilton 在第 2 季發生超過 3 億美元的大規模營業損失，創下當期 EPS 負值的紀錄，我們可以從財務報表掌握到哪一個業務項目營收減少或支出增加。

2020 年第 2 季，直營飯店業務營收降到谷底，也是第 2 季業績虧損的主因，虧損是由各項業務的營收結構差異所造成，而決定損失的是營業槓桿（Operating Leverage）的概念。

一家公司的營業利益率很大程度上取決於經營槓桿，因為每個業務都有不同的成本結構，所有業務成本都由固定成本和變動成本組成。

飯店加盟業務成本包括加盟平台營運費、公司 IT 系統建置費、品牌行銷費和總公司營運費等。如果加盟飯店數量增加，已建立的 IT 系統將不會增加成本，也不需要增聘總部的管理團隊人員，這部分為固定成本。然而，隨著加盟業務的成長，行銷和銷售成本增加，而加盟經營系統維護成本也可能會成比例增加，這部分為變動成本。已經形成經濟規模的全球連鎖加盟飯店業務中，固定成本占比非常低。

在直接擁有和經營飯店的業務中，支出費用與客房營業額成正比。隨著使用飯店的客人數量和入住客房數量的增加，食

品和飲料成本、清潔成本、服務成本、電費、飯店員工人事成本和商品成本也隨之增加，這些為變動成本。但因為直接擁有飯店建築物，所以有無法與連鎖事業相比的高額「不動產」固定成本，其中包含了飯店物業開發成本、資本投資成本和不動產維護管理成本。

綜上所述，在固定成本占比較大的業務中，營業利潤率的增長幅度會大於營業額成長率，這就稱為「高營運槓桿」。反之，如果營業額下滑，由於固定成本的存在，營業利潤的減少幅度可能比營業額成長減少的幅度更大，甚至轉為虧損。

就飯店業而言，直接擁有和經營飯店的公司的經營槓桿率會大於授權經營公司的經營槓桿率。固定成本高的飯店業者在景氣好、營業額高時，營業利潤會增加很多，但如果是經濟不景氣、營業額下滑時，則營業利潤的減少幅度會更大，並有可能發生虧損。Hilton 2020 年第 2 季的營收顯示，財務報表中的「自有和租賃業務」（Owned & Leased）的利潤是負值，正好就能證明這一點。

如此一來，投資者在將飯店公司作為投資標的時，應考慮經營槓桿率高的直營業務在整體業務中所占的比例有多大，以及加盟業務的規模和成長率增速能否抵銷直營業務在不景氣時所帶來的負面影響。所以，商業模式和營收結構在不景氣時能否穩住，什麼樣的公司在景氣恢復時會更快地反彈，答案都在這裡。財務報表擁有了大量與業務相關的資訊，獲取這些資訊並不難。

▶ 上半年城市別飯店 RevPAR 收益

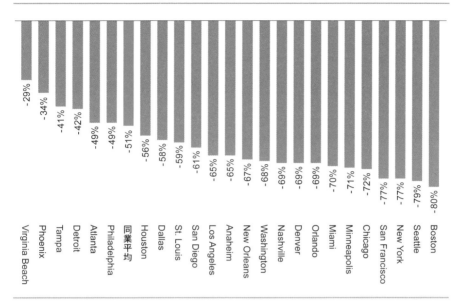

バーチャート（各城市 RevPAR 跌幅）：
- Virginia Beach -29%
- Phoenix -34%
- Tampa -41%
- Detroit -42%
- Atlanta -49%
- Philadelphia -49%
- 同業平均 -51%
- Houston -56%
- Dallas -58%
- St. Louis -59%
- San Diego -61%
- Los Angeles -59%
- Anaheim -59%
- New Orleans -67%
- Washington -68%
- Nashville -69%
- Denver -69%
- Orlando -69%
- Miami -70%
- Minneapolis -71%
- Chicago -72%
- San Francisco -77%
- New York -77%
- Seattle -79%
- Boston -80%

原本住宿需求高的美國大都市（紐約、舊金山、西雅圖等城市），在不景氣時跌幅越大。（資料來源：STR Global）

Hotel Results by Location in Nominal US$

(unaudited, in millions, except hotel statistics and per room basis)

Location	No. of Properties	No. of Rooms	Average Room Rate	Average Occupancy Percentage	RevPAR	Total Revenues	Total Revenues per Available Room	Hotel Net Income (Loss)	Hotel EBITDA [1]
Florida Gulf Coast	5	1,842	$400.35	44.2%	$177.03	$118.3	$353.01	$20.8	$39.4
Maui/Oahu	4	1,983	451.32	39.1	176.41	93.7	259.64	(7.4)	16.7
Jacksonville	1	446	398.29	42.6	169.62	27.8	342.83	1.2	5.7
Miami	3	1,276	425.83	39.6	168.56	64.6	268.97	3.5	15.4
Phoenix	3	1,654	352.56	37.0	130.34	91.3	303.21	(0.3)	25.2
San Francisco/San Jose	7	4,528	287.40	31.8	91.26	110.7	134.44	(38.3)	(0.9)
Los Angeles	4	1,726	215.97	39.3	84.80	39.3	124.95	(17.0)	(7.4)
New York	4	4,261	190.39	43.1	82.11	93.2	120.16	(77.5)	(51.5)
San Diego	3	3,288	241.83	31.8	77.01	92.2	154.12	(28.1)	7.1
Atlanta	4	1,682	185.37	36.3	67.36	32.9	107.33	(4.6)	8.7
Washington, D.C. (CBD)	5	3,238	229.66	29.3	67.21	57.3	97.24	(30.2)	(11.0)
New Orleans	1	1,333	202.76	32.6	66.19	24.2	99.87	(1.1)	1.6
Orange County	2	925	193.81	32.9	63.66	18.6	110.25	(3.1)	1.6
Orlando	1	2,004	215.19	28.6	61.54	55.8	152.85	(0.5)	13.4
Houston	4	1,716	163.52	37.6	61.51	28.6	91.53	(10.2)	(0.4)
Philadelphia	2	810	165.99	36.7	60.90	14.5	98.18	(7.8)	(1.6)
Northern Virginia	3	1,252	196.57	30.3	59.55	22.3	96.07	(9.2)	(2.9)
Seattle	2	1,315	193.49	27.6	53.38	18.6	77.51	(14.9)	(6.9)
Boston	3	2,715	176.94	26.6	47.08	35.6	71.97	(30.4)	(17.7)
Denver	3	1,340	154.85	29.0	44.89	16.6	68.03	(9.4)	(1.4)
San Antonio	2	1,512	179.31	24.2	43.38	18.1	65.75	(9.8)	(2.0)
Chicago	4	1,816	136.63	28.7	39.26	18.0	54.32	(25.1)	(14.0)
Other	6	2,509	155.53	35.4	55.07	34.8	76.39	(10.6)	(1.6)
Other property level [2]	—	—				11.7		2.8	2.8
Domestic	75	45,171	242.02	34.0	82.19	1,138.7	136.94	(307.2)	17.9
International	5	1,499	127.54	30.9	39.36	16.1	59.43	(4.5)	—
All Locations - Nominal US$	80	46,670	$238.67	33.9%	$80.81	$1,154.8	$134.46	$(311.7)	$17.9
Gain on sale of property and corporate level income/expense [1]								(47.3)	(51.0)
Total	80	46,670	—	—	—	$1,154.8	—	$(359.0)	$(33.1)

(1) Certain items from our statement of operations are not allocated to individual properties, including interest on our senior notes, corporate and other expenses, and the provision for income taxes. These items are reflected below in "gain on sale of property and corporate level income/expense". Refer to the table below for reconciliation of net income to EBITDA by location.

(2) Other property level includes certain ancillary revenues and related expenses, as well as non-income taxes on TRS leases.

Host Hotels & Resorts

19

Host Hotels REITs 季報部分內容。（資料來源：Supplemental Financial Information, HST, 2020.06.30）

此外，就飯店 REITs 而言，因實際擁有飯店資產並且本質上是一家不動產公司，所以要看所持有的飯店資產都在哪些區域，根據飯店 REITs 的公開揭露資料，RevPAR 數據是依其資產在美國的主要城市細分的，由於其為不動產業務，因此資產位置的收入差異很大。

例如，2020 年第 1 季美國飯店 RevPAR 平均下跌 19%，而各都市跌幅分別為紐約 28%、舊金山 29.9%、西雅圖 25.3%，每個都市跌幅皆不相同。2020 年上半年受到第 2 季新冠疫情爆發影響，各城市之間的 RevPAR 數據跌幅差距就更大了，所以飯店 REITs 的投資者也應注意 REITs 資產的區域分布。

例如，如果你看美國市值最大的飯店 REITs「Host Hotels & Resorts」（NASDAQ：HST）的季報，就揭露了各地區中所有飯店的數量、客房平均單價、占有率、RevPAR 和飯店 EBITDA 等詳細資訊。

Q&A

Q　如何估算飯店營收？

A　例如，客房平均單價為 150 美元，客房住用率為 70%，則飯店的 RevPAR 為 105 美元。去年度客房數乘上客房淨成長率（NUG%）就可獲得本年度客房數，再乘上飯店可用客房日數及 RevPAR，就能估算出飯店營收。

飯店客房營收 = RevPAR × 可用客房日數

可用客房日數 = 去年度客房數 ×（1 + NUG%）× 365 天

平均客房收益（RevPAR）= 客房平均單價 × 客房住用率 %

客房平均單價（ADR）	$150
× 客房住用率（Occupancy）	× 70%
=平均客房收益（RevPAR）	**$105**

去年度客房數（# of rooms）	500,000
× (1+ NUG%)	× (1+5%)
=本年度客房數（# of rooms）	525,000
× 全年營業日	× 365
=可用客房日數（Room Nights）	**191,625,000**

平均客房收益（RevPAR）	$105
× 可用客房日數（Room Nights）	× 191,625,000
飯店客房營收（Room Revenue）	**$20,120,625,000**
× 連鎖加盟費率（Franchise Fees）	× 6.00%
=連鎖加盟業務營收（Franchise Fees Revenue）	
	$1,207,237,500

如果公司的營收來源只有自有飯店資產，則飯店客房營收（Room Revenue）就是公司總營收，但像 Hilton、Marriott 等連鎖加盟模式的公司，則是將連鎖加盟業務營收（Franchise Fees Revenue）列為公司營收。

RevPAR、NUG、客房住用率等是掌握飯店營運業者營收結構的基本績效指標，股價走勢也取決於這些指標的季表現，因此在看年報及財務報表時，也應該要看看這些數字。

你也能
在紐約收租金

REITs 類股

既當股東又當房東

　　成為房東是一件令人開心的事，更何況不需要購買整棟建築，只需買入一股即可擁有該建築的股份！只要用滑鼠點一點，就可以購買美國所有地方（如紐約或舊金山）的商業或住宅不動產，分配的股利也相當不錯，就像每個月收房租一樣，定期收到現金。當 REITs 概念首次出現時，是否被認為是劃時代的投資商品？

　　事實上，投資 REITs 並不像你想像的那麼容易和簡單。因為不動產屬於景氣敏感資產，而 REITs 是股票形態的資產，因此市場波動帶來的風險也不容小覷。有誰敢保證擁有 REITs

就像是擁有實體建物一樣能準時收租呢？畢竟，REITs 也只是「股票」的一種。

　　REITs 大致分為抵押貸款 REITs（Mortgage REITs；mREITs）和股票 REITs（Equity REITs），後者可以看成是以租賃業務為主的不動產公司股票，簡而言之，REITs 具有債券特性。換句話說，REITs 可以被視為一種以穩定現金流支付股利並緩慢成長類似債券之價值型股票，而不是一種賺取價差的成長型股票。

　　當然，與其他行業公司一樣，REITs 也可以透過併購、分拆和融資收購（LBO）等方式拉抬股價，但除此之外，企業價值增長空間較其他類股還是比較低的。因此，在看 REITs 時，最重要的是使業務可持續發展之不動產淨資產價值（NAV；Net Asset Value）和可穩定配發股利的現金流量（Cash Flow Available for Distribution），這是 REITs 能否持續向股東配發高額股利和財務是否穩定的指標。

　　如果正在考慮投資美國 REITs，你需要了解一些基礎知識，首先了解美國 REITs 公司的正確定義。根據美國 REITs 協會 NAREIT 的定義，REITs 的資格要求是 REITs 的資產組合至少 75% 必須是不動產，總收入至少 75% 來自包括租金收入（Rental Revenue）、抵押貸款或不動產銷售。

　　此外，至少 90% 的應稅收益（Taxable Income）要分配給股東，如果滿足此條件，則 REITs 公司就無須繳納公司稅，這也是投資 REITs 的最大優勢。

像這樣，如果獲准為 REITs 的公司形式，則該公司可免徵公司稅，但是從 REITs 獲得股利的股東就變成課稅對象。一般來說，股利要繳納資本利得稅（Capital Gains Tax），但 REITs 股利列為一般收入（Ordinary Income）就只需繳納符合本人收入級距的所得稅（Income Tax）。

美國 REITs 協會的 REITs 網站（reit.com）是獲取美國 REITs 資訊的最佳來源，特別是 REITs 產業的整體資訊和各種資料，非常有用。美國所有上市 REITs、非上市 REITs 基金和 REITs 機構投資者每年會召開兩次 REITs 投資會議，安排投資者與 REITs 公司經營團隊會面。

若要將 REITs 類股視為投資標的，則閱讀 REITs 的財務報表時，就需要熟悉與一般公司完全不同的會計準則和術語，特別是 REITs 的股利不計入本期淨利。

決定 REITs 股利的方法

分析 REITs 時，主要是看本期淨利的股利分配率，並不看 REITs 的 EPS 成長率，因為以本期淨利計算，股利分配率（Payout ratio）可能會達到 200% 或 400% 這種不合理的數字。檢視 REITs 股利的標準不是本期淨利，而是被稱為調整後營運現金流（AFFO；Adjusted Funds From Operations）的收入指標。如果要了解 REITs 的股利分配率，需要知道這兩個術語：

- **FFO** = 本期淨利（**Net Income**）

  ＋ 攤銷和折舊（**Depreciation & Amortization Expenses**）

  － 出售不動產的收益（**Gains from Sale of Real Estate**）

  ＋ 出售不動產的損失（**Loss from Sale of Real Estate**）

  ＋ 資產減值減記（**Impairment Write-downs**）

- **AFFO** = FFO － 持 續 性 ／ 維 護 性 資 本 支 出（**Recurring/ Maintenance CapEx**）

  ＝可供分配現金（**FAD/CAD；Funds/Cash Available for Distribution**）

REITs 與一般公司會計最大的區別在於折舊和攤銷（Depreciation & Amortization），如果用一般公司的方式核算以不動產營收模式為主的 REITs 的折舊費用，則營收會被大大地扭曲。不動產是 REITs 的營收基礎，而不動產並不會隨著時間而失去價值，因此將折舊視為費用是沒有意義的。然而，如果穩定產生租金收入，且一段時間後再出售不動產，或許還能從中獲利。

FFO（Funds From Operations）如果照字面翻譯就是「營運資金」，但在 REITs 要解釋為「營運現金流」，這是基於不動產業務的特性，在淨利中排除折舊和資產出售帶來的損益影響，以呈現 REITs 業務實際收入的績效指標，出於會計目的，和折舊費用相加，再扣除資產出售損益等一次性收入，再加上

▶ 不動產 REITs 主要指標

業務營運指標	財務指標	估值指標
· Rent Collection, Rent Roll ：租金收入明細 · Occupancy/Vacancy Rate ：出租率／空屋率 · Tenant Diversification ：租賃族群分散化 · Tenant Quality[Credit Ratings, Rent Coverage (=EBITDAR/Rent)] ：租戶品質 （信用評級、租金覆蓋率） · Lease Maturities ：租賃到期日、剩餘時間 · Development Pipeline ：資產開發（不動產新建開發） · Acquisition/Disposition ：資產購買／開發規模及現狀	· Rental Revenue ：租金收入 · NOI ：營業淨收益 · Operating Expense ：營業支出 · G&A ：一般管理費用 · EBITDA ：息稅折舊攤銷前盈餘 · Interest Expense ：利息支出 · Debt Service Coverage Ratio(DSCR, NOI/Principal Repayment+Interest Expense) ：償債準備比率（NOI/ 貸款本金償還額 + 利息支出） · FFO ：營運現金流 · AFFO ：調整後營運現金流	· P/FFOPS, P/AFFOPS ：FFO 倍數和 AFFO 倍數 · EV/EBITDA ：EBITDA 倍數值 · NAV (Net Asset Value) ：淨值 · Cap Rate (Capitalization Rate) ：淨資產價值和資產回報率（NOI/ 不動產價值）

資產減值等非現金費用，僅計算一般性（Ordinary）和經常性（Recurring）業務活動產生的收入是有意義的。

比 FFO 更保守的、更接近淨利和自由現金流的指標是 AFFO，為 FFO 減去持續性／維護性資本支出（Recurring/Maintenance Capital Expenditures）的數字，是檢視 REITs 非常重要的財務績效指標。

高股利 REITs 的檢視重點

　　與其他類股相比，REITs 的特點是現金流穩定，股利報酬率高，但並非所有 REITs 都擁有這項優勢。即使空屋率增加或與承租人不續約等因素導致營收減少，仍需要現金流以支撐合理的持續資產購買和不動產開發業務，這就要看 AFFO 成長率。REITs 的股利是 AFFO 依照一定股利分配率估算出來的。

　　例如，如果 AFFO 設定每股 1 美元的 REITs，股利分配率為 80%，則本季股利為 80 美分。因此，每次財務報表發表時，必須了解 AFFO 成長率和股利比率是增加、減少還是持平，才能正確地估出 REITs 的股利分配率。

　　無論股利分配率多麼穩定、多麼友好股東，只要發生受到 REITs 現金流減少的狀況，董事會就會果斷縮小股利比率（Dividend Cut）或乾脆停止配發股利（Dividend Suspension）。

　　由於關鍵指標是 AFFO 而不是本期淨利，所以我們要看的是每股 AFFO 而不是 EPS。下圖是 Realty Income（NYSE：O）在 2020 年第 2 季財務報表數據，AFFO 為每股 86 美分。EPR Properties（NYSE：EPR）在 2020 年第 2 季的 AFFO 為每股 44 美分，股利比率為 87%，每股股利是 38.25 美分。REITs 的每股 AFFO（AFFOPS）是最接近一般公司 EPS 概念的指標。

　　同理可證，在分析 REITs 時，看本益比也是沒有任何意義。但可以套用在不動產類股常用的 P/FFO、P/AFFO 作為股價倍數，以分析合理股價。

Dividend Data

	YTD 2020	YTD 2019	Year-over-Year Growth Rate
Common Dividend Paid per Share	$ 1.392	$ 1.350	3.1 %
AFFO per Share (diluted)	$ 1.74	$ 1.63	6.7 %
AFFO Payout Ratio	80.0 %	82.8 %	

Adjusted Funds From Operations (AFFO) (dollars in thousands, except per share amounts)

REALTY INCOME
The Monthly Dividend Company®

The following is a reconciliation of net income available to common stockholders (which we believe is the most comparable GAAP measure) to FFO and AFFO. Also presented is information regarding distributions paid to common stockholders and the weighted average number of common shares used for the basic and diluted AFFO per share computations.

We define AFFO as FFO adjusted for unique revenue and expense items, which the company believes are not as pertinent to the measurement of the company's ongoing operating performance. Most companies in our industry use a similar measurement to AFFO, but they may use the term "CAD" (for Cash Available for Distribution) or "FAD" (for Funds Available for Distribution).

	Three Months Ended June 30,		Six Months Ended June 30,	
	2020	2019	2020	2019
Net income available to common stockholders [1]	$ 107,824	$ 95,194	$ 254,651	$ 206,136
Cumulative adjustments to calculate FFO [2]	180,514	156,295	310,790	291,028
FFO available to common stockholders	288,338	251,489	565,441	497,164
Executive severance charge	—	—	3,463	—
Loss on extinguishment of debt	—	—	9,819	—
Amortization of share-based compensation	4,882	4,527	8,624	7,291
Amortization of deferred financing costs	1,476	1,133	2,836	2,173
Amortization of net mortgage premiums	(356)	(354)	(710)	(708)
Loss on interest rate swaps	1,306	686	1,992	1,364
Straight-line payments from cross-currency swaps	623	799	1,346	799
Leasing costs and commissions	(973)	(707)	(1,111)	(1,030)
Recurring capital expenditures	(21)	(116)	(21)	(172)
Straight-line rent	(8,242)	(116)	(14,024)	(12,092)
Amortization of above and below-market leases, net	6,087	3,627	12,517	7,741
Other adjustments	121	81	2,291	139
AFFO available to common stockholders	$ 295,241	$ 253,935	$ 592,463	$ 502,669
AFFO allocable to dilutive noncontrolling interests	356	368	732	—
Diluted AFFO	$ 295,597	$ 254,303	$ 593,195	$ 502,669
AFFO per common share:				
Basic	$ 0.86	$ 0.82	$ 1.74	$ 1.64
Diluted	$ 0.86	$ 0.82	$ 1.74	$ 1.63
Distributions paid to common stockholders	$ 240,470	$ 208,864	$ 474,294	$ 413,410
AFFO available to common stockholders in excess of distributions paid to common stockholders	$ 54,771	$ 45,071	$ 118,169	$ 89,259
Weighted average number of common shares used for AFFO:				
Basic	343,515,406	311,032,972	340,061,487	307,293,949
Diluted	344,148,378	311,785,281	340,744,384	307,580,127

[1] The three and six months ended June 30, 2020 includes $14.1 million of rent deferred as a result of lease concessions we granted in response to the COVID-19 pandemic and recognized under the practical expedient provided by the FASB and $46.1 million of uncollected rent from the second quarter for which we have not granted a lease concession. As of June 30, 2020, collection of the $60.2 million of unpaid rent is probable. Deferrals accounted for as modifications totaling $161,000 for the three and six months ended June 30, 2020 have not been added back to AFFO. See page 28 for accounting treatment of COVID-19 rent deferrals.

[2] See reconciling items for FFO presented under "Funds from Operations (FFO)."

Q2 2020 Supplemental Operating & Financial Data

Realty Incomm 2020 年第 2 季財報,用 AFFO 估算股利。(資料來源:Supplemental Operating and Financial Data, O, 2020.06.30)

ADJUSTED FUNDS FROM OPERATIONS
(UNAUDITED, DOLLARS IN THOUSANDS EXCEPT PER SHARE INFORMATION)

ADJUSTED FUNDS FROM OPERATIONS ("AFFO") (1):	2ND QUARTER 2020	1ST QUARTER 2020	4TH QUARTER 2019	3RD QUARTER 2019	2ND QUARTER 2019	1ST QUARTER 2019
FFO available to common shareholders of EPR Properties	$ 13,010	$ 74,772	$ 93,047	$ 59,082	$ 93,438	$ 93,056
Adjustments:						
Costs associated with loan refinancing or payoff	820	—	43	38,407	—	—
Transaction costs	771	1,075	5,784	5,959	6,923	5,123
Impairment of operating lease right-of-use assets (2)	15,009	—	—	—	—	—
Credit loss expense	3,484	1,192	—	—	—	—
Severance expense	—	—	423	1,521	—	420
Termination fees included in gain on sale	—	—	1,217	11,324	6,533	5,001
Deferred income tax benefit	(1,676)	(1,113)	(847)	(984)	(1,875)	(609)
Non-real estate depreciation and amortization	299	285	288	271	257	229
Deferred financing fees amortization	1,851	1,634	1,621	1,552	1,517	1,502
Share-based compensation expense to management and trustees	3,463	3,509	3,349	3,372	3,283	3,177
Amortization of above/below market leases, net and tenant allowances	(108)	(152)	(119)	(107)	(58)	(59)
Maintenance capital expenditures (3)	(1,291)	(928)	(2,276)	(2,370)	(510)	(297)
Straight-lined rental revenue	(2,229)	9,708	(3,516)	(4,399)	(3,223)	(2,414)
Straight-lined ground sublease expense	207	176	237	256	205	184
Non-cash portion of mortgage and other financing income	(91)	(91)	(91)	(237)	(1,069)	(1,014)
AFFO available to common shareholders of EPR Properties	$ 33,313	$ 90,067	$ 99,160	$ 113,647	$ 105,621	$ 104,299
AFFO available to common shareholders of EPR Properties	$ 33,313	$ 90,067	$ 99,160	$ 113,647	$ 105,621	$ 104,299
Add: Preferred dividends for Series C preferred shares	—	1,939	1,937	1,939	1,939	1,939
Add: Preferred dividends for Series E preferred shares	—	1,939	1,939	1,939	1,939	1,939
Diluted AFFO available to common shareholders of EPR Properties	$ 33,313	$ 93,945	$ 103,036	$ 117,525	$ 109,499	$ 108,177
Weighted average diluted shares outstanding (in thousands)	76,310	78,476	78,485	77,664	76,199	74,725
Effect of dilutive Series C preferred shares	—	2,232	2,184	2,170	2,158	2,145
Effect of dilutive Series E preferred shares	—	1,664	1,640	1,634	1,628	1,622
Adjusted weighted-average shares outstanding-diluted	76,310	82,372	82,309	81,468	79,985	78,492
AFFO per diluted common share	$ 0.44	$ 1.14	$ 1.25	$ 1.44	$ 1.37	$ 1.38
Dividends declared per common share	$ 0.3825	$ 1.1325	$ 1.1250	$ 1.1250	$ 1.1250	$ 1.1250
AFFO payout ratio (4)	87%	99%	90%	78%	82%	82%

(1) See pages 22 through 24 for definitions.
(2) Impairment charges recognized during the three months ended June 30, 2020 totaled $51.3 million, which was comprised of $36.3 million of impairments of real estate investments and $15.0 million of impairments of operating lease right-of-use assets.
(3) Includes maintenance capital expenditures and certain second generation tenant improvements and leasing commissions.
(4) AFFO payout ratio is calculated by dividing dividends declared per common share by AFFO per diluted common share. The monthly cash dividend to common shareholders was suspended following the common share dividend paid on May 15, 2020 to shareholders of record as of April 30, 2020.
Amounts above include the impact of discontinued operations, which are separately classified in the consolidated statements of (loss) income.

EPR Properties 季報揭露之 AFFO、股利、股利分配率等數據。(資料來源:Supplemental Operating and Financial Data, EPR, 2020.06.30)

適用不動產類股的績效指標

由於不動產類股的績效指標跟一般公司不同，因此需要研究其他指標，前面已說明過 FFO、AFFO，接下來要聊聊營業淨收益（NOI；Net Operating Income）指標。NOI 是不動產營運績效的指標，指的是從租金總收入中扣除不動產相關費用後得到的數字，在檢視 REITs 的營運績效時，必須看除了 FFO 和 AFFO 成長率外，還要看 NOI 成長率和 NOI 利潤率的變化。

NOI 除以資產回報率（Capitalization Rate）就是 REITs 的不動產總價值（Gross Real Estate Value），再減去負債就是淨資產價值。淨資產價值是評估擁有及營運實體資產（如不動產）公司（如同 REITs）的企業價值指標，因此也要了解一下。

租金收入幾乎是 REITs 的唯一收入來源，這取決於承租戶持續支付每月租金的財務能力，美國 REITs 的財務報表會揭露承租戶的詳細資料，因此可以用定量和定性的方式評估租戶品質（Tenant Quality）。評估的標準有很多種，但其中最關鍵的是檢視承租人的財務能力和信用評級。

REITs 會揭露主要承租戶的租金覆蓋率（Rent Coverage）指標，將 EBITDA 加上租金就是 EBITDAR，可以反映出承租戶的現金流量，而 EBITDAR 再除以年租金的倍數就是租金覆蓋率，這表示承租戶手上的現金可以支付多少年的租金。有些小型或上市不久的 REITs 可能沒有揭露承租戶的財務能力資訊，因此在投資這些 REITs 時要特別小心。

另外，也可以確認承租戶的信用評級，一般投資等級
（Investment Grade）在 BBB 以上會比較穩定，投資等級在
BBB 以上的公司，表示是具有良好經營現金流和財務槓桿的公
司（承租戶），如果 REITs 的承租戶中大部分都是這種業者，
就是及格的投資標的。

每個 REITs 的揭露範圍不同，有些 REITs 可能不會揭露，
所以需要仔細確認。如果沒有確認承租戶的信用評級和財務狀
況，就直接買進 REITs，就如同在賭桌不看手中的牌就直接下
注了。

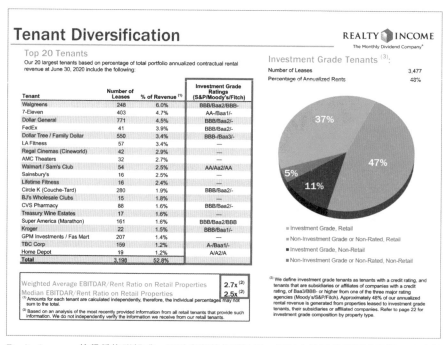

Realty Incomm 的租賃族群組成，可看出租賃族群比重一半以上的承租戶信用評級和財務狀
況。（資料來源：公司公開資料，IR）

Percentages of Contractual Rent Collected by Month as of July 31, 2020

	Month Ended April 30, 2020	Month Ended May 31, 2020	Month Ended June 30, 2020	Quarter Ended June 30, 2020	Month Ended July 31, 2020
Contractual rent collected[1] across total portfolio	88.4%	84.9%	86.1%	86.5%	91.5%
Contractual rent collected[1] from top 20 tenants[2]	83.0%	82.1%	82.5%	82.5%	90.7%
Contractual rent collected[1] from investment grade tenants[3]	100.0%	98.4%	98.9%	99.1%	100.0%

Realty Income 2020 年第 2 季排名前 20 位的承租戶，其中已收取 82.5% 的租金，剩餘的 17.5% 的租金處於租金遲繳（Rent Deferral）狀態。（資料來源：Supplemental Operating and Financial Data, O, 2020.06.30）

此外，需要檢視的是承租戶的租賃族群分散化（Tenant Diversification）程度，分析租賃族群比重是否過於集中。如果比重過於集中於特定產業或集中於一兩家公司，則當承租戶營運出現問題時，則 REITs 的營收也可能跟著出問題。

如左圖中，觀察 Realty Income 的租賃族群分散化程度，可以發現 Realty Income 的承租戶與其他 REITs 公司相比，有著較為穩定的財務狀況和信用評級。占租金收入 48% 以上的承租戶，信用評級為投資級，而占租金收入 52.8% 的承租戶，則平均租金覆蓋率達 2.7 倍，也是不低。

另外，租賃族群以便利商店、藥局、大型量販店和郵局等與景氣無關的必需消費品公司為主，這是另一個優點，因為他們不太可能因為財務惡化而付不起房租。

但在主要承租戶名單中，也包含了如健身房和電影院等在後疫情時代被迫停業、對經濟敏感的公司，因此在發布季財務報表時，就要密切注意經營團隊如何收取這些公司的租金，若收不到該如何協商。順帶一提，像這些會影響投資報酬的承租

人動向，REITs 公司可能會另外公告。

Q&A

Q **REITs 公司有典型的分類嗎？**

A 租賃（Lease）大致上可分為毛租賃（Gross Lease）和淨租賃（Net Lease）。毛租賃是指承租戶只需負擔租金，其餘建築物維修、維護和管理費用、不動產持有稅和保險等費用均由建築物所有者負擔。

而淨租賃則是承租戶要負擔上述相關費用。對建築物所有者來說，扣除這三種費用（維護管理費、持有稅、保險費）的（淨）租賃方式，也被稱為 TNL（Triple Net Lease）。美國商業不動產普遍採用 TNL 方式，上市的 REITs 也大多屬於此種方式。

在美國股市上市的 REITs（Public REITs）通常是按照不動產資產所屬的產業進行分類，其中有一種 REITs 被稱為 Triple Net Lease REITs，在美國，大部分的 REITs 都是屬於 Net Lease REITs，其中 TNL REITs 不會被歸類如住宅公寓、飯店、賭場和醫療保健院所等特定產業，因為 TNL REITs 會出租給各種產業的公司，而這也是歷史最悠久的 REITs 類型。

在美國股市上市的代表性 TNL REITs 有 Realty Incomm、National Retail Properties（NYSE：NNN）、Spirit Realty Capital（NYSE：SRC）、Vereit（NYSE：VER）、W.P. Carey（NYSE：WPC）、EPR Propertis（NYSE：EPR）、Global Net Lease（NYSE：GNL）等，主要承租戶包含大型超商、便利商店、藥局和電影院。

Q **投資 REITs 時，所得稅計算會有什麼不同？**

A 如前所述，普通股股利要繳納資本利得稅，但 REITs 股利屬於一般收入（Ordinary Income），僅需繳納符合本人收入級距的所得

稅。但根據 REITs 股利的性質，有時會被分類為資本利得（Capital Gains），因為這是 REITs 出售不動產資產後獲得的現金分紅。

但如果作為 REITs 股東，因為投資而獲得的股利為資本返還（Return of Capital），就不是課稅對象。不過，因為配息之後會降低持有 REITs 部位的原始成本（Cost Basis），因此在出售部位時會增加出售價格對持有成本的價差，這價差就要課稅。

例如，在 REITs 投資了 50 美元，而 REITs 在當年支付了 1 美元作為資本返還，就不會繳納任何稅款，則持有單價會降至 49 美元。如果一年後以 54 美元的價格賣出，將獲得 5 美元的資本利得（=54-49 美元），就需要繳納 0.75 美元（=5 美元 ×15%）的稅。因此，投資 REITs 的課稅會比一般公司股票的課稅還要複雜。

CHAPTER 4

美國個股的
特殊狀況

我買的股票
要進行併購了嗎？

併購和股價的關係

產業龍頭股價暴跌的原因

　　有一間公司擁有產業龍頭的奢侈品牌，並在美國市場保持了幾十年的領先地位，在全球市場的地位也很穩固，且正在投資與開拓中國市場。目前現金流穩定，營業利益率也一直保持在 20% 以上，負債率也很低。

　　估計未來 4 年內，營業利益年成長率可達 8%，自由現金流量年成長率更可達到 10% 左右。為了提振有點低迷的營收成長率，經營團隊正在制定進入新市場和新商品的策略。

　　但由於與公司本身無關的外界利空消息，導致該公司股價下跌了一半。那你該如何看待這家公司的股票呢？營收模式穩

健、營收可望保持成長、財務狀況良好，如果以明顯低於企業價值的價格買進股票又會如何呢？

此時這間公司就會是具有相當魅力的併購目標；如果其還具有極高的商業潛力，那很有可能已經被許多策略投資者列為併購對象。這間公司就是美國知名珠寶公司 Tiffany（NYSE：TIF）。

美國的併購市場一直很活躍。

在長時間的牛市之下，S&P500 指數的公司每年都會刷新營業利益和現金水位的歷史紀錄，以至於許多公司以高自由現金流和高本益比自誇。這些公司為了追求中長期的成長機會，積極找尋併購機會，帶動併購交易熱絡，而市場也對此表示肯定。只要併購消息出現，即使併購的成功機率不大，股價也可能快速飆漲。

併購公司者，可能是策略投資或同產業的公司，也可能是私募股權基金或對沖基金等投資機構。如果是後者，被併購的公司則被市場稱為買斷（Buyout）目標。

併購公司主要會檢視被併購公司的成長潛力、經營效率、槓桿率、現金流量等基本經營和財務狀況，並估算併購價值，以及併購後所帶來之可能綜效。若可帶來明顯綜效且已制定併購案必要的融資計畫時，就會出手併購。

併購價格基本上是以被併購公司的當前股價，再加上一定程度的溢價。雖然每個併購案的溢價都不同，在美國一般是溢價 15% 到 30%，而且還要依據內部估算的價值及被市場低估的

程度，以及其他與併購相關的考慮因素，也可能會出現更高的溢價。

　　散戶要知道的是，散戶和基於策略性目標及財務性目的進行併購的公司的投資角度，並沒有太大的不同。也就是說，可以從公開市場充分獲得被併購公司的投資評估資訊，而答案也

▶ 併購案發表前，**Tiffany** 的營收表現和現金流之未來預估值

（單位：百萬美元）

	2016	2017	2018	2019E	2020E	2021E	2022E	2023E	4年 CAGR
Sales	$4,492	$4,488	$5,880	$6,056	$6,299	$6,563	$6,852	$7,167	4.3%
EBITDA	$987	$1,025	$1,252	$1,242	$1,361	$1,444	$1,535	$1,634	7.1%
(-)Depreciation	($205)	($205)	($233)	($239)	($252)	($265)	($278)	($293)	
(-)Amortization	($6)	($7)	($27)	($22)	($20)	($19)	($17)	($16)	
EBIT	$777	$813	$992	$981	$1,088	$1,161	$1,240	$1,326	7.8%
% EBIT margin	17%	18%	17%	16%	17%	18%	18%	18%	
(-)Taxes	($166)	($174)	($212)	($210)	($233)	($248)	($265)	($284)	
NOPAT	$610	$639	$780	$771	$855	$912	$975	$1,042	
+Depreciation				$239	$252	$265	$278	$293	
+Amortization				$22	$20	$19	$17	$16	
(-)Capital Expenditures				($313)	($302)	($308)	($315)	($323)	
(-)Increases in Working Capital				($33)	($28)	($29)	($31)	($34)	
Free Cash Flow				$686	$798	$858	$923	$994	9.7%
% FCF growth rate					16.3%	7.6%	7.5%	7.7%	

Depreciation：折舊 |Amortization：無形資產攤銷 |EBIT：息稅前盈餘 |NOPAT：稅後營業淨利 |Capital Expenditures：資本支出 |Increases in Working Capital：營運資金增加

在公司的公開揭露資料中。

　　這裡有一點需要注意，美國的併購案很活躍，經常可以看到併購交易的消息，不過由於政府規定或市場變化而失敗的併購案也很常見。如果是現有股東，或在併購消息發表後立即買進，則可利用併購交易成功前的差價獲利，但如果併購交易取消，股價則可能會跌至比併購交易消息出來之前更低的價格。由於併購交易存在不確定性（Uncertainty Risk），因此若要投資併購題材個股，就要更認真了解公開資料和市場狀況。

Louis Vuitton 併購奢侈品業務

　　此處以自 2019 年發表併購消息至今還沒有成功的路易威登 Louis Vuitton（LVMH，OTCMKTS：LVMUY）和 Tiffany 併購案為例，解說併購交易雙方股價的可能變化。

　　如果併購公司和被併購公司都是上市公司（Public-to-Public Deal），那麼觀察雙方公司的股價倍數差距，也是判斷交易成功可能性的方法之一，這裡提到的差異，指的是企業價值差距（Valuation Gap）。從圖表中可看併購公司和被併購公司的股價倍數差距，在發表併購消息時，Tiffany 在併購公司眼中，是一間有吸引力的併購目標。如圖表所示，過去 5 年 Louis Vuitton 和 Tiffany 沒有顯著差距，但從去年開始差距就逐漸拉大，這意味著併購公司能用較便宜的價格併購對方。

▶ 併購公司（**LVMH**）與被併購公司（**TIF**）間的估值差距，自併購案發
　表時逐漸拉大

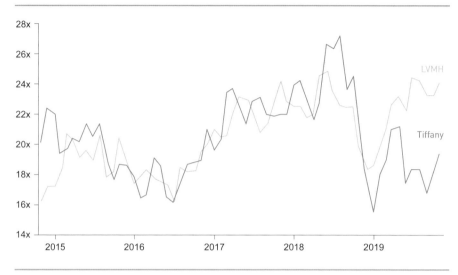

（資料來源：FactSet）

▶ **Tiffany** 併購案前後之股價走勢

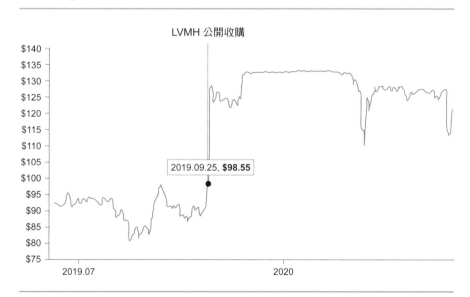

2019 年全球奢侈品牌界的熱門話題，就是 Louis Vuitton 對 Tiffany 的併購案，歐洲奢侈品巨頭 Louis Vuitton 宣布，經過多輪談判，將併購美國珠寶品牌 Tiffany，這筆大型交易也預告著奢侈品產業版圖將重新洗牌。Louis Vuitton 起初的併購報價為每股 120 美元，但這價格太低了，Tiffany 的經營團隊拒絕了這項提議。

Louis Vuitton 期待全球珠寶事業能成為公司的新成長動能，經過多次協商，最終以每股 135 美元的價格達成併購協議。當時 Tiffany 的股價在 90 ～ 100 美元之間，Louis Vuitton 相當於以 35% 的溢價併購。Louis Vuitton 已擁有名牌包、時尚、美容和零售等所有奢侈品部門，現在要以 162 億美元的價格併購唯一缺少的珠寶事業。

賣掉被併購公司的股票的時間

現在從被併購公司的 Tiffany 股東角度來思考。雖然公司的基本面沒有問題，但由於美中貿易衝突而使中國市場經營不利，以至於 Tiffany 營收成長有限，股價也低迷不振。不過，現在有一家比 Tiffany 規模大 10 倍以上的世界級品牌公司，要以溢價 22% 的價格併購它。經營團隊起初以併購價格太低為由拒絕，最終獲得了 35% 以上的併購溢價。到目前為止，看起來是一件好事。

但重點在於現在應該做出什麼判斷？首先，宣布併購的消息一出，Tiffany 的股價就上漲到了併購價格 135 美元。當第一次傳出併購消息時，股票就飆到 120 美元以上，市場上似乎一直預期會有更高的併購價格，或是出現其他潛在併購者競價併購。也有可能是對沖基金等機構投資者，買進併購公司和被併購公司兩邊的股票準備套利，因而推高了股價。

搜尋關鍵字
Transaction Description、
Transaction Overview、
Deal Consideration、
Closing

那麼在 Louis Vuitton 確定併購價格定為每股 135 美元之後，應該要注意什麼來決定賣股票的時機點呢？如果最後交易不成，股價會怎樣？如果順利完成交易，股價又會如何？所有的答案都在公司公開揭露資料中。

併購交易案的發表主要是由併購公司公告併購案相關資料，這是一份可輕易在併購公司的 IR 網站找到的併購簡報，通常在要公開併購交易案的當天凌晨，就會發表相關資料。以 Louis Vuitton 為例，在第二次併購談判結束後，Louis Vuitton 就在 11 月 25 日發表併購案資料。

此時對於普通散戶，特別是持有被併購公司 Tiffany 股票的散戶來說，有幾個重要資訊，分別是併購價格（Acquisition Price）、交易款的支付形式（Deal Consideration），以及併購成功的條件。正如公開資料所示，併購價格是每股 135 美元，以 100% 現金併購（All-cash Deal）。

如果併購案順利完成，Tiffany 股東將可依據併購價格，獲

TRANSACTION DESCRIPTION
AT A GLANCE

| **LVMH** reaches an **agreement** for the **acquisition** of **Tiffany & Co.** (NYSE: TIF)

| LVMH and the Board of Tiffany agreed on a price of **$135 per share in cash to acquire all outstanding shares of Tiffany & Co.**

- **Equity value** of $16.2 billion (i.e. c. €14.7 billion)
- **Total Enterprise value** of c. $16.9 billion (16.6x 2018A EBITDA *as of January 31, 2019*)

| Transaction subject to the approval of Tiffany's shareholders and the clearance by the relevant regulatory authorities

| **Closing of the transaction expected after anti-trust clearances**

LVMH

NEXT STEPS

Transaction **subject to** approval of Tiffany & Co. shareholders and customary regulatory approvals

➢ Preliminary **proxy statement** to be filed and reviewed by SEC (approx. 3 weeks)

➢ **Tiffany Shareholders' meeting** to vote on transaction (est. 2 to 3 months)

➢ **Regulatory approvals** including anti-trust

Closing expected following anti-trust clearances (est. mid 2020)

Louis Vuitton 對 Tiffany 的併購規模和過程之併購案相關公開資料。（資料來源：LVMH Reaches Agreement with Tiffany & Co., LVMH, 2019.11.25）

Termination Fee

A termination fee equal to $575,000,000 (the "termination fee") would be payable by us in the event that the merger agreement is terminated in accordance with its terms:

- (i) by either the Company or Parent, pursuant to the termination date trigger or the requisite vote trigger, or (ii) by Parent pursuant to the company conditions trigger and, in each case (i) and (ii):

  - any person has made an acquisition proposal to the Company or its stockholders (whether or not conditional or not withdrawn) or publicly announced an intention (whether or not conditional and whether or not withdrawn) to make an acquisition proposal with respect to the Company's or any of its subsidiaries; and

  - within twelve (12) months after such termination, the Company enters into any alternative acquisition agreement with respect to any acquisition proposal (with 50% being substituted in lieu of 15% in each instance thereof in the definition of "acquisition proposal"), then immediately prior to or concurrently with the occurrence of such entry into an alternative acquisition agreement; or

- by Parent, pursuant to the change of recommendation trigger or no shop trigger, then promptly, but in no event later than two (2) business days after the date of such termination; or

- by the Company pursuant to the superior proposal trigger, then simultaneously with, and as a condition to, the effectiveness of any such termination.

根據 Tiffany 公告的 DEFM-14A 報告，若 Louis Vuitton 放棄併購而無法完成交易時，需向 Tiffany 支付 5 億 7,500 萬美元的違約手續費。（資料來源：DEFM-14A, TIF, 2020.01.06）

得現金股利分紅並賣出股票。如果交易款的支付方式包含股票轉讓，則 Tiffany 股東可以根據股票交換比例（現金和股票比例，根據併購公司的資金籌措情況，有 50：50、70：30 等多種比例）獲得 Louis Vuitton 的部分股票，但此次為全額現金併購，所以情況更為單純。

根據規定，若要完成併購案，就必須提交併購委託書（Merger Proxy Statement）、獲得 SEC 核可、被併購公司 Tiffany 股東大會的同意、監管機構批准豁免適用各種反壟斷法（Anti-Trust）。且如併購案最終無法成功，則併購公司就要支付違約手續費（Termination Fee；Break-up Fee）予被併購公司，這也是讓股東能從併購案中獲利的資訊，因此最好也了解一下。這些內容可以在幾天後公告的初步委託書（Preliminary Proxy）或最終版本的 DEFM-14A 報告（Definitive Proxy）中找到。

搜尋關鍵字
Closing Conditions、
Conditions to the
Merger、Termination
Fee、Break-up Fee

如果市場忽然發生變化？

為什麼需要這個資訊呢？為什麼併購公司股東、關注併購案的市場參與者和投資者知道這個資訊很重要呢？為了找到答案，我們先不看前 3 個月的發展，而是從 2019 年末快轉到 2020 年 3 月。Tiffany 的股價在這 3 個月裡一直保持著 135 美元

的併購價,但在 3 月中旬暴跌了 20% 以上,這是因為突如其來的新冠肺炎,導致了美國股市崩盤。

因為市場認為經濟可能會長期蕭條,而奢侈品牌 Tiffany 也會受到不小的打擊。不過由於市場迅速反彈,再加上也不少人相信 Louis Vuitton 會成功併購 Tiffany,因此 Tiffany 股價也快速回漲不少。但在 6 月發表季度營收跌幅超過 43% 之後,Tiffany 股價又再次暴跌。在股價跌破 100 美元時,投資者首先該想的是什麼?

由於無法預測總體經濟和股市,投資者首先該考慮的是 Louis Vuitton 的併購案是否還會持續進行。站在併購公司 Louis

▶ 從 **Tiffany** 股票的併購價差(**Merger Spread**)來看併購案風險

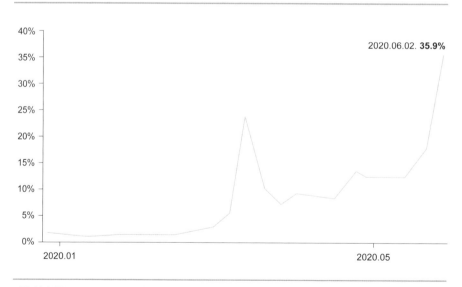

(資料來源:Northstar Risk)

Vuitton 的立場去思考，此時併購公司有
兩種選擇：繼續交易或是取消交易。做出
選擇就要估算各個選擇的損益。如果在經
濟長期蕭條、消費不振，奢侈品市場大幅
萎縮的情況下還持續進行併購案的話，那
之前提出的併購價格就太高了，不一定有
足夠的綜效以回收併購成本。就算可以回
收，回收期也一定會被拉長，投資報酬率
也會非常低。

Merger Spread
併購價差
在完成併購案前，被併購
公司所提出之每股併購價
格與當前市場交易價格的
差距。若為合併，是指併
購案雙方公司之間協商的
股票交換比例與當前市場
價格為基礎之股票交換比
例，上述兩者之價差。

　　在全球經濟和市場一夜之間就改變的情況之下，如果繼續
併購案，代價就會非常大。在這種情況下，可以和 Tiffany 重新
協商併購條件、調降併購價格，也可以因為 Tiffany 的股價大幅
下跌就乾脆在公開市場，以比以前低 20% 的價格併購股票。這
樣的話，Tiffany 的投資人就只能認了。

併購案公開揭露資料的重要性

　　有一種方法可以判斷上述情況發生的可能性。先來看看
Louis Vuitton 先前發表的併購契約的條款和條件，併購契約中
記載，如果交易破局，Louis Vuitton 將支付 Tiffany 6 億美元的
手續費。然後，從 Louis Vuitton 的角度思考，與其取消交易並
支付 6 億美元，在新冠疫情影響之下，完成併購後的長期成長

率及併購效益是否會更有利。此外，在已發表的併購契約中，沒有任何條款規定大流行病（Pandemic）或美中貿易衝突等外部因素可以成為不履行併購契約的理由，因此這也無法成為重新協商的理由。但併購契約記載，如果被併購公司因經營問題無法履行負債契約（Debt Covenants），就可以重新開啟協商。

對此，Tiffany 迅速採取了應對措施，在與債權人協商之後，獲得債權人同意放寬債務合約的條件，避免在第 1 季營收大幅下滑和財務惡化的狀況下，讓併購案出現問題。

也就是說，與被併購公司相比，併購公司的談判優勢就降低許多。最後 Louis Vuitton 公開表示，即使 Tiffany 營收下滑和股價下跌，也將繼續進行併購交易，不會以市場價格在公開市場併購 Tiffany 股票，而後 Tiffany 的股票就再次回漲了。

本以為併購會這樣順利完成，但很快又出現了新變數。Louis Vuitton 突然表示收到法國政府的來信（letter），單方面通知 Tiffany，取消併購交易，或是延長併購期限。Louis Vuitton 單方面表示，法國政府在信函指示 Louis Vuitton 將 Tiffany 併購案延後至 2021 年 1 月（這是否為政府的「指示」還存在著爭議）。

Tiffany 仍要求按照併購合約在 11 月之前完成併購，並立即提起訴訟，併購合併協議（Merger Agreement）有下列條款，提供參考：

The consummation of the Merger is subject to various

conditions, including, among others, customary conditions relating to ···(iv) the absence of a law or order in effect that enjoins, prevents or otherwise prohibits the consummation of the Merger or any other transactions contemplated under the Merger Agreement issued by a governmental entity.

　　從協議內文可以看到本次併購案的成功條件，包括了「如果政府機構不實施法律制裁」。不過，由於被揭露的法國政府信件內容，應該是「建議」而非強制取消交易，業內認為 Louis Vuitton 無法以此種理由來取消交易。這起案件就只剩各國反壟斷法管制當局的許可了，Tiffany 提的訴訟案已然不是問題。

　　根據 2020 年 10 月底，Louis Vuitton 在 IR 網站發表的資料，表示兩家公司已達成併購協議（Settlement），將併購價格從每股 135 美元調整至 131.5 美元，並在 2021 年初完成併購。因此在 2020 年 11 月，Tiffany 的股價也接近併購價的 131 美元。

　　所以就算發表了併購消息，任何併購案都無法保證能 100% 成功，因為股市隨時都存在不確定性。關鍵在於，如能正確掌握被併購公司的公開資料，至少可以在股價暫時下跌時，做出買進、賣出或續抱的合理判斷。

　　在充滿變數的股市中，可以讓散戶掌握股價波動的因素，並採取先發制人應對措施的最有效方法，都在公司的公開揭露資料中。

Q **美股沒有奢侈品企業，想要投資該怎麼做？**

A 大多數的奢侈品上市公司都是在歐洲股市上市，而非美國股市。想投資這些奢侈品品牌的股票，主要有兩種方法。可以買進包含 LVMH、愛馬仕等奢侈品類股的 ETF 做間接投資；若想再直接一點的話，則可以買進在美國 OTC 上交易的 LVMH 股票。在美國還有一個方法，那就是透過證券經紀商進行 ADR，投資海外股市的股票。

Q **S&P500 內的企業被收購清算後會如何？**

A LVMH 對 Tiffany & Co.（後稱 Tiffany）併購案在 2021 年 1 月 7 日成立，原為 S&P500 企業的 Tiffany 被收購後，其交易代號隨著上市公司的清算過程而消失。隨後原先被歸類在 S&P MidCap 400 的 Enphase Energy（NASDAQ：ENPH）取代了 Tiffany 的位置，晉升為 S&P500 企業。像這樣，若因未達標準或股票因併購而消滅，導致退出 S&P500 指數成員的話，便會由其他企業取而代之。

帶著夢想
到美國 IPO

投資首次公開發行股票的方法

就算不景氣，美國 IPO 市場依舊熱絡

代表全球股市的美國股市，隨著股市的復甦，IPO 市場也大幅成長。特別是科技類股，股價在 IPO 上市後就快速上漲，也占了代表美國市場的 S&P500 指數的最大比重。

尤其是近年來，科技創業公司經歷估值熱潮，僅 2019 年就有 Pinterest（NYSE：PINS）、Uber（NYSE: UBER）、Lyft（NASDAQ：LYFT）等科技公司上市，備受市場關注。但大多數科技類股在 IPO 以後股價隨即下跌，引發了科技類股估值泡沫的問題。

美國 IPO 市場對美國整體經濟和股市較為敏感，感興趣的

投資者應密切關注整體市場情況。例如，2020 年上半年美國國內新冠肺炎疫情全面爆發，股市波動極大，原先計劃 IPO 的公司乾脆撤回上市或無限期推遲上市。

後來隨著股市迅速反彈並達到疫情前的高點，IPO 市場再次恢復了生機。因此，不僅是先前打算推遲上市的美國公司，連中國公司也開始在美股上市。中國的線上不動產仲介公司 KE Holdings Inc（NYSE：BEKE）、電動車公司 XPeng Inc（NYSE：XPEV）、線上資產管理公司 Lufax Holding（NYSE：LU）等都在紐約證券交易所完成 IPO 上市。

這意味著，即使在美中衝突惡化的情況下，在世界上最大、流動性最高的美國市場公開募資，仍具有相當大的吸引力。實際上，KE Holdings Inc 上市首日股價就暴漲 87% 以上，IPO 資金熱潮以及如同排隊買樂透中獎的股價飆漲，與景氣低迷形成強烈對比，也使美國散戶對 IPO 股票的關注度大幅上升。

公開 IPO 日程的網站

對於有興趣投資美國 IPO 股票的投資者來說，有幾個代表性的網站。首先，我們來看納斯達克交易所的 IPO Calendar，這裡按日期列出了預定上市的 IPO 日期、上市的交易所資訊、股價、IPO 規模、交易量等資訊。並且可以按照月分、日期分類搜尋，可以簡單又快速找到所需資訊。

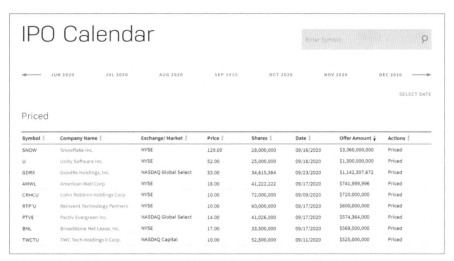

Symbol	Company Name	Exchange/ Market	Price	Shares	Date	Offer Amount	Actions
SNOW	Snowflake Inc.	NYSE	120.00	28,000,000	09/16/2020	$3,360,000,000	Priced
U	Unity Software Inc.	NYSE	52.00	25,000,000	09/18/2020	$1,300,000,000	Priced
GDRX	GoodRx Holdings, Inc.	NASDAQ Global Select	33.00	34,615,384	09/23/2020	$1,142,307,672	Priced
AMWL	American Well Corp	NYSE	18.00	41,222,222	09/17/2020	$741,999,996	Priced
CRHCU	Cohn Robbins Holdings Corp.	NYSE	10.00	72,000,000	09/09/2020	$720,000,000	Priced
RTP'U	Reinvent Technology Partners	NYSE	10.00	60,000,000	09/17/2020	$600,000,000	Priced
PTVE	Pactiv Evergreen Inc.	NASDAQ Global Select	14.00	41,026,000	09/17/2020	$574,364,000	Priced
BNL	Broadstone Net Lease, Inc.	NYSE	17.00	33,500,000	09/17/2020	$569,500,000	Priced
TWCTU	TWC Tech Holdings II Corp.	NASDAQ Capital	10.00	52,500,000	09/11/2020	$525,000,000	Priced

納斯達克交易所的 IPO Calendar，可檢視即將上市的公司清單。（資料來源：NASDAQ, 2020.09.30）

　　而 IPO 股票相關資訊最豐富且分類完善的是紐約證券交易所的 IPO Center（NYSE IPO Center），其不僅按照日期列出 IPO 公司，還分為紐約證券交易所受理新上市的公司（Filed Deals）、已取消 IPO 流程的公司（Withdrawn Deals）、已收到 IPO 變更的公司（Amended Deals）。

　　點擊「最新 IPO 公司」（Recent IPOs）就可以依照日期和產業別，找出最近在紐約證券交易所、納斯達克交易所等美國證券市場上市的公司，此處還列出 Book Runners 之承銷 IPO 的投資銀行資訊、IPO 規模、上市價格、目前市場價格對比變化等。另外，還可以查看最近 30 天、90 天和 180 天的前 10 大 IPO 公司資訊。

　　點擊 IPO 統計（IPO Pricing Stats），可以看到 8 個產業的

IPO 股票資訊最豐富、整理最完善的紐約證券交易所 IPO Center。

US IPO PERFORMANCE - TTM							
Total			Pricing Range			% Change	
SECTOR	PROCEEDS ($MM)	NUM OF DEALS	ABOVE% WITHIN% BELOW%			OFFER / 1 DAY	OFFER / 1 MO
Non-Durable Household Products	$1,410,383,000	1	100			9.8	11
REIT	$1,186,800,000	4	75	25		-1.6	-1.5
Consumer Goods	$6,160,190,595	7	43	43	14	28.1	23.8
Consumer Services	$2,109,197,316	6	17	67	16	19	28.2
Financials	$18,407,387,208	25	28	52	20	11.4	20.1
Healthcare	$19,226,523,678	79	28	67	5	32	35.8
Industrials	$2,700,043,600	6	17	50	33	-3.8	4.9
Technology	$17,916,419,761.01	39	49	46	5	27.8	28

顯示過去 12 個月內各產業 IPO 現狀的 IPO 統計頁面。（資料來源：NYSE, 2020.09.30）

IPO 現狀（以過去 12 個月為基準），並且也列出各產業的 IPO 交易數、市場價格與 IPO 價格的價差，以及 IPO 後第 1 日和第 30 日的股價變化率。

散戶也能買 IPO 股嗎？

從結果來說是可以的，只是條件非常苛刻，並且從費用面來看，對散戶而言不會是個好的投資標的。要了解這一點，就必須先了解美國的 IPO 流程。

美國非上市公司有兩種上市方式，分別是 IPO（Initial Public Offering）和直接上市（DL；Direct Listing）。一般所說的「股票上市」多指 IPO，IPO 的主要目的是透過發行股票從外部募集資金。這是以企業價值為基礎，在股市上市的同時，透過發行新股，向外部投資者募集資金。

想要 IPO 上市，就必須有一家主管 IPO 的投資銀行，也就是 IPO 的承銷商。這些投資銀行會將承銷的 IPO 股票，優先分配給機構投資者。換句話說，對沖基金、私募股權基金、退休基金和其他大型機構投資者可以透過 IPO 承銷商，以較 IPO 發行價格更低的價格，買進 IPO 股票。事實上，具有高估值及成長性的 IPO 股票，在這階段時機構投資者就會把所有公開發行股票都買完了。

如果分配給機構投資者之後還有剩，就會將其移交給投資

銀行私人銀行（個人資產管理證券服務）部門。此時，私人銀行 PB 就會向自己管理的高額資產家（HNI；High Net Worth Individuals）提供買進 IPO 股票的機會。HNI 的標準雖然會因經紀人而有所不同，但至少要持有 50 萬美元以上的現金資產，淨資產在 100 萬美元以上，且在過去幾年，一直是主要交易銀行的 VIP 客戶。

但即使有足夠的資產可以進入 HNI 名單、也有買進 IPO 股票的資格，但 IPO 股票也有最低門檻（至少數十萬美元以上），因此即使是非常期待的 IPO 股，也要好好思考是否要投資。如果是真正優秀的 IPO 股，那我們的討論可以到此結束。因為對散戶來說，可能連最低門檻都有沒機會達成。

儘管如此，如果想要購買公開上市前的 Pre-IPO 股票，其實還有一種方法，那就是購買在二級市場（Secondary Market；Secondaries）交易的非上市股票。二級市場交易對於投資銀行來說是一項小規模的業務，所以只能透過小型經紀商購買，代表性經紀商有 EquityZen、SharesPost、Forge 等，但如要購買，也要滿足其要求的基本資格才行。

順帶一提，Forge 和 SharesPost 最近發布了合併消息，目前還無法確定如合併成功後，會各自擁有獨立品牌還是會整合成一個品牌。如順利合併，將會成為證券業最大的非上市股票二級交易平台。

總之，如要購買，還是需要符合二級經紀商要求的資格標準：必須擁有至少 100 萬美元的淨資產（不包括住宅不動

產），並且在過去兩年內，年收入至少要達到30萬美元。除此之外，還要進行各種背景調查，例如財產報告狀態和信用評級。

每筆投資金額最少為10萬～30萬美元，並且額外支付投資金額5%的仲介手續費。順帶提醒，這些都僅適用於具有明確身分的美國公民或永久居民，如果不是合法的美國居住者，就沒有資格。

那麼，南韓散戶能做的，就只能在IPO當天交易開始後買進了。下一章會更詳細地說明投資風險。除此之外，如果認為上市後股價會上漲，那麼買進Call Option也是一種方法。受到廣泛關注的股票在公開市場交易後，出現短暫上漲，再下

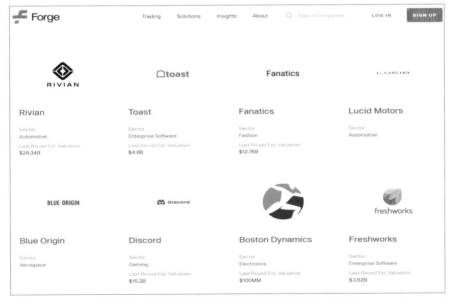

可在Forge Global上查看未上市公司近期估值和二級交易市場價格。對有興趣的公司，可以向經紀商提交併購意向書（Indication of Interest），並提交資格證明文件後就能交易。（資料來源：Forge Global, 2021.09.30）

跌至公開發行價格以下的話，市場會稱為破發的 IPO（Broken IPO）。為了因應這種可能狀況，如買進 Call Option 而不履約的話，就可以防禦價格下跌。

如果覺得買進 IPO 股票的風險偏大，並且對美國 IPO 的整體表現抱持正面期待，也可以考慮買進投資 IPO 股的指數基金。代表的基金有 FPX（NYSEARCA：First Trust US Equity Opportunities）、IPO（NYSEARCA：The Renaissance IPO ETF）等。以第一信託基金的 FPX 為例，雖然散戶不是直接買進 IPO 股，但 FPX 是追蹤最近 3 年在美國股市上市較大規模的 IPO 股票的指數。

如果要在 IPO 時買進股票並持有，則可以考慮 Renaissance Capital 的 IPO 基金，能在上市後的第 5 個交易日開始買進，並持股約 2 年（Buy-and-hold），這也包含了在二級市場買進的 IPO 股票。

▶ **美國 IPO 股票相關之 ETF 基金**

交易代號	基金名稱	資產規模	手續費	特點
FPX	First Trust U.S. Equity Opportunities ETF	$1,396.7M	0.59%	美國 IPO 股票 2006 年起開始交易
IPO	Renaissance IPO ETF	$94.9M	0.60%	全球 IPO 股票 2013 年起開始交易
CSD	Invesco S&P Spin-Off ETF	$60.9M	0.62%	美國 Spin-Off（公司分拆）股票 2006 年起開始交易

（2020 年 9 月 30 日資料）

另外也可以考慮 Long Short IPO 類型的基金，這是一種預測 IPO 股價或 Spin-Off 股價上漲的多頭部位（Long Position），預測 IPO 股價或 Spin-Off 股價下跌的空頭部位（Short Position），賺取價差獲利的投資方式。

某種程度上，這類型的基金遵循類似於機構投資者所採用的 IPO 或 Spin-Off 股票的投資策略，但此類型基金的費率（Expense Ratio）大多都不低。

更快速容易，但風險高的直接上市

直接上市是另一種可以替代 IPO 的公司上市方式，與 SPAC 股上市相同，也稱為「Direct Public Listing」、「Direct Placement」或「Direct Public Offerings」，重點是要了解這是一種與 IPO 上市不同的公開發行形式。與 IPO 公司在上市過程中，發行新股票的主要目的不同，直接上市是將現有股東（管理人員、創立成員、初期投資者等）的股票，轉換為可在公開市場交易買賣的股票。

不過，根據 2020 年 12 月 23 日紐約證券交易所直接上市規則修訂案，美國證券交易委員會（SEC）已批准在紐約證券交易所直接上市的公司也可以發行新股。因此，公司也可以透過直接上市進行新的融資，讓更多投資人能直接買賣上市公司的股票。

也就是說散戶在首個交易日股價暴漲時，也有獲利的機會。有評論指出，這次直接上市制度的修訂案提供了比既有的 IPO 方式更有效率的上市方案，也將提升美國 IPO 市場的效率。

一般來說，直接上市股票一開盤就可以開始交易。最近的直接上市公司，主要有 2019 年的 Spotify 和 Slack Technologies（NYSE：WORK）和 2020 年的 Palantir Technologies（NYSE：PLTR）。

紐約證券交易所和納斯達克交易所對於直接上市的公司，有相同的最低上市門檻，預估市值必須達到 2.5 億美元以上。紐約證券交易所要求直接上市公司，上市的市場價格必須在預期價格範圍內，納斯達克交易所則允許上市價格可以低於預期價格範圍 20% 內，而這兩個交易所都沒有價格上限的限制。

從公司的角度來看，IPO 和直接上市各有利弊。首先，直接上市的最大優勢是上市速度比 IPO 更快、更簡便。但由於省略了 IPO 的承銷流程，因此無法獲得投資銀行的幫助，投資銀行會提供企業價值估值、路演宣傳等事宜，向潛在機構投資者宣傳股票。由於直接上市公司股票沒有 Book Building 過程，所以進入門檻較低，但也沒有股票的基本需求和市場宣傳效果。

因此，如是品牌知名度較低的公司，比起直接上市，藉由路演宣傳公司股票的 IPO 上市方式更加有利。由於沒有透過投資銀行估算價值以決定發行價格，因此，直

Book Building
詢價圈購
這是投資銀行先選定有資格參與 IPO 的機構投資者和部分散戶，並將新股以公開發行價格或折扣價進行配銷的過程。

接上市公司的股價，將依據交易開始日的市場參與者的交易狀況來決定市價。

可交易的數量受到現有股票持有者（公司內部人士）的股票數量，以及會在公開市場上公開交易的股票數量限制。因為沒有支撐股價的機構投資者或投資銀行，所以股價波動性更大，也會比 IPO 上市股票有更多的投資風險。

從現有股東的立場來看，在公司上市之前，其優點是不會有募集外部資金而新增的股票，因此也就不會產生股份稀釋（Share Dilution）的效果。而直接上市不會受閉鎖期的限制，大多數公司內部人士可以在上市的同時出售股票並退出（Exit）。

但也有例外的情況。例如 2020 年上市的 Palantir Technologies 就加入了禁售條款，原因是為了減緩投資者對公司內部人士當天拋售股票的擔憂。不過這也只是公司的一種選擇，而非像如同 IPO 那樣的強制閉鎖條款。

最後，直接上市比 IPO 便宜得多。IPO 上市時，要向承銷商投資銀行支付 IPO 規模 3 ～ 7% 的顧問手續費，由於直接上市是沒有承銷商的上市方式，不需要花費巨額上市成本，也因此相當受到未上市公司的歡迎。但直接上市方式還是存在上述的缺點和各種風險，無法斷論為有利或不利，必須視情況而定。

而散戶應該要依據有興趣的公司上市方式，考慮各種投資因素再做出決定。

美國公募股票投資人必懂的 6 個日期

想要投資美國公開發行股票的話，別忘了將目標公司的下列 3 個日子打上星號。

· 公開發行定價日（Pricing Date）
· 上市首個交易日（First Day of Trading）
· 結案日（Closing Date）

一般說的「IPO 日期」就是指公開發行定價日。舉例來說，羅賓漢在 2021 年 7 月 28 日決定公開發行價格，並將新股（Primary Shares）分配給機構投資人。羅賓漢當時也有分配給部分散戶，不過這是十分罕見的特例，一般只會分配給機構投資人。

像這樣在公開發行後，首次以公開發行價格分配給外部投資者的日期，通常稱為上市日。羅賓漢的上市日即為 7 月 28 日，與實際在公開市場上開始交易的日期不是同一天。那麼開始交易日是什麼時候呢？是 IPO 定價日的下一個交易日（T＋1）。以羅賓漢為例，就是 7 月 29 日。從這一天開始任何人都可以交易股票，因此就散戶的立場而言，這一個日期更為重要，而大多數情況都是在 IPO 定價日的第二天。

而 IPO 的結案日也不可忽略。因為這代表企業在透過 IPO 或併購等方式進行融資的過程中，從承銷商收到交易資金（完

成入帳）的那天，也就是實質上交易成立的日子。結案日會明確標示於 S-1 或 424B4 的封面或次頁。如下圖所示，羅賓漢的交付日為 8 月 2 日。通常是 IPO 定價日起算的下個交易日（T+2）。

　　參與「熱門」的 IPO 股，若只盯著 IPO Pop 帶來的短期價差套利，買進後不久就拋售 IPO 股的行為被稱為 Flipping。原

On August 2, 2021 (the "IPO Closing Date") we completed our initial public offering. Our Class A common stock is traded on the Nasdaq Global Select Market (the "Nasdaq") under the symbol "HOOD". On August 2, 2021, the closing price of our common stock was $37.68 per share.

The rights of the holders of Class A common stock, Class B common stock and Class C common stock are identical, except with respect to voting and conversion. Each share of Class A common stock is entitled to one vote per share. Each share of Class B common stock is entitled to 10 votes per share and is convertible at any time into one share of Class A common stock. Shares of Class C common stock have no voting rights, except as otherwise required by law, and will convert into shares of our Class A common stock, on a share-for-share basis, on the date or time determined by our board of directors following the conversion or exchange of all outstanding shares of our Class B common stock into shares of our Class A common stock. As of the IPO Closing Date, no shares of Class C common stock were issued and outstanding. For more information about our capital stock, see the section titled "Description of Capital Stock."

We are an "emerging growth company," as that term is used in the Jumpstart Our Business Startups Act of 2012 (the "JOBS Act") and, under applicable Securities and Exchange Commission ("SEC") rules, we have elected to take advantage of certain reduced public company reporting requirements for this prospectus and future filings.

查看羅賓漢的 S-1，可以得知結案日為 8 月 2 日。（資料來源：S-1, HOOD, 2021.08.05）

Company	Current Price	Expiration Date	Number of Shares	Initial Share Price	Offer Size	Date Priced	Indicator(s)
LHAA Lerer Hippeau Acquisition	$9.76	9/1/2021	20,000,000	$10.00	$200,000,000	3/5/2021	
GROY Gold Royalty	$5.30 +0.0%	9/6/2021	18,000,000	$5.00	$90,000,000	3/9/2021	Options Volume News Coverage High Trading Volume
RBLX Roblox	$87.88 +0.0%	9/6/2021	198,917,280	$45.00	$8,951,277,600	3/10/2021	Insider Selling
SVFB SVF Investment Corp. 2	$9.84 +0.0%	9/6/2021	20,000,000	$10.00	$200,000,000	3/9/2021	
SVFC SVF Investment Corp. 3	$9.84 +0.0%	9/6/2021	28,000,000	$10.00	$280,000,000	3/9/2021	
VAQC Vector Acquisition Co. II	$9.70 +0.0%	9/6/2021	45,000,000	$10.00	$450,000,000	3/10/2021	
CPNG Coupang	$29.98 0.0%	9/7/2021	130,000,000	$35.00	$4,550,000,000	3/11/2021	

如果對從複雜的企業公開資訊中找出閉鎖期結束日感到頭痛，可以參考把重要日期整理成行事曆的網站。（資料來源：MarketBeat）

則上，美國極討厭 IPO Flipping 的行為。所以在 IPO 前夕會有一定的交易或宣傳限制期間，作為股價面對短線交易的防禦。

因此，在美國市場中想利用 Flipping 實現短期套利並非易事。即使沒有相關限制，利用 Flipping 獲利的話，還是會被承銷商列入黑名單，並被排除於未來的 IPO 投資名單之外。因為股價的波動性在限制期間過後會變大，所以最好事先掌握重要日期。主要有下列 3 個日子。

· 閉鎖期（Lock-Up Period）
· 靜默期（Quiet Period）
· 禁售期（Blackout Period）

公司內部人在 IPO 後一定期間內不得賣出持股，這段閉鎖期通常在 90 天至 180 天之間。閉鎖期結束日（Lock-Up Expiration）一過，經常會發生公司內部人大量賣出股份導致股價下跌的情形，因此投資 IPO 股票的一般股東一定要特別留意這一點。

在 2020 年 9 月 30 日直接上市的 Palantir，是十分具代表性的例子。Palantir 在閉鎖期結束後，80% 以上的股票被釋出到市場上，股價下跌。

雖然一般來說直接上市沒有閉鎖規定，但是 Palantir 自發性地採取閉鎖條款，所以根據合約規定，公司內部人在上市後交易首日至多只能賣出持股的 20%，剩餘的 80% 則要到 2 月閉鎖

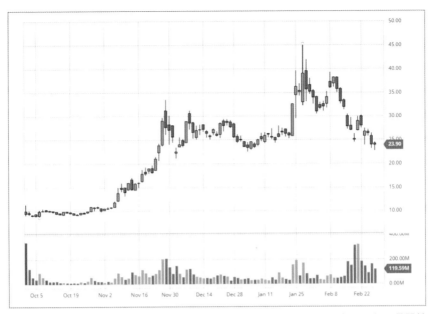

Palantir 上市後的股價走勢。在 2021 年 1 月 27 日留下 45 美元的最高紀錄，但 2 月閉鎖期解除後開始下跌，在 1 個月內跌至 23 美元上下。（資料來源：Barchart）

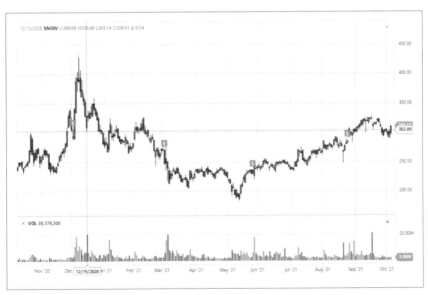

2020 年 9 月 16 日上市股價為 120 美元的 Snowflake（NYSE：SNOW）的股價走勢。不到 3 個月內，在同年的 12 月初達到 390 美元的高點，然而到了 12 月 15 日 IPO 閉鎖期結束時，便暴跌至 300 美元以下。（資料來源：Barchart）

期結束日，也就是第 4 季營收公布後才可以賣出。

　　從可交易量來看，突然有 180 億股被釋出到市場上，而當時 3 個月的平均交易量水準為約 7,400 萬股，考慮到這一點，勢必會對股價帶來負面影響。在閉鎖期結束前一週內，已形成了可觀的拋售趨勢，股價下滑 30% 以上。

　　像這樣因為閉鎖期結束或有償增資等原因，導致股票釋出到市場上時，一定要留意從該時間點起算的平均交易量（主要是 1 個月、3 個月平均交易量）。如果將發行股票總數中增加供應的比例與之比較，便可以得知這項活動對股價波動有多大的意義。

　　從將公開資訊登錄於 SEC 的那天開始，到 SEC 批准該公開資料效力並在 EDGAR 上公開為止，公司不得發表任何與股票相關的意見或資訊，這段期間稱為靜默期。就一般股票來說，公司會在會計季末 4 週前進入靜默期。

　　根據 SEC 規定，包含公司經營團隊在內，被劃分為公司內部人者在這段期間不得向外部投資人發表公司的營收、規劃、事業現況等相關資訊。

　　無論是持股高的對沖基金經理人，還是經常往來的投資公司經營團隊、IR 員工，這段期間都要以不發表任何可能影響該公司股價的言論為原則。

　　IPO 的靜默期更長，從 S-1 發表的時間點起，要到上市後股票在公開市場上開始交易的第 40 天才會結束。未上市公司（Private Company）轉為上市公司（Public Company）之前，公

開的資訊只有 S-1 而已，所以需要指定更嚴格的靜默期，避免在情報上有優勢的公司內部人不當獲利。SEC 這項規定，便是基於保護投資人的目的。

重點是，應遵守靜默期的內部人不只有公司經營團隊和高階職員，還包括主掌 IPO 的承銷商，也就是說，投資銀行也包含在內。在該公司的 IPO 承銷商中，隸屬於主承銷商的分析師也不可以提出與該公司相關的意見或報告。

即便不是主要或代表承銷商，曾參與 IPO 的投資銀行旗下分析師也必須遵守較短的靜默期（25 天），在靜默期期滿之前，不得發表股票研究報告。並且在閉鎖期前後也必須遵守為期 15 日的靜默期。

與閉鎖期或靜默期目的相似的制裁措施還有禁售期（Blackout Period），指的是公司內部人等禁止買賣持股的期間，這個說法源自停電（Blackout）。最常見的例子是公司內部人禁止在財報週公布營收前的幾天之間買賣股票，禁售期從該公司的會計季末後開始。

不只是公司的高階職員，與公司融資相關的所有經紀自營商（包含投行銀行家、研究分析師）都受到限制，禁止發表研究報告。

如果有興趣的企業臨近靜默期、禁售期，將有機會達成不錯的交易。從交易的觀點來看，是因為在靜默期結束後，投行分析師將首次發表名為 Initiation Report 的研究報告。這項報告的企業分析內容比一般報告更詳細、資訊量更大，也是第一份

投資意見，所以市場對這項報告反應非常敏感。

　禁售期後，投行分析師對於買進賣出、目標股價的意見依然會根據新的公開資訊有所變動，股價也可能隨之產生劇烈波動，因此還是要保持關注。

Q&A

Q **美國股票上市後，何時可以開始交易？**

A 這就要看狀況了。有時在開盤後就可立即交易，或者在幾個小時後開始交易，比如上午 11 點、中午或下午，總之無法確定是當天的什麼時候。如果想從上市第一天就開始投資，也可以利用交易的經紀商或證券交易平台，在上午提前下達限價單（Limit Order）。

但市場價格會根據開始交易瞬間的供需狀況而定，所以提前下單也不代表一定買到，端看當時的市場價格和供需狀況。以 Snowflake 為例，由於 Snowflake 是熱門股，在開始交易時，賣方報價（Asking Price）就從 120 美元的公開發行價格快速漲到 250 美元。

投資 IPO 的
注意事項

IPO 的投資風險

破碎的 IPO 早鳥夢

不論是美國還是南韓，追求「IPO 暴發戶」的投資心態都是一樣的。

「這支真的是飆股，會漲到兩倍以上，現在要快點進場！」

某間科技公司上市當天，很多朋友興奮表示自己找到了第二間 Tesla，一開盤就暴漲 IPO 價格 40% 以上的股票。無論從哪個角度來看，那種價格都是不正常的，但我也無法阻止那些據說很早就獲得「熱門消息」而夢想中 IPO 大獎的朋友。

不到 1 個月，幾位持有股票的朋友，突然說要長期投資才開始研究起他們買進的公司。不但順序顛倒了，還錯亂了好一

陣子，那些對投資如此興奮並大喊成長和中樂透的人所說的話，根本不值得聽。

　　建議盡可能以公開發行價格購買，上市後股價從 IPO 公開發行價開始上漲時，會有持續上漲的狀況，這種情況下，反而要先等等，IPO 上市後 3 ～ 6 個月，股價通常就會跌回原點。這是由於等到閉鎖期結束、股票交易限制解除後，就會有人開始拋售以獲利。這就是為什麼對一間 IPO 公司有興趣的話，就應該要注意它的 S-1 等相關公開資訊。

所有的泡沫都要過一段時間才會消退

　　在 2019 年至 2020 年間，最炎手可熱、規模最大的五個科技業 IPO 中，就有 Uber、Lyft、DoorDash（NYSE：DASH）、Airbnb（NASDAQ：ABNB）等四間公司屬於以共享經濟模式為基礎的新創企業。這樣的獲利模式因為難以維持利潤，所以進行估值時，在投資人之間被批評為永續性低。

　　2019 年 WeWork 的 IPO 失敗（failed IPO），便十分戲劇化地印證了此觀點。因為計畫擱置，所以業界也稱為「shelved IPO」。欲進行 IPO 者，有義務揭露過去 3 年的損益表和財務報表。可以從 WeWork 的 S-1 看到，截至 2019 年為止，WeWork 已連續 3 年處於經營虧損（Loss from Operations）、淨虧損（Net Loss）狀態。

▶ 美國科技公司前 10 大 IPO

企業	IPO 日期	IPO 規模
FB	2012.05	$16.0B
UBER	2019.05	$8.1B
AGR	2001.03	$4.1B
SNAP	2017.03	$3.9B
SNOW	2020.09	$3.9B
ABNB	2020.12	$3.7B
DASH	2020.12	$3.4B
LYFT	2019.03	$2.6B
ATUS	2017.06	$2.6B
TWTR	2013.11	$2.1B

FB：Facebook ｜ UBER：優步 ｜ AGR：傑爾系統 ｜ SNAP：色拉布 ｜ SNOW：Snowflake ｜ ABNB：Airbnb ｜ DASH：DoorDash ｜ LYFT：LyftInc ｜ ATUS：阿爾蒂斯美國 ｜ TWTR：推特（截至 2020.12.）

▶ IT 初創公司在 IPO 前後的價值暴跌

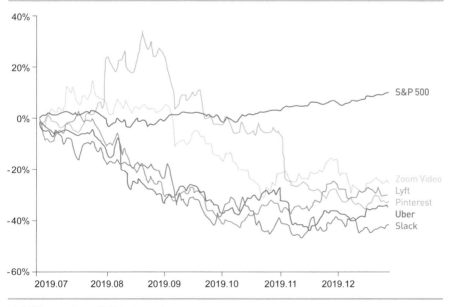

（來源：FactSet，截至 2020.11.）

The information presented below should be read in conjunction with the information under "Management's Discussion and Analysis of Financial Condition and Results of Operations" and the consolidated financial statements and related notes appearing elsewhere in this prospectus.

(Amounts in thousands, except share and per share data)	Year Ended December 31,			Six Months Ended June 30,	
	2016	2017	2018	2018	2019
Consolidated statement of operations information:					
Revenue	$ 436,099	$ 886,004	$ 1,821,751	$ 763,771	$ 1,535,420
Expenses:					
Location operating expenses—cost of revenue (1)	433,167	814,782	1,521,129	635,968	1,232,941
Other operating expenses—cost of revenue (2)	—	1,677	106,788	42,024	81,189
Pre-opening location expenses	115,749	131,324	357,831	156,983	255,133
Sales and marketing expenses	43,428	143,424	378,729	139,889	320,046
Growth and new market development expenses (3)	35,731	109,719	477,273	174,091	369,727
General and administrative expenses (4)	115,346	454,020	357,486	155,257	389,910
Depreciation and amortization	88,952	162,892	313,514	137,418	255,924
Total expenses	832,373	1,817,838	3,512,750	1,441,630	2,904,870
Loss from operations	(396,274)	(931,834)	(1,690,999)	(677,859)	(1,369,450)
Interest and other income (expense), net	(33,400)	(7,387)	(237,270)	(46,406)	469,915
Pre-tax loss	(429,674)	(939,221)	(1,928,269)	(724,265)	(899,535)
Income tax benefit (provision)	(16)	5,727	850	1,373	(5,117)
Net loss	(429,690)	(933,494)	(1,927,419)	(722,892)	(904,652)
Net loss attributable to noncontrolling interests	—	49,500	316,627	94,762	214,976
Net loss attributable to WeWork Companies Inc.	$ (429,690)	$ (883,994)	$ (1,610,792)	$ (628,130)	$ (689,676)
Net loss per share attributable to Class A and Class B common stockholders: (5)					
Basic	$ (2.66)	$ (5.54)	$ (9.87)	$ (3.87)	$ (4.15)
Diluted	$ (2.66)	$ (5.54)	$ (9.87)	$ (3.87)	$ (4.15)
Weighted-average shares used to compute net loss per share attributable to Class A and Class B common stockholders, basic and diluted	161,324,940	159,689,116	163,148,918	162,482,366	166,301,575

WeWork 披露的 S-1 報告中包含連續 3 年虧損的損益表。
（來源：S-1, The We Company, 2019.09.13）

　　根據 WeWork 的現金流量表和財務報表，現金流量和資本額也連續 3 年為負值。請留意財務報表的總股本（Total Equity），也稱為帳面價值（Book Value）或淨資產（Net Worth；Net Asset），是從總資產（Total Assets）中扣除總負債（Total Liabilities）所得到的金額。

　　累計淨虧損較大的公司，其資產淨值往往為負數，這樣的

公司被稱為負資產負債表公司（Negative Balance Sheet），該公司股東或潛在投資者應該要留意該公司的保留盈餘（Retained Earnings）和透過增資所募得的資金都將用於填補負帳面價值。也就是說這間公司不會有營業盈餘可分給股東。

在經過了多次的估值泡沫爭議後，WeWork 最終撤回了 IPO。IPO 落空後，WeWork 因為經營赤字、現金流問題、增加募資失敗等因素經歷資金困難，陷入困境。原本計劃根據 IPO 結果引進 60 億美元的銀行貸款，但是連此一計畫也因為估值（470 億美元跌至 150 億美元）、公司治理結構等問題，遭到投資人的冷落。最終在 2021 年 3 月透過與名為 BowX Acquisition Corp.（NASDAQ：BOWX、BOWXU、BOWXW） 的 SPAC 合併上市，曲折坎坷的公開發行之路才終於畫上句點。

順帶一提，BowX 是由投資公司 Bow Capital 成立的 SPAC，延攬美國知名籃球選手俠客・歐尼爾擔任顧問，搭上以名人、藝人作為招牌，上市 SPAC 公司的熱潮。

發生併購之類的公司活動時，收購者和被收購者皆會經由 IR、8-K 和新聞報導發表合併消息，並揭露相關詳細資訊。當企業和 SPAC 合併，查看 SPAC 身為收購主體有義務向 SEC 公開的 Form 425（針對併購之公開說明書及投資人公開資訊〔Prospectus and Communications on Business Combinations〕）及 8-K 中的「重大確定協議」（Entry into a Material Definitive Agreement）章節，即可了解詳細內容。SPAC 的網站上除了 SPAC 上市時公開的 S-1 之外，通常不會有什麼其他資訊（因為

3 月 26 日，WeWork 發表 SPAC 合併消息當日公開的 BowX 的 8-K 封面。
（資料來源：8-K/A, BOWX, 2021.03.30）

尚屬只存在於書面上的公司，不像一般公司有 IR 管道），因此建議上 SEC 的 EDGAR 系統查找。

… newly issued shares of Class A common stock, par value $0.0001 per share, of BowX（"BowX Common Stock"）determined based on a pre－money enterprise valuation of WeWork of approximately $9 billion …"（Form 425, 2021.03.30.）

　　根據上述的 Form 425，WeWork 的估值在 SPAC 合併時間點約為 90 億美元。與不過一年半前高達 500 億美元的估值相比，90 億美元的價值令人唏噓。WeWork 的商業模式非常簡單，它把共享經濟模式投入至不動產，為不動產租賃和辦公室模式帶來變革。

　　WeWork 將自身目標定位在科技業，一度在市場上獲得僅次於科技成長股的估值。不過隨著市場熱潮減退，商業模式受到了現實面的檢視，人們注意到它其實無異於一般的不動產業者，最終得到了符合不動產獲利模式的估值。

　　先思考一下公司進行 IPO 的理由，IPO 是為了在公開市場發行股票募集資金。IPO 股票在交易開始前就已集中了需求，因此，在暫時供不應求之下，IPO 股票就會在交易開始時上漲。再加上特定產業（主要是科技產業）的估值泡沫，股價甚至在 IPO 上市前就被嚴重誇大。

　　如果公司基本面穩健，並且真的有未來成長性，那麼這家

公司的 IPO 肯定是一個有意義且不錯的投資標的，但如非上市股票的估值過高，卻與基本面無關，那就需要考慮是否一定要在那個時候買進。要以過去的 IPO 案例為反面教材，不應該盲目投資熱門的 IPO。

Q&A

Q　IPO 股票也會成為禿鷹的目標嗎？

A　在 IPO 上市時，也會有人擔心被放空（Short Selling），理論上，IPO 上市當天就可以開始交易的瞬間進行放空。不過實際上並沒有那麼容易，由於可放空的數量有限，即使放空，壓價力道也不大。只要思考一下放空的機制，便不難想通原因為何。放空基本上就是先跟別人借股票賣，未來股價下跌後，再買來償還之前借的股票，利用價差獲利。也能向經紀商（投資銀行、證券公司）借出股票來賣。

舉例來說，假設摩根史坦利是主承銷商，就必須向摩根借出想做空的股票，然而券商要確保 IPO 股票量（尤其是在當天），所以能出借給做空交易員的股票數量有限。更何況，依照 SEC 現行規定，IPO 承銷商投資銀行在上市之日起 30 天內，不能進行這種股票借貸交易（Short Lending），這是一種對 IPO 公司的保護措施，也是為了迴避利益衝突（Conflict of Interests）。

不過，也可以向在 pre-IPO 階段開始就參與並得到優先分配的機構投資人或部分散戶借股票放空，但這個方法也有其限制。而且，交易開始日本來就有巨大的交易量，買方賣方間的周轉率（Trading Hands）很高，無數的股票都在被交易，一直到完全結算（Transfer、Settle）為止，需要很長時間。每個券商的股票買賣訂

單（Execution Fills）有不同的成交速度和成交量限制，這也會造成交易延遲，因此訂單量大、交易頻繁的 IPO 股票並不像預期那樣容易交易。

有人說，放空量會隨著公司內部人士解除閉鎖期（90 ～ 180 天）而增加，但從之前案例來看，也未必如此。首先，閉鎖期結束和放空量的變化，不是成正比。從持有空頭部位的交易員的觀點來看，沒有理由相信內部人士在閉鎖期結束就會馬上拋售股票，所以除非在特殊情況下有其他放空根據（Short Thesis），否則不能將放空 IPO 股視為高獲利的策略。

革新與破壞的象徵
——羅賓漢的首次公開募股
IPO 投資指南

IPO 投資是只有投資機構吃香的遊戲嗎？

　　話題將來到充滿爭議的羅賓漢 IPO，這個案例能夠反映現行的美國股市 IPO 流程在《美國證券交易法》層面的問題，並反映出改善方向。

　　凡是投資美股的人一定都聽說過羅賓漢。遊戲驛站（GameStop，NYSE：GME）股價的暴漲暴跌為 2021 年揭開了華麗的序幕。當時，美國的散戶群體最常用的股票交易平台——羅賓漢針對遊戲驛站等在 Reddit 的線上投資討論版上形成買進勢頭的迷因股（Meme Stock）採取了暫停交易的措施。此一舉措不只觸怒了美國散戶，也使全世界無數的散戶感到同

仇敵愾。

羅賓漢是為美國散戶投資寫下新頁的
革命性平台，儘管曾有過各種事件和意
外，這一點依然無庸置疑。直到不久前，
對一般美國人來說，一提到「股票投資」
還只會想到 401-K、IRA。

在這樣的時空背景下，羅賓漢彷彿彗星般降落，在短短不
到 10 年內超越以數百年歷史為傲的美國證券巨頭，占領了原本
形同不毛之地的散戶市場。

不僅如此，它同時也是提高散戶投資需求本身的新創科技
業者。若要說美國散戶市場之所以能急速成長，都是因為羅賓
漢的橫空出世也不為過。如今，散戶已立足於美國資本市場主
要玩家的地位。

另一方面，羅賓漢為了落實「將金融民主歸於眾人」
（Democratize Finance for All）的標語，推出制度範圍內意想不
到的操作方式和商品，因此在法規層面上頗受爭議。

當這樣的一間公司公開發行，它的 IPO 之路勢必走得不平
凡。羅賓漢在各方聲討的聲浪中於 2021 年 7 月上市，為認識美
國公開發行股票投資的絕佳案例。特別的是，它引發爭議的部
分不在於科技股 IPO 通常會出問題的估值，而在於公司上市過
程大幅脫離一般標準。

仔細觀察美國公開發行股票的分配方式，便不難看得出其
流程規劃完全以機構投資人為中心。

❶想在美國股市掛牌上市的公司會聘僱投行，以衡量要分配
（Allocate）給機構投資人的股票數量和需求。這個過程叫
做詢價圈購（Book Building）。投行負責整理各機構的分
配股數和投資金額並預測需求，統整出來的資料稱為「委
託簿」（Order Book）。

❷和 S-1 報告書等 SEC 義務性公開資訊一起製作成以投資人
為受眾的行銷資料，接著開始進行僅以機構投資人為對象
的公開發行股票路演。

❸公司經營團隊和投行銀行家以路演和委託簿為基礎，算出
最終公開發行價格，並將股票分配給機構投資人。這一天
即為公開發行定價日，而實際上市供散戶買賣的時間通常
會在次日。

❹在首個交易日前就已經分配到股票的機構投資人，可以在
不違反閉鎖條款的時間點賣出股票，實現套利。分配公開
發行股票從一開始就不是一開盤即售出，而是面對有可能
長期投資的機構投資人進行，所以對一般投資人來說不常
見。針對實現短期獲利的單位，往後其他公司 IPO 的時
候，主管 IPO 的投行會採取限制其股票分配的方式保護
IPO 價格。

❺原則上，IPO 當天供應給公司內部人或機構投資人等早期
投資群體的股票較少，未能以公開發行價格進場的散戶投
資需求暴增，因此勢必會形成 IPO Pop（當然，也會有些
獲得高評價的公司，像 Facebook 或 Uber 一樣反而在首個

交易日跌至公開發行價格以下）。

如果大部分的上市公司股價都像這樣經歷 IPO Pop 的話，以較低的公開發行價格先獲得股票分配的機構投資人未免也太輕鬆就能套利了，這樣的結構公平嗎？這是身為投資人難免都會有的合理疑問。

為什麼公司不從一開始就一起把公開發行股票分配給散戶呢？如此一來，就有更可靠的供需比例可循，算出更符合「合理股價」的 IPO 價格，經由這個流程訂定的公開發行股價比較不會在上市首個交易日經歷 IPO Pop 等股價波動。

透過「Pop」這個用字可以看出，儘管股價在上市後暴漲到公開發行價格的數倍，但因為以套利為目的的拋售潮，導致股價立刻暴跌至原價甚至泡沫化，這就是 IPO Pop 常見的結局。

在美國 IPO 市場，之所以只有機構投資人能夠以公開發行價格分配到公開發行股票，是因為從上市企業或投行主管承銷商的立場來看，在散戶加入的瞬間，股價就會出現無法預測的波動性。對重視價值評估的機構投資人而言，如果優先以他們協議出的指定價格（也就是公開發行價格）發行新股，融資將會更加穩定。

至少一直以來是如此合理化這件事的。不過羅賓漢斷然採取的 IPO 方式卻顛覆了這個慣例，為美國資本市場演示了全新的走向。

顛覆 IPO 市場格局的羅賓漢

　　來看看羅賓漢在 7 月 30 日決定公開發行價格後，最終登錄於 SEC 的公開資訊吧。Form 424B4 封面上有幾項十分重要的資訊。

· 公開發行價格定為 38 美元。

· Class A 普通股共發行 5,237 萬 5,000 股。

· 經過此次 IPO，身兼 CEO 及創辦人的威拉德·特尼夫（Vlad Tenev）和 CCO 拜居·巴特（Baiju Bhatt）分別持有總發行股票的 7.8%，就 Class B 的表決權來說，他們分別有 26.1% 和 38.9% 的表決權。

· 資料顯示，羅賓漢將透過特別的「IPO Access」，把約 4 億 1,800 萬到 7 億 3,200 萬美元的公開發行股票分配給自家用戶，提供給散戶以公開發行價格（38 美元）進行投資的選擇權。就美國 IPO 市場來說，這是打破慣例的突破性提案。

· 根據閉鎖條款，以公開說明書日期為準，125 日內不得出售透過 IPO 招募資金的股票。不過，如果適用例外條款的話，則能無視閉鎖期而進行拋售。（閉鎖的例外條款相關資訊在 IPO 之後對羅賓漢的股價波動性有很大的影響，針對這部分的買賣策略和指南將在第 6 章詳述）。

　　如最終報告的內容所示，羅賓漢的公開發行股價定為 38 美

Subject to Completion, dated July 27, 2021

Preliminary Prospectus

55,000,000 Shares

Robinhood Markets, Inc.

Class A Common Stock

This is an initial public offering of Class A common stock by Robinhood Markets, Inc. We are offering 52,375,000 shares of our Class A common stock to be sold in the offering. The selling stockholders identified in this prospectus, who are our founders and our Chief Financial Officer, are offering an additional 2,625,000 shares of our Class A common stock. We will not receive any of the proceeds from the sale of the shares being sold by the selling stockholders.

Prior to this offering, there has been no public market for our Class A common stock. We currently anticipate that the initial public offering price per share of our Class A common stock will be between $38.00 and $42.00.

Our Class A common stock will be listed on the Nasdaq Global Select Market (the "Nasdaq") under the symbol "HOOD".

羅賓漢的 S-1/A2 第一頁（Preliminary Prospectus）中，揭示了 IPO 價格計算區間。（資料來源：S-1/A2, HOOD, 2021.07.27）

424B4 1 robinhood424.htm 424B4

Filed Pursuant to Rule 424(b)(4)
Registration No. 333-257602

Prospectus

55,000,000 Shares

Robinhood

Robinhood Markets, Inc.

Class A Common Stock

This is an initial public offering of Class A common stock by Robinhood Markets, Inc. We are offering 52,375,000 shares of our Class A common stock to be sold in the offering. The selling stockholders identified in this prospectus, who are our founders and our Chief Financial Officer, are offering an additional 2,625,000 shares of our Class A common stock. We will not receive any of the proceeds from the sale of the shares being sold by the selling stockholders.

Prior to this offering, there has been no public market for our Class A common stock. The initial public offering price per share of our Class A common stock is $38.00.

Our Class A common stock will be listed on the Nasdaq Global Select Market (the "Nasdaq") under the symbol "HOOD".

We have three classes of authorized common stock, Class A common stock, Class B common stock and Class C common stock (collectively, our "common stock"). The rights of the holders of Class A common stock, Class B common stock and Class C common stock are identical, except with respect to voting and conversion. Each share of Class A common stock is entitled to one vote per share. Each share of Class B common stock is entitled to 10 votes per share and is convertible at any time into one share of Class A common stock. Shares of Class C common stock have no voting rights, except as otherwise required by law, and will convert into shares of our Class A common stock, on a share-for-share basis, on the date or time determined by our board of directors following the conversion or exchange of all outstanding shares of our Class B common stock into shares of our Class A common stock. Upon the completion of this offering, no shares of Class C common stock will be issued and outstanding. For more information about our capital stock, see the section titled "Description of Capital Stock."

Upon completion of this offering, all outstanding shares of our Class B common stock will be held by our founders, Baiju Bhatt and Vladimir Tenev, and their related entities. Upon the completion of this offering, (i) Mr. Tenev, who is also our CEO, President and a director, and his related entities will hold an economic interest in approximately 7.8% of our outstanding capital stock and Mr. Tenev will hold approximately 26.1% of the voting power of our outstanding capital stock and (ii) Mr. Bhatt, who is also our Chief Creative Officer and a director, and his related entities will hold an economic interest in approximately 7.8% of our outstanding capital stock and Mr. Bhatt will hold approximately 38.9% of the voting power of our outstanding capital stock, in each case, assuming such founder exercises his Equity Exchange Rights (as defined herein) to exchange for Class B common stock the Class A common stock received by him in settlement of equity awards that vest and settle in connection with this IPO, and which economic interest and voting power may increase over time upon the vesting and settlement of other equity awards held by such founder that are outstanding immediately prior to the effectiveness of this offering.

We are an "emerging growth company," as that term is used in the Jumpstart Our Business Startups Act of 2012 (the "JOBS Act") and, under applicable Securities and Exchange Commission ("SEC") rules, we have elected to take advantage of certain reduced public company reporting requirements for this prospectus and future filings.

Investing in our Class A common stock involves risks. See "Risk Factors" beginning on page 35.

Neither the SEC nor any state securities commission or other regulatory body has approved or disapproved of these securities or determined if this prospectus is truthful or complete. Any representation to the contrary is a criminal offense.

	Per Share	Total
Initial public offering price	$ 38.00	$ 2,090,000,000
Underwriting discounts and commissions[1]	$ 1.60	$ 88,000,000
Proceeds to us, before expenses	$ 36.40	$ 1,906,450,000
Proceeds to selling stockholders, before expenses	$ 36.40	$ 95,550,000

(1) See the section titled "Underwriting (Conflicts of Interest)" for a description of the compensation payable to the underwriters.

We have granted the underwriters an option for a period of 30 days from the date of this prospectus to purchase up to an additional 5,500,000 shares of our Class A common stock, solely to cover over-allotments.

We expect to offer approximately $418 million to $732 million worth of shares of our Class A common stock offered by this prospectus for sale to Robinhood customers through our IPO Access feature on our platform (based on the initial public offering price of $38.00 per share). See "Underwriting (Conflicts of Interest)—Participation by Robinhood Customers in the Offering."

Salesforce Ventures LLC (the "Prospective Investor") has indicated an interest in purchasing up to an aggregate of $150 million in shares of our Class A common stock offered in this offering at the initial public offering price. In addition, the Prospective Investor, to the extent it elects to purchase any shares of our Class A common stock in this offering, will enter into a lock-up agreement on substantially the same terms as the lock-up agreements entered into by the holders of our preferred stock and certain non-employee holders of our common stock, which would prohibit the sale of any shares of Class A common stock purchased in this offering by the Prospective Investor for a period of 125 days from the date of this prospectus, subject to a potential partial early release and certain other exceptions as set forth under "Underwriting (Conflicts of Interest)—Lock-Up Agreements." Because this indication of interest is not a binding agreement or commitment to purchase, the Prospective Investor may decide to purchase more, less or no shares of our Class A common stock in this offering, or the underwriters may decide to sell more, less or no shares of our Class A common stock in this offering to the Prospective Investor. The underwriters will receive the same discount from any shares of Class A common stock sold to the Prospective Investor as they will from any other shares of Class A common stock sold to the public in this offering.

The underwriters expect to deliver the shares against payment in New York, New York on August 2, 2021.

羅賓漢公開發行股票的最終報告 Form 424B4 封面。（資料來源：424B4, HOOD, 2021.07.30）

元。從一開始的 S-1 和經歷數次修訂的 S-1/A 證券申報書可看得出來，直到最後一天，公開發行股價有過數次變動。因公開發行股的合理價格會隨著新股的需求和協議的估值而浮動。

最後，S-1 報告中的 IPO 價格區間落在 38 至 42 美元，以「Priced at the low-end」表示最終決定最小值為 38 美元。這個用語是 IPO 相關新聞頭條的常客，趁現在記住它的意思吧。

關於報告書封面出現的概要和重點，可以在 S-1 公開資料的本文中找到更詳細的資訊。特別是查看「The Offering」部分的話，將能進一步了解該 IPO 的相關細節（參考第 2 章 57 至 60 頁）。根據說明，發行新股總共 5,237 萬 5,000 股，其中承銷商過額分配選擇權為 550 萬股，再加上既有股東向市場釋出的股票則共有 7 億 1,600 萬股（Class A）價格受到限制（上市後即為發行股票總數）。

也就是說，根據 38 美元的公開發行股價標準，經由 IPO 發行的新股會獲得約 20 億美元的融資。此外，在自有的交易應用程式上，用戶（散戶）可以使用「IPO Access」功能，直接在公開發行股價買進股票，公開發行股票有 20 ～ 35% 的量分配給了散戶（參考 424B4 的 104 頁）。散戶也可以跟機構投資人一樣在公開發行股價進場投資，這點十分罕見。

而曾經只對機構開放的路演也在週末以線上路演的方式直播，CEO 親自參與和散戶互動，這也是前所未見的活動，從各方面來說都是超乎尋常的 IPO。

「以公開發行價格配股的方式」一直以來之所以只限以機

Robinhood

●LIVE

CEO、經營團隊和散戶一起進行直播路演的過程中,散戶基於消費者的立場提出了許多有趣的疑問。包括「羅賓漢會推出周邊商品嗎?」「會推出可以用電話交易的服務嗎?」大多數的問題其實都可以在 S-1 中找到答案,所以也被批評是「浪費時間」,不過與散戶交流,顛覆以往只面向機構投資人的做法還是獲得了好評。

構投資人為對象,是出自於「散戶比例越高,股價波動性越大」的想法,某種程度上,其實只是美國股市的普遍觀念而已。也就是說,這個觀念並不是絕對的。

我個人認為,之所以會呈現類似於迷因股的股價波動性,並不是因為散戶比例高,而是因為散戶一開始有進場障礙無法投資,但隨著散戶得到投資機會,需求即會一湧而上。也就是說,當散戶能夠取得原本僅限定給機構投資人的股票,造成股東組成發生變化時(投資主體之間發生「易手」[Change of Hands] 的時候),股價波動性就會提高。

遊戲驛站事件的時候也一樣，這是大部分 IPO 股票交易首日常見的情況。像羅賓漢的 IPO 這種做法，從一開始就將公開發行數量也分配給散戶，破除投資壁壘，反而消除了原本擔心的股價波動性。原本「想買卻沒辦法買」的散戶需求在首日就湧入，所以不會發生 IPO Pop 的問題。

　　結果羅賓漢的 IPO 在諸多非議之中，於首個交易日以低於公開發行價格的 35 美元收盤，隨後又在兩天內暴漲 80% 以上。這個部分將在第 6 章交易策略部分深入探討。

隱藏在羅賓漢 S-1 公開說明書中的各種細節

　　閱讀 S-1 的話，可以發現不少有趣的事實。例如一件 SEC 調查案——羅賓漢職員涉入了一連串可能算是內線交易的股票買賣。因為新聞媒體沒有報導，所以這件事在 S-1 公開發表前並未引起討論。

　　對此其實沒有明確的法規規範，SEC 方面也只表示會著手調查，並未做出特定處置。至少在發表公開說明書的時間點是這樣。投資人在讀過 S-1 公開說明書後，應該要認知到這種情況曾經發生過，以後也有可能發生，可以預期該公司與 SEC 監管部門之間將會產生摩擦，因此股價存在相當程度的法規風險。

　　2021 年羅賓漢（及數間證券交易平台）曾針對遊戲驛站、AMC 等迷因股採取暫停交易措施，被稱為「遊戲驛站軋空事

（資料來源：S-1/A2, p.53, HOOD, 2021.07.27）

件」。羅賓漢的公開資訊提到，SEC 曾針對名為「2021 年初交易限制案」（the Early 2021 Trading Restrictions）的案子進行調查。有趣的是，這部分內容其實不是指暫停交易本身，而是與羅賓漢部分員工的交易明細有關。

羅賓漢這類受到 SEC 和 FINRA 監管的經紀自營機構，其高階職員在法律上被禁止依據公司內部消息進行證券交易。然而羅賓漢的部分職員非但有交易包含遊戲驛站和 AMC 在內的迷因股的情況（這部分還算沒有違法），甚至還湊巧在即將採取暫停交易措施的 1 月 28 日前夕拋售這些股票。假設他們利用與暫停交易有關的公司內部消息套利，那很顯然是違法的。

當然，事情也可能是這樣發生的：1 月 22 日星期五（當天收盤價為 65.01 美元），幾名羅賓漢員工——他們除了剛好在羅賓漢上班外，和其他散戶沒什麼不同——注意到遊戲驛站的股票在 Reddit 上正炙手可

> **FINRA**
> **美國金融業監管局**
> 作為美國的金融業監管單位，負責進行監督、管制美國證券公司——更精確地說，是包含證券交易商（Securities Dealers）、經紀自營商（Broker-dealers）在內的所有中介機構。SEC 則是針對包含 FINRA 在內的所有證券業相關單位，能發揮最終監管作用的政府機構。

熱，於是抱著姑且一試的心情買進 100 股左右。

　　一如往常地度過週末後，他們迎來新的一週。1 月 25 日星期一 76.79 美元；星期二 147.98 美元；星期三 347.51 美元。眼見股價持續暴漲，他們心想：「在 3 天內創造 +435% 的報酬率，太猛了吧？不要貪心過頭，見好就收吧。」於是他們出售 GME 股票，這是為了獲利了結，絕對不是根據暫停交易的消息。就這樣到了次日，才從新聞上得知遊戲驛站等迷因股被羅賓漢暫停交易。

　　「雖然是我們公司，但我根本不知道會採取這項措施。呼，太好了。幸好我昨天全部拋售了……」只是單純地進行股票交易而已，「碰巧」避開了自己公司的暫停交易措施，才因此獲利。與身為公司內部人的消息流通優勢無關，一切都是偶然。所以說，沒有不對……？

　　真的沒有不對嗎？法規就是法規，這些人勢必會收到 SEC 和 FINRA 內線交易調查組的電話和傳票。而根據 S-1，事實也的確如此，各監管單位已經對此展開調查。

　　還有另一件令人玩味的事情。基本上美國的所有證券公司和證券公司員工都在 FINRA 登記有名，並獲發執照。因此，想要在投行等被歸類在經紀自營商的機構工作的話，必須通過 FINRA 考試（series7、79、63 等），取得 FIRNA 認證執照，而這項考試只要稍微用功一下就能通過。問題是，羅賓漢的 CEO 兼創辦人特尼夫和巴特兩人都沒有 FINRA 執照。

　　畢竟羅賓漢作為新創科技公司起步、成長，被分類在科技

業的話，CEO 沒有 FINRA 執照似乎沒什麼好奇怪的。但不管羅賓漢如何被包裝成科技業，它終歸都是一個證券交易平台，身為這間公司經營團隊的一員，都應該要遵循 FIRNA 的紀律，通過考試，正式獲發執照，並登記在冊。

　　儘管事到如今才要求公司市值總額達數百億美元的 CEO 參加考試有點可笑，但不管怎麼說，是不是都應該遵守監管當局制定的規則呢？或許我們在不遠的將來，就會見到羅賓漢的 CEO 加入剛踏進華爾街的年輕分析師的行列，敲著計算機，試著解開財務考試的考題。

　　羅賓漢帶給美國證券市場革新的變化，掀起投資業界的板塊變動，所以經常發生法規框架跟不上市場變動速度的突發狀況。無論如何，對於開創先例的羅賓漢，不該操之過急地訂定過於片面的新制，也不該固守舊有的框架，輕易地稱其違法。

　　針對先前提到的羅賓漢員工買賣迷因股事件，目前也還沒有標準可判定監管範圍。以經紀自營商來說，高階員工通常被全面禁止買賣個別股票。不過針對羅賓漢員工的交易限制範圍應該如何界定？他們比起金融投資人其實更接近散戶，是否有必要對其採取股票交易限制？這些問題目前還沒有法律依據可以判斷。

Further, on July 26, 2021, RHF received a FINRA investigative request seeking documents and information related to its compliance with FINRA registration requirements for member personnel, including related to the FINRA non-registration status of Mr. Tenev and Mr. Bhatt. Robinhood is evaluating this matter and intends to cooperate with the investigation.

根據公開資料，羅賓漢 CEO 威拉德‧特尼夫和創辦人之一的拜居‧巴特曾經就未登記於 FIRNA 一事，被要求接受調查。（資料來源：S-1/A2, p.53, HOOD, 2021.07.27）

儘管羅賓漢很有羅賓漢的風格，先發制人地加強法遵，想先法規一步在內部採取積極的應對措施（實際上在公開說明書中也揭露過僱用了多名曾在 SEC 任職的員工的資訊），不過這麼做需要耗費時間和金錢，和監管部門打交道的效率也不高。

像這樣在 SEC 等單位制定出完整的法規和流程之前反覆登上媒體或政治版面，難免伴隨著對股價的負面影響。這就是為什麼我們應該要查閱 IPO 公開資訊，了解公司的商業模式並熟知各種股價風險因子。

如何及早應對威脅股價的拋售勢力？

羅賓漢股票在首個交易日以 35 美元收盤，未達公開發行價格 38 美元。次週，在兩天內暴漲至 85%（約 +143%），難免讓人聯想到是不是也走上了迷因股的路。不過到了上市後的第 5 個交易日，一開盤又暴跌 28% 以上。原因是羅賓漢的早期投資人拋售約達 9,800 萬股的消息登上了新聞頭條。股票被大量拋售到市場上，股價會被稀釋，這類消息被分享到 Reddit 等股票論壇，引發恐慌性拋售。

問題是這些公開資訊的內容不是投資人不知道的「驚喜」，而且大部分的市場參與者並未分析頭條的異常之處，導致形成不必要的拋售勢頭。

首先，被賣出的對象是早期投資人在羅賓漢上市前投資可

轉換公司債的創投基金。今年 2 月，包括 Ribbit Capital、Iconiq Capital、New Enterprise Associates、Index Ventures 在 內 的 VC 曾以 35 億美元的可轉換公司債進行融資。

根據 IPO 前的 S-1 報告內容，可轉換公司債分為 Tranche

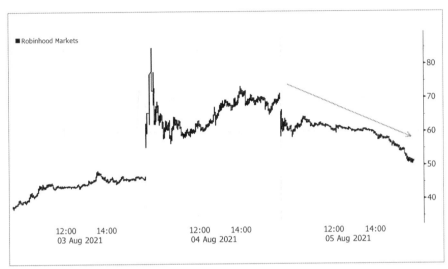

8 月 5 日，因為羅賓漢在盤前公開的 SEC 報告書中的內容暗示約有 1 億股拋售量，導致股價暴跌（紅色箭頭）。（資料來源：Bloomberg）

Except as otherwise noted, all information in this prospectus assumes and reflects the following (the "Assumed Share Events"):

- the automatic conversion of all of our outstanding Tranche I convertible notes, of which we had $2,551.7 million in aggregate amount as of March 31, 2021, including accrued interest, into 91,133,420 shares of our Class A common stock upon the completion of this offering, assuming a conversion price of $28.00 (which is the lower of (i) 70% of the assumed initial public offering price of our Class A common stock of $40.00 per share, which is the midpoint of the estimated offering price range set forth on the cover page of this prospectus, and (ii) $38.29), as if such conversion had occurred on March 31, 2021 (the "Tranche I Note Conversion");

- the automatic conversion of all of our outstanding Tranche II convertible notes, of which we had $1,028.0 million in aggregate amount as of March 31, 2021, including accrued interest, into 36,712,877 shares of our Class A common stock upon the completion of this offering, assuming a conversion price of $28.00 (which is the lower of (i) 70% of the assumed initial public offering price of our Class A common stock of $40.00 per share, which is the midpoint of the estimated offering price range set forth on the cover page of this prospectus, and (ii) $42.12), as if such conversion had occurred on March 31, 2021 (the "Tranche II Note Conversion" and, together with the Tranche I Note Conversion, the "Convertible Note Conversion");

既有 S-1 公開說明書的「Offering」部分提及再行銷售內容。（資料來源：S-1/A2, pp.20~22, HOOD, 2021.07.27）

既有 S-1 公開說明書的「投資風險」部分提及再行銷售內容。（資料來源：S-1/A2, p.93, HOOD, 2021.07.27）

The information in this preliminary prospectus is not complete and may be changed. The selling stockholders may not sell these securities until the registration statement filed with the Securities and Exchange Commission is effective. This preliminary prospectus is not an offer to sell nor does it seek an offer to buy these securities in any state where the offer or sale is not permitted.

Subject to Completion, dated August 4, 2021

Preliminary Prospectus

Robinhood Markets, Inc.

Class A Common Stock

This prospectus related to the offer and sale from time to time of up to 97,876,033 shares of Class A common stock of Robinhood Markets, Inc. by the selling stockholders identified in this prospectus. The number of shares offered for sale by the selling stockholders consists of up to 97,876,033 shares of our Class A common stock. We are offering 97,876,033 shares of our Class A common stock issued to the selling stockholders upon the automatic conversion of certain convertible notes held by the selling stockholders in connection with our initial public offering. The convertible notes were issued in a prior private placement transaction prior to our initial public offering.

We are not selling any shares of our Class A common stock in this offering and we will not receive any of the proceeds from the sale of shares of our Class A common stock by the selling stockholders. The selling stockholders will receive all of the proceeds from any sales of the shares of our Class A common stock offered hereby. However, we will incur expenses in connection with the registration of the shares of our Class A common stock offered hereby.

CALCULATION OF REGISTRATION FEE

Title of Each Class of Securities to be Registered	Amount to be Registered (1)	Proposed Maximum Offering Price Per Share(2)	Proposed Maximum Aggregate Offering Price (1)(2)	Amount of Registration Fee (3)
Class A Common Stock, $0.0001 par value per share	97,876,033	$35.12	$3,437,406,279	$375,021.03

1. This Registration Statement registers 97,876,033 shares of our Class A Common Stock issued to the selling stockholders upon automatic conversion of certain convertible notes that were issued by the registrant in a prior private placement transaction.
2. Estimated solely for the purpose of calculating the registration fee pursuant to Rule 457(c) under the Securities Act of 1933, as amended.
3. The proposed maximum offering price per share and proposed aggregate offering price are based on the average of the high and low sales prices of the registrant's Class A common stock as reported on the Nasdaq Global Select Market on July 30, 2021.

8 月 5 日公開的羅賓漢再行銷售 S-1 報告封面。（資料來源：S-1, HOOD, 2021.08.05）

1、2，在 IPO 結案後能以公開發行價格的 70% 或是按照約定價格轉換為股票。之所以可以在轉換後立刻拋售，是因為採取了與一般 IPO 不同的流程。

　　根據閉鎖條款，上市後的 90 ～ 180 天內不允許公司內部人拋售股票。羅賓漢的高階職員和早期投資者則適用特別條款，不受閉鎖期限制，從交易首日起即可自由買賣。

這些內容皆已透過 S-1 和公開說明書等資料數度公開，不僅在 Offering 概要中反覆說明，也在「投資風險」部分提及過。但不知道為什麼，市場的反應還是如此劇烈。明明只是因

8月6日羅賓漢登錄於 SEC 的 8-K 報告。該公開資訊中，包含針對前一天公開的再行銷售 S-1 進行（再次）說明，還有即將到來的第 2 季營收報告發表日期。8-K 下方標示為「Regulation FD Disclosure」的部分是指公司對於投資人有知情權的（會影響股價的）資訊採取選擇性揭露（Selective Disclosure）的時候。這項公告的分類是根據 SEC 的投資人保護法，因為一旦向機構投資人等「部分」投資人揭露重大非公開資訊的話，就必須向所有投資人公開相同資訊。業界簡稱為「Reg FD」。（資料來源：SEC）

經營團隊透過 8- K 說明再行銷售，使得羅賓漢股價在開盤後急增 17% 以上。（資料來源：Barchart）

為根據《證券交易法》，IPO 結案後有任何類型的股票 Offering 都有義務要公告，所以才登錄報告書而已（因為不是發行新股，所以稱為「再行銷售」（Resale），也沒有其餘新增內容（轉換價格除外）。

果不其然，次日（8 月 6 日）羅賓漢便發表了 8-K 和新聞稿。羅賓漢必須發表報告，說明前一日發表的可賣出量只是根據早期投資人的可轉換公司債和既有閉鎖條款而已，更別說還需要經過 SEC 的批准流程。並明示在預計要發表第 2 季營收報告的 8 月 18 日之前不會拋售 Tranche 1 可轉換公司債，以平息投資人的焦慮。因此，次日的股價恢復了 17% 以上。

有保本的
股票嗎？

投資 SPAC 的風險

SPAC 和 IPO 的差別

在美國有一種公司被稱為「空白支票公司」（Blank Check Company），這是一種空殼公司，是以併購為目的的 SPAC 公司。SPAC 必須在 18 至 24 個月內，以至少 80% 在市場募集到的資金來進行併購，由於 SPAC 在上市公開募集資金時，尚未確定投資（併購）的公司標的，因此可以被視為類似 Blind Fund 的私募基金。投資者可以買進 SPAC，當作一種併購投資，如果 SPAC 在規定時間無法完成公司併購，就會清算基金，回收本金。從投資者的觀點來看，這似乎是一個不錯的投資標的。

那麼從公司的角度來看，成立 SPAC 的理由是什麼？如果簡單地將 SPAC 視為併購目標公司的一種融資手段，就很容易理解。成立 SPAC，而不像 IPO 那樣正式公開發行的主要理由之一，就是可以規避 SEC 規定所需提交的文件、公開細節資訊，以及其他複雜的規範。能跳過複雜的財務報告和數百頁的 S-1 報告，只要一個簡單的程序，就可以在公開市場募集資金是不錯的方法。

與 IPO 不同，SEC 不會特別審查 SPAC 的併購。只要依照 SPAC 的公司章程進行併購，且不侵犯被併購公司股東的權益，SEC 就不會對公司上市有特別的規範或限制。

由於準備過程和時間大幅減少，常被視為能取代 IPO 的捷徑，在快速簡單的 SPAC 公開發行後，只要找到投資對象進行併購，該公司就能在短期內上市，並且能繞過複雜規範、正式審查和公司估值。這也是不走正規 IPO 程序，而轉向 SPAC 的原因。

SPAC 與 IPO 不同，IPO 會經過投資銀行的詳細調查，再估算出企業價值，以合理的公開發行價格向市場公開發行，但 SPAC 股票往往是以 6 美元、8 美元或 10 美元的單位價格（Unit Price）進行交易。

因為還沒有需要估算企業價值的對象，所以也不會有公司經營報告，如果在簡化的投資者說明書中，有明確指出標的產業的話，就已經算還不錯了。

SPAC 的隱藏風險

最重要的是，SPAC 還沒確定併購對象，所以說到底就只是個空殼公司（Shell Company）。在 SPAC 公開發行階段，投資者所投資的並不是一間公司，而是投資經營 SPAC 公司、尋找併購標的、決定併購的經理人。

沒有任何併購對象的公司資訊，就只是相信記載了「對有成長可能性的公司投資多少」的商業計畫書，就要把錢交給 SPAC 經理人，也因此，投資 SPAC 通常被視為「投機」（Speculation）。根據 SEC 對 SPAC 的定義，SPAC 是一種與流動性低、股價波動性高、價格在 5 美元以下、市場概稱為「水餃股」（Penny Stock）類似的投資商品。

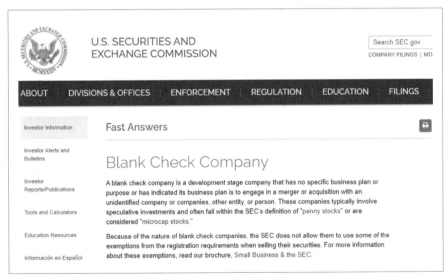

根據 SEC 的定義，SPAC 為一種空白支票公司。（資料來源：SEC）

▶ 特殊目的收購公司（SPAC）從上市到清算的過程

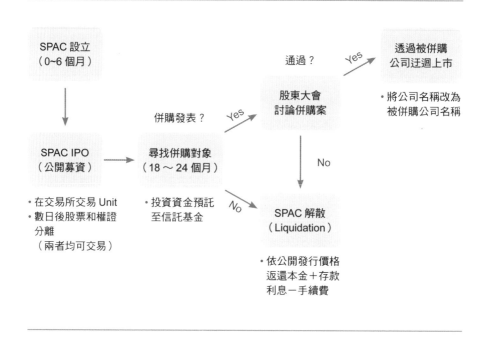

　　若 SPAC 找到併購對象，並最終在股東大會透過併購提案，則將會進行 SPAC 清算程序。在此階段，現有的 SPAC 股票會轉換為被併購公司的股票，以 1 股換 1 股比例轉換，股票代碼也會隨公司名稱一起更改為被併購公司的名稱，這相當於是非上市的 SPAC 公司透過併購已上市公司而迂迴上市的做法。

　　完成併購後，就可以履行能在規定期限、特定價格買進股票的權證（Warrant）。另一方面，如果沒能在期限內找到併購目標，或遭到股東大會否決而導致併購失敗，則該 SPAC 就會解散，而投資者就按照 SPAC 的公開發行價格收回投資本金。

SPAC 的光明面與黑暗面

　　2020 年是「SPAC 年」。湧入 SPAC IPO 的資金是 2019 年一年上市的整體 SPAC 規模的 6 倍，市場呈現爆發性的成長。為了避免經濟衰退，美國政府向市場注入以「兆」（Trillion）為單位的資金，因流動性過剩導致 0 利率出現，無處可去的現金

▶ 美國股市 SPAC 上市趨勢

（單位：百萬美元）

Year	IPO Count	Gross Proceeds	Average IPO Size
2021.12.08	581	$156,219.9	$268.9
2020	248	$83,379.0	$336.2
2019	59	$13,600.3	$230.5
2018	46	$10,751.9	$233.7
2017	34	$10,048.5	$295.5
2016	13	$3,499.2	$269.2
2015	20	$3,902.9	$195.1
2014	12	$1,739.2	$144.9
2013	10	$1,447.4	$144.7
2012	9	$490.5	$54.5
2011	15	$1,081.5	$72.1
2010	7	$496.5	$70.9
2009	1	$36.0	$36.0
TOTAL	1,055	$286,724.8	

IPO Count：IPO 數｜ Gross Proceeds：總收益｜ Average IPO Size：IPO 平均規模（資料來源：SPACInsider）

就不斷流入股市。此時，備受矚目的 SPAC 就成為許多人追求獲利的焦點。在波動性高、風險高的股票市場，一般的 IPO 很難獲得較高的估值；如此一來，SPAC 或許是更好的投資標的。

但當今的股市出現基本面和股價嚴重偏離的問題，所以投資 SPAC 也很冒險。單憑簡單的市場炒作（Hype），就能看出股價暴漲的投機現象。當然，如果好好利用這些資金，以短期

▶ 某個 SPAC 股獲利 100% 報酬率的過程

名為 ABC 的 SPAC 上市。

在公開市場買進 ABC 股票的投資者，
相當於買進 ABC 這個 SPAC 所持有的投資資金股票。
此時，ABC 股價根據持有資金所確定的單價，每單位 10 美元（每股 10 美元）。

幾個月後，市場上流傳著 ABC 將併購 X 公司的消息，
而 X 公司是引領新一代自動駕駛市場成長的潛力新創公司。

單憑此一消息，ABC 股價就上漲近 40%（股價 14 美元）。

不久之後，ABC 公司宣布併購 X 公司，並公布投資說明書。
雖然沒有 S-1 報告般詳細的資訊，但至少公開了併購對象。

雖然還不一定能順利完成交易，但無論如何，在公布併購對象的利多消息之下，
ABC 股價再上漲 40%（股價 19.6 美元）。

▶ 併購對象公布後，SPAC 價格暴漲案例

SPAC	上市年度	每股價格	併購對象公司	併購公布後股價	報酬率
VectoIQ Acquisition Corp	2018 年	$10.00	Nikola Motors	$79.73	+697%
Tortoise Acquisition Corp	2019 年	$10.00	Hyliion	$31.84	+218%
Graf Industrial Corp	2018 年	$10.00	Velodyne	$20.53	+105%

獲利為目標投資的話，或許可獲得數倍的理想報酬，但輸到脫褲的情況也有可能發生，因此應該要考量投資風險。

看看左頁的模擬劇本，可了解在市場期待和資金氾濫帶來的投資熱潮下，SPAC 是如何實現三位數的報酬率。

股價從 10 美元翻倍至 19.6 美元太誇張了嗎？事實上，最近的一些 SPAC 都經歷了這樣的過程。

以最近火熱的 SPAC 股尼古拉公司 Nikola Corporation（NASDAQ：NKLA）為例，自成立 5 年以來，雖然沒有生產或銷售過一輛車，且一直處於虧損狀態，但還是成功在紐約證券交易所上市，總市值甚至逼近福特汽車總市值。

沒有併購公司可以進行估值的 SPAC，只是發表併購對象就能讓股價暴漲，這樣充滿投機的 SPAC 熱潮令人憂心，也有人評論這是股市見頂的跡象。在泡沫爭議中持續飆升的股價，最終失去動能而反轉暴跌的案例也不少見。

投資 SPAC 的離場時機

然而，最近美國 SPAC 市場氛圍並不尋常。非但 SPAC 的熱度大幅退燒，原本盲目擁戴 SPAC 的散戶現在也開始呈現審慎投資的趨勢。僅僅幾個月前還熱鬧滾滾的市場，現在似乎正在經歷過渡期。

來看看引發熱烈討論，以行動主義對沖基金聞名的比爾·艾克曼的「Pershing Square Tontine Holdings」吧。比爾·艾克曼成功達成美國 SPAC 史上最大規模的資金募集，順利在 NYSE 上市，目前以交易代號「PSTH」進行交易。

與大部分的 SPAC 股不同，以每股 20 美元的價格公開籌集資金。往後計劃收購「事業成熟期的獨角獸企業」（Mature Unicorns）或是因 Covid-19 受創的未上市科技公司，並表示正在物色的收購對象中有許多估值達 100 億美元以上的十角獸（Decacorn）未上市企業，吸引了投資人的青睞。

PSTH 在沒有重大新聞的情況下，在 2021 年初從原本 20 美元的淨值價（NAV）漲至 32.95 美元，急增了 65% 以上。若說 SPAC 熱潮風靡了 2021 年第 1 季也不為過，接續前一年，SPAC 股的 IPO 盛況仍在持續，尤其是爆發性的散戶需求使市場呈現過熱狀態，許多 SPAC 股一上市便以數倍的價格成交。

PSTH 作為史上規模最大的 SPAC，又有「比爾·艾克曼效果」加持，就算完全沒有提到併購對象，年初的漲勢（Rally）仍在延續。其實完全是源自這樣的預期心理：「一定會宣布收

購十角獸企業的 SPAC 合併消息。」

投資人對於比爾‧艾克曼的避險基金 Pershing Square 將在 2 月中旬「年度投資日」（Annual Investor Day）發表的公開資訊充滿期待，持續為股價注入動能。SPAC 併購預計上市的企業稱為「確定合併協議」（Definitive Merger Agreement），一般簡稱為「DA」。但是隨著再也沒有 DA 的相關消息，股價回跌。

就這樣來到 2021 年 6 月，該公司發表收購環球音樂這個大型集團的消息，使其再次受到矚目。消息指出，這次收購與一般 SPAC 針對未上市企業進行合併的方式不同，而是作為 SPAC 買進環球音樂的少數股權（Minority Stake）後，賦予投資人其他公司的持股買進權，這種模式稱為 SPARC（企業認股權公司），交易結構上相當複雜。

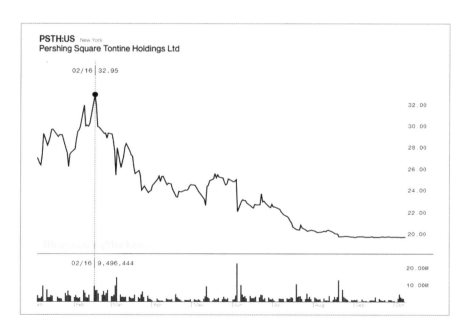

SEC 監管部門並未批准這種交易方式，所以自然也無法引起原始 SPAC 投資人的興趣，最後股價在發表交易結構後下跌 20% 以上。

在過了一段時間後還是沒有進一步的併購消息，使得市場熱度急遽冷卻，股價回到 SPAC 的 NAV。到了 2021 年 12 月，股價停留在 20 美元以下。比爾・艾克曼必須在幾個月內找到和 PSTH 合併的新對象。

我們可以透過一連串的事件，思考看看 SPAC 股的離場時間點。如資料所示，SPAC 股漲幅最大的區間不是「合併成功」（Closing），而是「宣布合併」（Announced）的時候。宣布 DA 的時間點，正是 SPAC 獲利最理想的時刻。

SPAC 股的上行趨勢代表「保障本金」和「對合併的期待」。如果合併實際上成立的話，公司在被 SPAC 清算後，股票重新上市並進行交易的那一刻，兩種上行因素將不復存在，變得與其他普通股票沒什麼不同。從這個時間點開始，交易股價將會反映公司營收和未來成長空間，所以有必要採取與 SPAC 股不同的觀點進行投資。

Q&A

Q 被拿來跟 SPAC 比較的 Penny Stock 是什麼？

A 根據 SEC 對 Penny Stock 的定義，是指每股低於 5 美元的小公司股票，通常在 OTC 市場交易，如果滿足上市和維持條件，Penny Stock 也能在正規的交易所進行交易。以前，記錄這些股票成交價（Bid/Ask Quotes）的每日交易紙，是印在粉紅色紙分發使用的，所以也被稱為粉單股票（Pink Sheet Stocks），大多是波動性高、交易量低的小型股。由於投機性股票較多，所以提到 Penny Stock 時，大部分是指高風險股票。

但相反的，並不是所有在 OTC 市場交易的股票，都是 Penny Stock。在其他國家上市的股票中，也有因未達到特定條件而在美國 OTC 進行交易的股票。例如 Nestle（OTCMKTS：NSRGY）、Nintendo（OTCMKTS：NTDOY）、Volkswagen（OTCMKTS：VWAPY）就不是 Penny Stock。

Q 什麼是 OTC 股票？

A 不在紐約證券交易所、納斯達克交易所等正規交易所，而是在 OTCBB（Over the Counter Bulletin Board）、OTC LINK 等配額服務（Quotation Service）平台，藉由經紀商（Broker-dealer）進行交易的場外交易股票。雖然可以用低廉的價格買到有潛力的非上市公司，但缺點也很多。

OTC 市場本身的流動性較差，因此相較於在正規交易所上市、交易的股票來說，交易量更少，且買賣價差（Bid-Ask Spread）較大，因此有可能無法以想要的時間和價格進行交易。另外，由於不在 SEC 規範中，因此無法期待能有一般上市公司的公開透明度，也不提供公司資訊，所以大多數無法進行基本分析，也無法做融資交易跟融券交易。

SPAC 的
隱藏紅利

權證與槓桿的效果

只有了解權證才能看到藏在 SPAC 中的紅利

SPAC 最大的吸引力在於可以預期併購具未來成長潛力的非上市公司後的股價上漲獲利空間，即使併購失敗，投入的資金和依銀行存款利率之利息也會退還給投資人，雖然不會退還機會成本和手續費，但可以保有原先投入的資金。

在這個零利率的時代，利息是沒有意義的，因此可以看作是退還本金，只是在美國，SPAC 通常會與權證（Warrant）同時

發行。SPAC 的特點是，從募資階段開始，就將股票跟權證打包成一對（Paired）組成一個單位（Unit）上市。

SPAC 的單位（Unit）在交易所上市後，就和其他股票一樣，可以在證券公司平台上進行交易。

2019 年 4 月　時 Landcadia Holdings（NASDAQ：LCA）的 SPAC 在 NASDAQ 上市。Landcadia Holdings 公開發行 2,500 萬個單位（Unit），以 10 美元的價格上市，每個單位由 1 股普通股和 1/3 個普通股的可贖回權證（Redeemable Warrant）組成。

普通股和權證不以 1 比 1 的比例組成，為的是防止單位分離後，權證發行導致的股價稀釋。可贖回權證是指當股價超過指定價格時，可以向 SPAC 買進權證的一種 Soft Call 選擇權的概念。

而在 Landcadia Holdings 股價超過 20 天達到 18 美元以上時，發行商有權以每股 0.01 美分的價格買回，因此很容易理解擁有權證的人會有 18 美元的上限。贖回期限（Redemption Period）是指在 30 日內，可以在市場交易權證或是履行權證交換普通股。

當 Landcadia Holdings 的 Unit 上市時，交易代碼是 LCAHU（Unit 後面加「U」是慣例）、普通股交易代碼是 LCA、權證是 LCAHW（「W」代表「Warrant」）。根據 SPAC 的 S-1 報告，該 Unit 將以公告日期為基準，股票和權證將在第 52 天分離。

一般來說，權證必須是整數（Whole Number）（小數點以下將省略），因為權證比例是 1 比 3，因此在分離時必須擁有 3 的

倍數才不會蒙受損失。

　　例如，擁有 9 個單位才能在單位分離後獲得 3 個權證。如果有 10 個單位，分離後不會得到「10/3=3.333」個，而是取整數為 3 個權證，相當於損失了 0.333 個。此外，當 SPAC 要進行單位分離時必須先公告 8-K 報告，因此要記得看公告確認。

Redemption of warrants	Once the warrants become exercisable, we may redeem the outstanding warrants (except as described herein with respect to the private placement warrants):
	■ in whole and not in part;
	■ at a price of $0.01 per warrant;
	■ upon a minimum of 30 days' prior written notice of redemption, which we refer to as the 30-day redemption period; and
	■ if, and only if, the reported closing price of our Class A common stock equals or exceeds $18.00 per share (as adjusted for stock splits, stock dividends, reorganizations, recapitalizations and the like) for any 20 trading days within a 30-trading day period ending on the third trading day prior to the date on which we send the notice of redemption to the warrantholders.

說明權證發行商購買權利的 Lancadia Holdings S-1 報告。

▶ Lancadia holdings 權證履約說明

權利履行 （Exercisability）	履行權證可以購買 1 股普通股
履約價 （Exercise Price）	權證可以用每股 11.50 美元的價格買進 SPAC 股票（雖然 SPAC 不同，但普通 SPAC 公開發行價為 10.00 美元的權證履約價格為 11.00 ～ 11.50 美元）。
履約期 （Exercise Period）	在 SPAC 完成併購（Closed）30 日後，或是 SPAC 公開發行 12 個月後，兩者中較晚的時間點。
到期日 （Expiration）	如果不根據贖回條件提前贖回或 SPAC 清算，權證將在 SPAC 併購成功 5 年後到期。 但如未在規定時間完成併購，權證履行權利也將消失，股票和權證也將以公開發行價格返還給股東。

（資料來源：S-1, LCA, 2019.04.18）

在 8-K 報告也會記載稽核後的財務報表，以及加入 SPAC 公開募集到的資金的資本額變更事項，雖然不是權證內容，但由於已經投資 SPAC 了，最好還是看看 8-K 報告了解一下。

用權證最大化報酬的方法

在了解與 SPAC 並稱為紅利證券的權證後，再看看如何使用權證進行明智的交易，讓投資報酬最大化。在好好了解權證的原理後，在 SPAC 宣布併購的前後就有機會獲得超過 SPAC 股價報酬率的回報。順帶一提，SPAC 宣布併購的期限一般在 18 ～ 24 個月內，若期限結束前股東大會通過延期的話，就可以再延長。接著來看看先前提過的 Landcadia Holdings。

Lancadia 於 2020 年 6 月 29 日宣布併購線上博弈公司 Golden Nugget Online Gaming，如果順利併購，Landcadia Holdings 股票的公司名稱將更改為 Golden Nugget，股票代碼也將更改為 GNOG（De-SPAC）。在發表併購消息前，LCA 的股價是 10 美元，而在發表併購 Golden Nugget Online Gaming 消息的兩天後，LCA 股價就上漲到 16.35 美元。

如果沒打算長期持有完成併購或存續上市的 Golden Nugget，那麼就可以在宣布

> **De-SPAC**
>
> 這是指 SPAC 公司宣布的併購案，完成併購（Closing of the Acquisition）後，原有 SPAC 實體清算的過程。SPAC 名稱消失，搭著併購對象的公司名稱和新股市代碼上市，因此稱為「De-SPAC」。

併購時出售股票。此時,以公開發行價格買進 SPAC 的報酬率已經達到了 63.5%,而所持有的權證要等到期限(完成併購 30日後)後才能履約。

以 SPAC 進行的併購,也是正式的併購案,因此必須向SEC 提交委託書(Proxy)(參照第 2 章)。委託書會記載擁有表決權的股東,以及在召開股東大會表決併購案時所需的所有資訊,如果想詳細了解 SPAC 的併購對象,一定要記得看。

如果沒有時間看完整份報告,至少也要看主要交易條款(Key Transaction Terms)的部分,報告中可以看到在併購後,

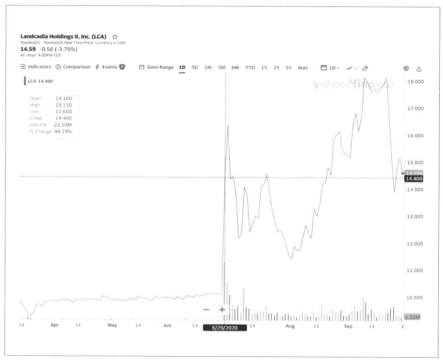

發表併購對象後,交易量和股價暴漲的 Landcadia。(資料來源:Yahoo Finance, 2020.09.30)

SPAC 發表併購事宜當天公告的 DEF-14A 報告之投資者說明書封面。（資料來源：DEF/A-14A, LCA, 2020.06.29）

公司的企業價值（Pro-forma Enterprise Value）將為 7 億 4,500 萬美元，和一個簡單的估值指標（以 Golden Nugget 的先期銷售額約 1 億 2,200 萬美元的 6.1 倍價值倍數估算）。

此時因為併購案尚未完成（Closed），所有資訊都會不斷調整，而合理的價值也是眾說紛紜，不過以假設為例，假設 Golden Nugget 併購後的長期目標股價為 34 美元，若 LCA 的股東是以 17 美元之股價買進的話，他們可期待的報酬率是 100%。

那麼 LCAHW 持有者的可期待報酬率是多少呢？先看看權證的履約價。由於履約價可能是 11.5 美元，因此權證還在價內（ITM；In-the-money），此時權證的內在價值為 22.5 美元，這是 Golden Nugget 的長期目標股價 34 美元和履行權證的 11.5 美元之間的價差，以目前 LCAHW 的市場價格為 6.4 美元計算，權證的可期待報酬率達 252%，比普通股的可期待報酬率高 2.5

倍，這就是權證的「槓桿效應」。

目前 LCA 股票的交易價格在 18 美元以下，因此也沒有發行機構提前贖回風險（Call Risk），只是要注意若槓桿向下調整時，跌幅會比股票更大，這點需要多留意。目前 LCA 股東持有的股票是以 17 美元買進，比履約價 11.50 美元高出不少，因此還有防禦空間，但如果價格落在價外（Out-of-the-money）而帶動股價下跌的話，權證價格會受到更大的衝擊。

權證的內在價值（Intrinsic Value）也被稱為履約價值（Execution Value）。當股價高於權證履約價時，就是履行權證所能獲得的報酬，即當前股價與履約價的價差，當在價內（ITM）時，權證價值最高。

- 履約價（$11.50）＜股價（$17.00）→ ITM（In-the-money）
- 履約價（$11.50）＞股價（$10.25）→ OTM（Out-of-the-money）
- 履約價（$11.50）＝股價（$11.50）→ ATM（At-the-money）

由於 SPAC 的權證具有槓桿效應，也有一些交易者瞄準在併購發表或併購成功時集中交易，以賺取短期報酬。由於權證具有交易量少、流動性不足的市場特性，所以交易並不容易，但 SPAC 近期在美國獲得不少散戶關注和投資，因此整個市場肯定會逐漸增大。

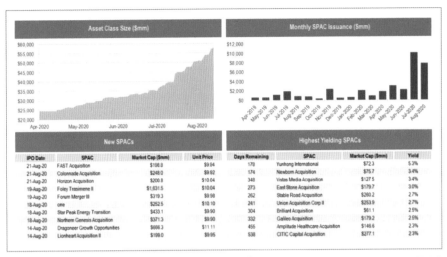

刷新歷史最高紀錄的美國 SPAC 市場規模。（資料來源：SPAC Analytics, Alpha Rank SPAC Monitor, 2020.08.30）

SPAC 的兩大魅力：
實現短期套利及分散投資效果

　　如果有興趣投資美國 SPAC，就應該養成隨時關注 SPAC 公開發行消息的習慣。

　　SPAC 的真正價值在於藉由篩選投資對象，發掘並併購真正有價值的公司，因此比起一般的 IPO，能更有效率地在公開市場上市並獲利。如果把 SPAC 或權證視為投資標的並加以關注，那麼就要思考一下，那些 SPAC 的經理人和其投資過程，是否值得信賴。

　　SPAC 類似於一種散戶可投資、具有盲池（Blind Pool）私募基金的概念，因此在分散投資部位時可以達到不錯的效

果。但建議不要將其視為短期獲利的投機標的，而是要先了解
SPAC 所提出的價值後再判斷是否投資，也建議投資後至少持
有 2 年較適當。

美國股票分割的
誤解與真相

股票分割對股價的影響

只不過是切成小塊再賣出

為了和朋友們分享，把一盤分為 6 片的披薩切成 12 片，會有什麼變化呢？即使將 6 片披薩切成 12 片，整盤披薩還是沒有改變，由於不是整盤披薩變大了，所以每人分到的披薩也沒有改變，只是本來是吃一大片，現在吃兩塊小片而已。如果本來吃的量就少，只能吃一小片的話，給一大片也會剩下一半，因為胃容量就是這麼大。切成小塊只是為了只想吃一點時，能更方便吃而已。

股票分割理論上（Stock Split）也是如此。「股票分割」顧名思義就是按照一定比例分割現有股票，與公司的基本面無

關，也不會發表任何基本面的資訊，因為公司基本面沒有任何變化，唯一有變化的是股票單價（Price Tag）。假設持有 1 股 1,000 美元的股票，如果以 4 比 1 分割，就會變成持有 4 股 250 美元的股票，股票總額還是 1,000 美元，這一點並未改變。

為什麼 Tesla 的股價，
在發表股票分割後上漲了 50％？

搞懂股票分割的原理後，你可能會對下面的美國股票分割案例感到驚慌。2020 年 7 月 30 日，Apple 宣布將以 4 比 1 的比例分割股票，消息發表當天股價上漲了 11％ 以上，不到 1 個月就上漲了近 30％。而 Tesla 在公布第 2 季財報時股價表現不振、甚至有些下跌，但在 8 月 11 日宣布分割股票後，隔天就上漲了 13％。

到目前為止，Apple 共做了 5 次股票分割，在 1987 年、2000 年、2005 年分別以 2 比 1 的比例分割，2014 年則以 7 比 1 的比例分割，而 2020 年再以 4 比 1 的比例分割。如果從 1987 年就持有 1 股 Apple 股票，那麼到了 2020 年，這 1 股將會變成 224 股（=2×2×2×7×4）。

市場開始對這支股票有不同的認識，特別對散戶產生了很大的心態變化。雖然這只是認知差異和心態變化，但無論如何，這些人也是推動市場的一個軸心，還是會對股價產生影

從 Apple 和 Tesla 宣布股票分割到股票分割前的最後一個交易日（8 月 28 日）間的股價走勢。
方框中是股票分割後的價格。（資料來源：Koyfin, 2020.09.30）

響。如果單純地想想，本來 1,000 美元以上的股票會價格太貴
而根本不考慮買進，但價格突然變成 250 美元，就會產生「要
不要買一股看看」的認知變化。

　　這時候就能吸引更多的散戶，促進股票更多的交易。但對
機構投資者而言，絲毫沒有影響，不管是 1 股 100 美元還是 1

萬美元，企業價值沒有變化，投資規模還是根據特定股票在整個基金中的百分比（%）來調整，投資部位也不會改變。

事實上，即使分割股票可以「讓散戶更容易買到股票」，也無法解釋股價暴漲的現象，因為就算美國散戶買不起 1 股 1,000 美元股票，也可以買進單股的一部分，這稱為零股（Fractional Share）。例如可以持有 5 美元的 Apple 股票、10 美元的 Tesla 股票。雖然這些零股也是散戶向證券商買進證券商所持有的部分股票，但只購買部分股票的概念並沒有變化，更何況現在的證券商根本也沒收什麼手續費了。

由於散戶可以用這樣的方式投資，所以公司分割股票的理由，只能說是公司要利用這些快速增加的散戶，期待能因此推動股價上漲。

華倫・巴菲特不分割股票的理由

如果股票分割有助於增加流動性，並推動股價短期上漲，那為什麼其他公司不做股票分割呢？這正是因為股票分割也存在著缺點。如果說股價的上漲是反映企業價值，那麼不論股價有多貴，對長期投資的價值投資者來說都不是問題。請記住股價上漲和股票被高估，完全是兩回事。

如果高單價股票不做股票分割，就能吸引住重視企業價值的長期投資者，相反來說，如果因為分割股票而降低股票面

額，就會因為單價低而使短期資金紛紛進場，進而讓更多公司不喜歡的投資者湧入，而這代表股價的波動會大幅增加。因此，許多公司都不喜歡股票分割，其中最具代表性的案例就是波克夏·海瑟威 Berkshire Hathaway 公司。

1962 年華倫·巴菲特以每股 7.50 美元的價格持有這支股票，現在每股價值 310,000 美元，上漲約 4,150,000%。由於股票價格過高，媒體、分析師甚至股東們也多次向巴菲特詢問為什麼不分割股票？華倫·巴菲特有個經典答案：

「我不希望那些因為股票分割而買進股票的投資者成為公司股東，因為這些以跟企業價值無關的理由買進股票的人，也會因為與企業價值無關的理由拋售股票。」（Letter to Shareholders, 1984）

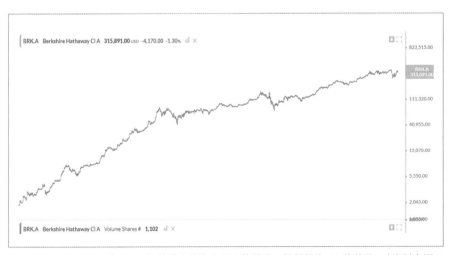

Berkshire Hathaway（BRK-A）的總市值為 4,950 億美元，股價約為 31 萬美元。（資料來源：Koyfin, 2020.09.30）

股票分割對道瓊指數的影響

　　以道瓊指數和 S&P500 指數都包含的 Apple 為例，股票分割對各市場指數有何影響？首先，即使 Apple 以 4 比 1 的比例分割股票，也不會對 S&P500 指數產生影響。由於股票分割推升股價上漲，總市值會增加，因此對指數比重會造成一定程度的影響，但股票分割本身不會影響 S&P500 指數。

　　然而，股票分割卻會對道瓊指數造成巨大影響。道瓊指數是採用價格加權平均（Price-Weighted）方式計算的，換言之，指數的變動依據不是道瓊指數 30 家公司的市值，而是這些公司股價平均價格變動的程度。

　　因此，會對高單價股票的公司股價波動相當敏感。如果 400 美元的 Apple 股票以 4 比 1 分割，每股單價會降至 100 美元的話，那 Apple 股價的波動對道瓊指數的影響將大幅下降。

　　不過這反而會使道瓊指數其他 29 支股票的股價對道瓊指數的影響增加。右圖顯示如果 Apple 在年初（深藍色）進行股票分割，Apple 股價上漲對指數的影響會明顯降低，那道瓊指數會比現在的指數還要低，這是因為包含 Apple 在內的大型股股價的上漲，是拉抬整個指數的主要動力。

　　股市也會有不理性的時候。其實大多數人都是不理性的。不論理論面，在一個認為大型股股票分割是利多消息而推升股價上漲的市場，投資者該如何因應呢？對於已發表股票分割消息，並進入上升曲段的股票來說，風險太大了，可期待報酬率

▶ 實際道瓊指數走勢，跟假設 Apple 在 2020 年初分割股票的道瓊指數
走勢之比較

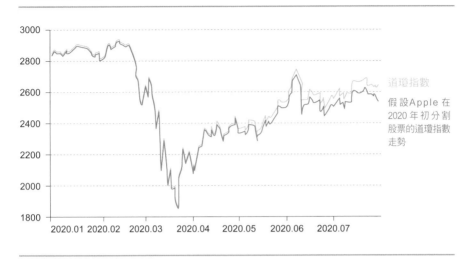

道瓊指數

假設 Apple 在
2020 年初分割
股票的道瓊指數
走勢

（資料來源：Dow Jones Market Data）

也太低。

　　從過去的股票分割案例來看，市場關注度在發表新聞的當天最高，之後也持續受到高度關注，並推升股價上漲。近年來隨著越來越多散戶進入市場，這種上漲行情也逐漸增大。

　　但在分割股票之後，股價只恢復到原來的價位或甚至更低價格的案例也不少，這一點可以從股票分割的前後市值變化觀察到。如果股票分割後才納入道瓊指數等多種利多消息下，還是可以期待股價會繼續上漲。

　　相反的，在市場都期待的情況下買進股票時，因買進的價格已經反映出這種期待感，因此即使上漲，幅度也很有限。那還不如投資其他體質健全、有分割潛力的成長股。好的股票在

基本面成長的同時，可以透過股票分割、釋出更多股票以增加流動性，從而加速股價上漲。

在華爾街人們討論最多、最有可能發表股票分割的 Amazon 就是一個代表案例。首先，如果從股票面額看，1 股 3,200 美元，這是散戶不敢奢望的價位。更何況從經常牽制 Apple 的 Amazon 來看，完全可以從最近 Apple 的股票分割新聞及股價變化去考慮股票分割的事，且 Amazon 沒有被列入道瓊指數，也是因為股價過高的關係。

正如前面所說，按照道瓊指數的計算方式，如果將 Amazon 納入指數中，那將會打破與其他公司股票間的均衡，因此道瓊指數委員會（Committee）不會允許將 Amazon 納入指數。

考量 Amazon 股價在超過 3,000 美元後仍快速上漲，分割比例應該可以到 15 比 1，甚至 20 比 1。以類似的邏輯去推測，Google、Netflix、Microsoft、奇波雷墨西哥燒烤 Chipotle Mexican Grill（NYSE：CMG）、Adobe（NASDAQ: ADBE） 等公司也有可能分割股票。

Amazon 自 1997 年 IPO 以來，已經進行了 3 次股票分割，但都是在 1990 年代完成的。在 2000 年代開始被當作成長股、股價受到溢價暴漲以來，還沒有分割過股票。如果 IPO 當時，持有 100 股 Amazon 每股 18 美元的股票，再經過 3 次股票分割和這段時間的股價上漲，持有股票價值將從 1,800 美元增加到 380 萬美元。

總之，股票分割在短期流動性增加方面，可能是個利多消

息，但只有在基本面健全、企業價值增加時，股價才會上漲。若公司沒有更多的成長，光是股票分割，股價也不會持續上漲。

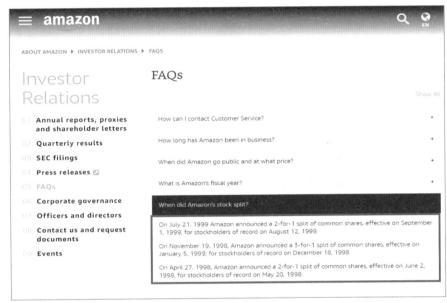

介紹分割股票歷史的 Amazon IR 網站。（資料來源：Amazon Investor Relations）

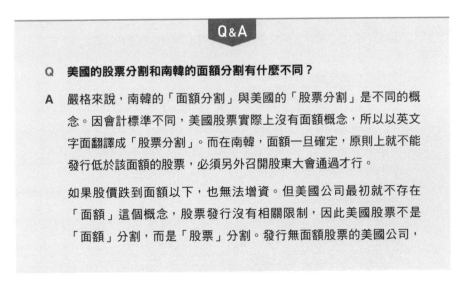

Q&A

Q 美國的股票分割和南韓的面額分割有什麼不同？

A 嚴格來說，南韓的「面額分割」與美國的「股票分割」是不同的概念。因會計標準不同，美國股票實際上沒有面額概念，所以以英文字面翻譯成「股票分割」。而在南韓，面額一旦確定，原則上就不能發行低於該面額的股票，必須另外召開股東大會通過才行。

如果股價跌到面額以下，也無法增資。但美國公司最初就不存在「面額」這個概念，股票發行沒有相關限制，因此美國股票不是「面額」分割，而是「股票」分割。發行無面額股票的美國公司，

相對容易進行股票分割和股票合併（Reverse Stock Split），因此在
資金籌措上會比較容易。

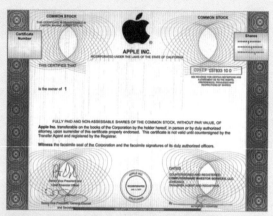

這是 Apple 股票實體證券（Stock Certificate），沒有面
額也沒有標記，只記載了該股東持有的股票數量。

台灣的股票分割，俗語叫做拆股，不過，通常需要該股的股票，
是屬於高價股，比如，台灣曾經的股王矽力 -KY，史上最高曾站上
5490 元，等於買一張要 549 萬，對這些高價股的公司來說，進行股
票分割，不但能達到降低股價的目的，使價格變得平易近人，還更
容易刺激更多投資人的購買意願，同時也能增加股票的流動性。

Q 股票合併是什麼？

A 指將單價低的股票合併以提高股價。例如，每股 50 美分的 10 股股
票，合併成 1 股 5 美元的股票。股票合併是為了提高低股價，恰好
與股票分割相反。雖然股票數量減少這一點，與減資相似，但資本
額和股東的股票價值沒有變化。

根據美國納斯達克交易所的上市規定，股價下跌到 1 美元以下的
股票，若持續逾 3 個月將被要求下市。因此那些財政狀況不佳的
Penny Stock，常採取股票合併的策略，將股價維持在 1 美元以上。

公司減少、不發股利
的徵兆
投資股利股的注意事項

高殖利率就是對股東好的公司嗎？

　　美國公司通常對股東友好，股利支付率也不錯。因此，以每月或季度按時發放的股利為投資標的，集中投資高股利股的策略還算可以接受，但當選股的標準就只關注「高殖利率」或「長期配發股利」時，就會有問題了。

　　美國公司的股利由其股利支付率決定，而公司是根據長期目標股利支付率（Target Payout Ratio）計算股利，殖利率只是一個結果值。因此，在評估一家公司的股利支付率時，要看的是股利支付率的趨勢，而不是股利支付率的變化。即使在不景氣的情況下，也會有公司的股價和股利同時成長，但過去的股

▶ **美國產業別股利支付率比較**

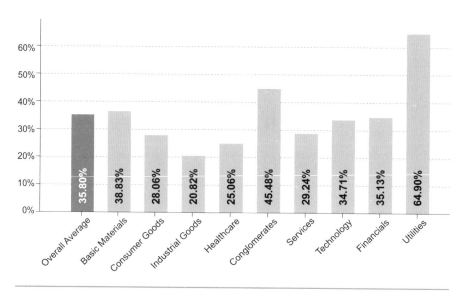

不動產和 REITs 因股利支付率的會計標準不同而不列入比較項目中。
Overall Average：總體平均 |Basic Materials：基礎材料 |Consumer Goods：消費品 |Industrial Goods：工業品 |Healthcare：醫療照護 |Conglomerates：集團公司（為控股公司，旗下有多家子公司，業務涉及多個產業）|Services：服務業 |Technology：科技 |Financials：金融 |Utilities：公用事業（資料來源：Dividend.com, 2016.07.04）

利支付率並不能保證股利的可持續性。

這點只要仔細想一想股利的定義，就會找到答案。股利是指公司將保留盈餘返還給股東，因此，已經進入成熟期的公司通常股利支付率也會比較高。如果公司為了成長擴張，需要資金投入資本支出時，則會將保留盈餘投入資本支出而不會配發股利。當然，進入成熟期的高股利公司，如果每股盈餘 EPS 和現金流量等表現不佳，導致沒有保留盈餘時，也無法維持股利配發。

首先，我們來了解「高殖利率」的意思。以下是殖利率的計算公式：

$$殖利率\ Dividend\ Yield\ \% = \frac{年度每股股利\ Annualized\ Dividend\ Per\ Share}{當前股價\ Current\ Price}$$

　　高殖利率表示兩種意思，一個是年度配發股利金額高，另一個是當前股價偏低。例如，A 公司的殖利率原本為 2.5%，A 公司股票的年度股利是 2.5 美元，而當前股價是 100 美元。如因營收不佳和外部的利空消息，導致股價下跌一半剩下 50 美元，此時殖利率就變成 5%。這樣一來，A 公司股票算是「高股利股票」嗎？有這種狀況的公司，通常會削減股利（Dividend Cut）或是暫停配發股利（Dividend Suspension）。

　　股利發放事宜主要由公司董事會（Board of Directors）和經營團隊討論決定，公司會在下季的營收公布期間宣布，或者如果有更緊急的情況，會在下一個股利支付日期前，發表新聞稿（Press Release）向股東說明。在董事會做出此一決定之前，市場多會察覺到股利可能削減而出脫股票，導致股價下跌，這時就會出現公司殖利率變高的扭曲現象。

　　那假設 B 公司的股價沒有下跌，目前的殖利率為 5%，這公司的股票就是安全的、高股利的股票嗎？這也無從得知。相對於股利，該公司可能營收沒有成長，也可能沒有多餘的留存利潤去投資，如果由於中長期營收惡化導致股利支付率上揚，則隨時可能會削減股利。美國股市對削減股利反應非常敏感，

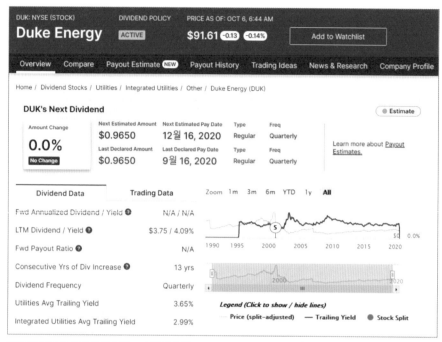

股利股各種指標的分析網站。（資料來源：Dividend, 2020.10.07）

▶ 標普 500 成分股中減少或暫停派息的股票數量現狀

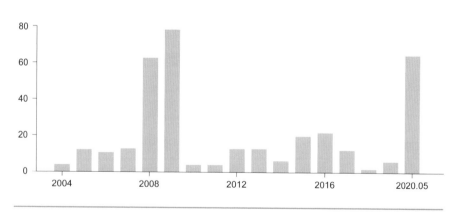

在新冠疫情衝擊經濟最大的 2020 年第 2 季（5 月 4 日為基準）期間，共有 639 家公司削減或暫停配發股利。2009 年金融危機後達最高值。（資料來源：CNBC）

在發表削減股利的瞬間，股價就會暴跌。如果因為殖利率高就直接投資，稍有不慎就會虧錢。

反之亦然。例如 C 公司的殖利率為 1.0%，年度股利為每股 1 美元，當前股價為 100 美元。而 C 公司的同業公司平均殖利率為 2%。此時，是否要將 C 公司的股票，看作是低股利股而排除在投資名單之外？光看殖利率是無法得知的。

因為殖利率比同業低的原因，可能是受到各種不同因素的影響。像是可能為了發展新事業而保留更多的現金，因此沒有足夠的營收來支付股利，但也有可能是現金流出了問題等等多種因素。

也就是說，偏低的殖利率可能只是要保留資金發展業務的短暫現象，但也可能是公司經營惡化的警訊，或可能有其他投資標的。

所以我們必須去了解高股利股票的高股利原因、低股利股票的低股利原因。而要找出原因，就要看公司的公開揭露資料和財務報表。

無法配發股利的公司，無論是整體經濟狀況還是公司本身的問題，都會隨時削減股利或乾脆暫停配發股利。因此，要投資股利股票之前，不只看殖利率這個指標，還要了解公司整體財務狀況以確認股利配發的可持續性。

想了解公司的股利支付率，
要看財報的什麼地方？

所有的答案都在財務報表內，那麼，該如何解讀財務報表的哪個部分，才能真正了解公司的股利支付率呢？由於會配發多少股利要看公司的股利支付率，所以首先要先知道哪些指標跟股利支付率有關。

一般來說，會由公司淨利跟每股盈餘決定股利支付率，從而得知會配發多少股利。但如果是 REITs 就不是看每股盈餘，而是看 AFFO 才決定股利支付率的。為了幫助理解，下面以電信公司 AT&T 為例。

右頁是 AT&T 最近季報資料和 10-Q 報告，首先我們要在 10-Q 報告的損益表（Consolidated Statement of Income）中看兩個數字，分別是普通股本期淨利（Net Income Attributable to Common Stock）和稀釋後每股盈餘（Diluted Earnings Per Share Attributable to Common Stock）。

一般來說，如果將這些數字套用於股利支付率，就可以估算出當季的股利。本季 AT&T 公布的股利是每股 52 美分，換算成年度股利為 2.08（=$0.52×4）美元。以目前股價為 27 美元來說，預估股利殖利率（Fwd Yield）為 6.93%（=$2.08/$30），算是相當高。

另外，本季的每股盈餘為每股 17 美分，股利支付率為 305.8%（=$0.52/$0.17。看到這數字，好像有點怪怪的？僅 17

美分的每股盈餘要如何支付高達每股 52 美分的股利？超過
300% 的股利支付率又是怎麼回事？

PART I - FINANCIAL INFORMATION
Item 1. Financial Statements

AT&T INC.
CONSOLIDATED STATEMENTS OF INCOME
Dollars in millions except per share amounts
(Unaudited)

	Three months ended June 30,		Six months ended June 30,	
	2020	2019	2020	2019
Operating Revenues				
Service	$ 37,051	$ 41,023	$ 75,934	$ 81,707
Equipment	3,899	3,934	7,795	8,077
Total operating revenues	40,950	44,957	83,729	89,784
Operating Expenses				
Cost of revenues				
Equipment	3,978	4,061	8,070	8,563
Broadcast, programming and operations	5,889	7,730	12,643	15,382
Other cost of revenues (exclusive of depreciation and amortization shown separately below)	8,116	8,721	16,458	17,306
Selling, general and administrative	9,831	9,844	18,591	19,493
Asset impairments and abandonments	2,319	-	2,442	-
Depreciation and amortization	7,285	7,101	14,507	14,307
Total operating expenses	37,418	37,457	72,711	75,051
Operating Income	3,532	7,500	11,018	14,733
Other Income (Expense)				
Interest expense	(2,041)	(2,149)	(4,059)	(4,290)
Equity in net income (loss) of affiliates	(10)	40	(16)	33
Other income (expense) – net	1,017	(318)	1,820	(32)
Total other income (expense)	(1,034)	(2,427)	(2,255)	(4,289)
Income Before Income Taxes	2,498	5,073	8,763	10,444
Income tax expense	935	1,099	2,237	2,122
Net Income	1,563	3,974	6,526	8,322
Less: Net Income Attributable to Noncontrolling Interest	(282)	(261)	(635)	(513)
Net Income Attributable to AT&T	$ 1,281	$ 3,713	$ 5,891	$ 7,809
Less: Preferred Stock Dividends	(52)	-	(84)	-
Net Income Attributable to Common Stock	$ 1,229	$ 3,713	$ 5,807	$ 7,809
Basic Earnings Per Share Attributable to Common Stock	$ 0.17	$ 0.51	$ 0.81	$ 1.06
Diluted Earnings Per Share Attributable to Common Stock	$ 0.17	$ 0.51	$ 0.81	$ 1.06
Weighted Average Number of Common Shares Outstanding – Basic (in millions)	7,145	7,323	7,166	7,318
Weighted Average Number of Common Shares Outstanding – with Dilution (in millions)	7,170	7,353	7,192	7,347

See Notes to Consolidated Financial Statements.

AT&T 的損益表提供了可估算股利的公司營業利益和淨利之相關數字。（資料來源：10-Q, T,
2020.08.05）

那麼就從財務報表看看每股盈餘的淨利（Net Income）是如何計算的。損益表的第一行「營業收入合計」（Total Operating Revenues），有各個營業費用項目，大多都是通訊業務設備費用、通訊費用、廣播節目營運費用及 SG&A 費用。

　　營業費用的最後兩個項目加起來將近 100 億美元，分別是「資產減損」（Asset Impairments）和「折舊費用」（Depreciation & Amortization）。將這些費用全部扣除後得出的營業利益率（Operating Income Margin）只有 8% 左右。

　　看到這個數字，你應該會覺得奇怪，資產減損和折舊費用等非實際現金支出的會計費用，約占全部營業費用的三分之一，營業利益看起來很低。基於電信公司的特性，許多與通訊相關的各種基礎設施、設備、建築、不動產等規模較大的有形資產，根據會計規定，要將這些資產折舊費用全部扣除，才會計算出營業利益。

　　而營業利益下面的費用項目中，最引人注目的是超過 20 億美元的利息費用，這是由於業務開發和發展的需求而借入了很高的貸款，與負債類似的優先股也不少，因此也有優先股股利費用（優先股利息費用）。

　　在扣除所有費用後，可以算出普通股的本期淨利，而本期淨利和每股盈餘是未考慮公司產業特性，單純以會計標準計算出來的數字。這樣看來，AT&T 的每股盈餘幾乎與現金持有水準（判斷是否有能力向股東支付股利的指標）無關。

　　因此，AT&T 經營團隊是以自由現金流為依據來決定股利

支付率，並公布季度股利事宜。下圖是在近期發表跟 AT&T 股利支付率相關的資料。以 2020 年第 2 季自由現金流為基準，股利支付率設定為 49%，每股分紅 52 美分。

AT&T Reports Second-Quarter Results

Strong cash flows reflect resiliency of core subscription businesses; balance sheet strengthened; business transformation underway

- **Diluted EPS** of $0.17 as reported compared to $0.51 in the year-ago quarter
- **Adjusted EPS** of $0.83 compared to $0.89 in the year-ago quarter (did not adjust for COVID-19 impacts: ($0.03) of incremental costs and ($0.06) of estimated revenues)
- **Cash from operations** of $12.1 billion
- **Capital expenditures** of $4.5 billion; purchased additional $1 billion in new spectrum for 5G
- **Free cash flow** of $7.6 billion; total dividend payout ratio of 49%[1]
- **Consolidated revenues** of $41.0 billion

AT&T 在 2020 年第 2 季 Earnings Release 報告中，揭露可用來配發股利的自由現金流。（資料來源：Earnings Release, T, 2020 年第 2 季）

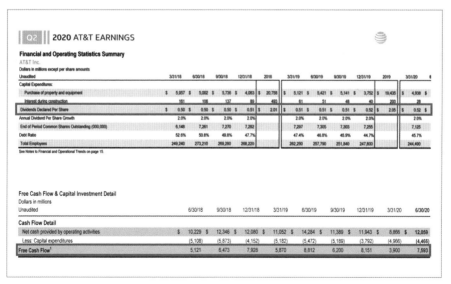

揭露 AT&T 季度股利和自由現金流變化的公開揭露資料。（資料來源：Financial and Operational Trends, T, 2020 年第 2 季）

如公開揭露資料所示，將營業現金淨額（Net Cash from Operating Activities）扣除資本支出費用（Capital Expenditures）後就可以算出可支付現金股利的能力的自由現金流。還有其他算法可以更精確地計算出估算企業價值所需要的自由現金流，但這裡暫略不提。

為了估算出符合 AT&T 這樣的公司經營團隊所定義的自由現金流，以及最終的股利支付率，這裡只扣除了具代表性的資本支出費用。由於正在積極投資 5G、Fiber Broad-band、HBO Max 等新成長動力之 5G 相關業務，因此將大多數的自由現金流轉入資本支出。

從自由現金流變化來看，自由現金流在過去幾個季度持續增加中，在 AT&T 最近的電話會議中，CFO 明確說明了資本支出和自由現金流的規模：

「年初公布的 200 億美元資本支出計畫仍然有效。現金流將投入營業活動以帶動營收成長，不會以減少資本支出的方式來保留現金。」（Senior Executive VP & CFO，2020 年第 2 季電話會議）

站在股東的立場，可以發現這家公司創造的自由現金流，既不忽略為營收成長而需要的資本投資，又可負擔正常營業活動的營業費用、利息費用等支出。至少從目前為止的營收表現及公開揭露資料為基礎來分析，可以得到這家公司不用削減股

利或暫停配發股利，就能維持目前股利支付率的結論。

但如果在未來發表的營收財報中出現公司經營環境有問題而導致自由現金流減少、財務槓桿操作導致利息支出大幅增加、現金不足需要調整先前規劃的資本支出等狀況，那就要開始質疑後續能否維持股利支付率。

如果不綜合分析公司的營收及財務狀況，僅根據過去的股利支付率或目前的殖利率去判斷這家公司是不是值得投資的股利股，是沒有意義的，一定要了解殖利率背後的意義並應用在理財投資上。

股利支付率的風險評估項目

· **公司營收與現金流量**（Earnings and Cash Flow）

公司的營業利益、現金流量、EPS、AFFOPS、FCF 增加了，是否代表股利也會增加？公司營業利益有所成長，再配合股利支付率，股利才會增加。如果沒有足夠的現金，就沒有能力配發股利。

· **股利支付率的變化趨勢**

如果股利支付率曲線向上，股利也會增加，這是因為經營團隊和董事會認為公司的未來營業利益會成長。如果曲線向下，這是公司營業利益惡化的信號，也是股利支付率削減的徵兆。

· **股利的派發變化模式**（Dividend History/Trend）

股利是否維持一定區間，或是持續增加？波動幅度有增

加嗎？過去是否曾暫停配發過股利，理由是什麼呢？

- **殖利率的估算標準**

  是以過去 1 年的股利（LTM）為基準估算，還是以最新公布的股利去推算未來一年（Forward）的殖利率呢？如果是 ETF 的股利，估算殖利率時，分母是用基金股價還是淨資產？股價和淨資產是否存在巨大差異？

Q&A

Q　如何比較不同股利配發模式之間的殖利率呢？

A　美國公司的股利配發週期都不同（按月、按季度、按半年），如果要比較股利股，就要以每年支付的每股股利，即殖利率（Dividend Rate）為標準進行比較。按月配發的股票以「股利 ×12/ 股價」計算，按季度配發的股票以「股利 ×4/ 股價」計算。年殖利率（Annualized Dividend Yield）採以下兩種方式揭露：

預估股利殖利率（Fwd Yield）是將最新發表的每股股利，換算成年度股利，例如上季每股股利只有 40 美分，但在本季股利是 42 美分，那麼殖利率就是「$0.42×4/ 當前股價」。一般在揭露殖利率時，主要都是使用預估股利殖利率，這是因為基於最近的股利，而不是過去的股利配發歷史來計算股利支付率，較能在動態的環境中，明確反映未來的股利支付率。

追蹤殖利率（LTM Yield、Trailing Yield）是以過去 12 個月，已支付或發表的股利為標準的股利率計算方式，例如前 3 季每股股利只有 40 美分，但在本季股利是 42 美分，那麼殖利率就是「($0.40×3+$0.42)/ 當前股價」。

有利多消息，
但股價卻沒漲？

解讀投資心理的方法

已反映在股價的利多消息，對股價不會產生影響

　　股價是反映未來價值的價格，而這個未來價值也包含了市場的期待。當前股價的正確概念，可以呈現為：

　　當前股價＝公司未來價值＋市場的期待

　　市場期待可能是正面也可能是負面的，所以會基於期待對公司未來價值加以溢價或是折價，這分別被稱為「市場溢價」、「市場折價」，從某種角度看，這是理所當然的事情。股價只是市場所接受的企業價值，無關乎內在價值，就是根據市

場的期待感或漲或跌。但理解這一事實，與實際感受上完全是
兩回事。

2020 年 7 月 22 日，Tesla 公布了第 2 季業績。其營收超過
了華爾街分析師對 Tesla 的成長和對營收持保守態度的共識。
營收的市場共識是 53 億 7,000 萬美元，不過實際營收卻高達 60
億美元以上。發表的 EPS 則是 0.50 美元，優於分析師預測平均
的 0.03 美元。

Tesla 連續 4 個季度實現盈餘（Positive Net Income），滿足
了納入 S&P500 指數的基本條件。收盤後發表的第 2 季營收被
媒體大幅報導，認為這是利多消息，因此股東們也期待第二天
股價的暴漲，但第二天 Tesla 股價幾乎沒有波動，反而小幅下
跌。很多股東生氣地說：

FINANCIAL SUMMARY
(Unaudited)

($ in millions, except percentages and per share data)	Q2-2019	Q3-2019	Q4-2019	Q1-2020	Q2-2020	QoQ	YoY
Automotive revenues	5,376	5,353	6,368	5,132	5,179	1%	-4%
of which regulatory credits	111	134	133	354	428	21%	286%
Automotive gross profit	1,016	1,222	1,434	1,311	1,317	0%	30%
Automotive gross margin	18.9%	22.8%	22.5%	25.5%	25.4%	-12 bp	653 bp
Total revenues	6,350	6,303	7,384	5,985	6,036	1%	-5%
Total gross profit	921	1,191	1,391	1,234	1,267	3%	38%
Total GAAP gross margin	14.5%	18.9%	18.8%	20.6%	21.0%	37 bp	649 bp
Operating expenses	1,088	930	1,032	951	940	-1%	-14%
(Loss) income from operations	(167)	261	359	283	327	16%	N/A
Operating margin	-2.6%	4.1%	4.9%	4.7%	5.4%	69 bp	805 bp
Adjusted EBITDA	572	1,083	1,175	951	1,209	27%	111%
Adjusted EBITDA margin	9.0%	17.2%	15.9%	15.9%	20.0%	414 bp	1,102 bp
Net (loss) income attributable to common stockholders (GAAP)	(408)	143	105	16	104	550%	N/A
Net (loss) income attributable to common stockholders (non-GAAP)	(198)	342	386	227	451	99%	N/A
EPS attributable to common stockholders, diluted (GAAP)	(2.31)	0.78	0.56	0.08	0.50	525%	N/A
EPS attributable to common stockholders, diluted (non-GAAP)	(1.12)	1.86	2.06	1.14	2.18	91%	N/A
Net cash provided by (used in) operating activities	864	756	1,425	(440)	964	N/A	12%
Capital expenditures	(250)	(385)	(412)	(455)	(546)	20%	118%
Free cash flow	614	371	1,013	(895)	418	N/A	-32%
Cash and cash equivalents	4,955	5,338	6,268	8,080	8,615	7%	74%

Tesla 的 2020 年第 2 季季報。（資料來源：Press Release, TSLA, 2020.07.22）

「營收優於預期是個利多消息，股價怎麼不漲呢？」為什麼公布超出預期的好成績，股價卻還是沒反應呢？如果從反向來思考的話，會發現答案很簡單。

「有誰是因為 Tesla 營收不如預期（指第 2 季虧損）才買進 Tesla 的股票呢？」

了解 Tesla 未來價值並相信其會超越這個價值的投資人，早已藉由持有股票反映了他們對股價的預期。那些提前反映未來 5 年或 10 年，看到 Tesla 未來價值的人，早已買了 Tesla 的股票；相反的，對 Tesla 的發展抱持懷疑態度的人就不會買進 Tesla 的股票，所以也不會對 Tesla 公布營收後的股價造成影響。另外，悲觀認為並相信 Tesla 股票已經被高估的投資者，如果沒有賣掉持股或是清算整個部位，對股價也不會有所影響。

而目前無法經由股價走勢圖，去了解不同市場中的眾多投資者是抱持什麼心態去進行交易。總而言之，Tesla 股票之所以對利多消息沒有反應，是因為現在市場交易的價格已反映了對利多消息的期待。

股價是不會說謊的

推動股價上漲的期待心態，也適用於預期股價下跌（更容易、更強勢），因此需要特別注意。促使股價大幅上漲的特殊事件或因素，市場稱為催化劑事件（Catalyst）。如果打算將股

票變現或調整部位，最好提前確認股票催化劑事件的預計發生日期，並密切關注前一天和當天的股價變化。

例如，9 月 4 日是 Tesla 季度財報發表日，同時會決定是否納入 S&P500 指數；9 月 22 日則是 CEO 伊隆・馬斯克積極宣傳預定將發表電池技術、Tesla 未來發展藍圖的電池日（Battery Day），這兩天都是主要催化日。

有關期待淨利創紀錄的第 2 季財報發表結果，在前面已經說明過，後續將解說納入 S&P500 指數的催化劑事件。納入代表美國市場的 S&P500 指數，具有相當大的意義，被納入指數本身就是大利多，也因此推動股價上漲。

資產管理公司、退休基金等機構投資者，他們的營運績效多與 S&P500 指數連動，若 S&P500 指數納入 Tesla，這些機構投資者為了追蹤 S&P500 指數，也不得不買進 Tesla 而推動股價上漲。以 2020 年為基準，追蹤 S&P500 的機構營運資金超過 11 兆美元，這是一件對股價非常有影響力的事件。因此，有權決定是否納入 S&P500 的指數委員會（Index Committee），會在討論各種條件是否滿足後做出最終決定。

如果要納入 S&P500 指數，必須是市值最少 82 億美元以上的美國法人、市場流動性要夠高、發行股票總數的一半以上都在市場流通（Public Float），包括最近季度在內，過去的 4 個季度都要連續保持實現盈餘。

不過，這些都只是量化評估的標準。雖然沒有明確條件，但委員會認為，為了市場效率和健全性，也要有重要的質性評

估標準，因此，即使滿足上述條件，也不能確定會被納入指數。

　　而 Tesla 就是這種情況。在當時推動股價暴漲的是市場對其將被納入 S&P500 指數的期待，事實上，截至第 2 季，當 Tesla 達到所有納入該指數的標準時，看好 Tesla 的投資者（Tesla Bulls）已將其被納入視為既定事實，但委員會公布最終決定的那一天，結果卻與預期相反：Tesla 並沒有被納入 S&P500 指數。

　　無論市場追捧帶動股價上漲、總市值、實現盈餘等指標都達成了，S&P 委員會還是以估值過高（Over-valuation）、市場波動過大以及營收和實現盈餘的可持續性為由拒絕納入 Tesla。當時有意見說，如果 Tesla 股價波動幅度減少，S&P 委員會將會重啟討論，在 3 個月後，委員會於 2020 年 12 月 21 日終於同意將 Tesla 納入 S&P500 指數。

　　成功公開發行之後，因為利多消息是以最終批准日 11 月 17 日為準，而非股票被編入指數並開始交易日，所以當指數追蹤機構確定將其編入投資組合的收購勢頭出現，就是買進的時刻。當組成指數的成分（Component）開始交易，就已經吸收了所有利多消息，因此僅憑被編入指數這件事本身不會帶來任何附加動能，需要其他催化劑的加成。

　　另外一個雲霄飛車的例子還有莫德納（NASDAQ：MRNA）。莫德納因為 Covid-19 疫苗主題類股受到矚目，在 2020 年一整年持續相當的漲勢，不過要到進入 2021 年第 2 季財報週之後，隨著經營團隊不斷釋出關於疫苗供給量的正面訊號，並在法說會及各種分析師大會、會議上發表訊息，股價才

正式開始好轉（Pickup）。

因為是疫苗主題類股，能夠左右莫德納這類公司股價的最大決定性因素正是營業收入會隨著疫苗供應合約簽訂而增加的「可能性」。

這裡的關鍵字「可能性」是指對於營收成長的期待。投資人對於疫苗供應量往後確定會持續增加抱有期待，股價才會成長。若市場感應到任何一點與之相反的風吹草動或是公開數據，動能便會瓦解。來觀察2021年夏季的莫德納股價走勢吧。

整個7月，和阿根廷政府簽訂2,000萬劑的供應合約；與日本政府、日本合作夥伴武田製藥簽訂到2022年為止的5,000萬劑追加劑供應合約；與台灣政府簽訂到2022年為止的含追加劑在內的2,000萬劑供應合約、到2023年為止的1,500萬劑供應合約。

隨後又接連迎來被編入S&P500等利多消息。再加上對於確定全球追加供應的期待，7月整月間莫德納的股價飛漲50%，8月又達到52週新高，追加上漲30%等，創下了新紀錄。不只是追加供應合約而已，針對接種第三劑者抗體增加的追加劑正面新聞、莫德納疫苗本身的效果增加、通過美國FDA批准，以及發表疫苗周邊藥物的產品線（Pipeline）相關消息等等，這些利多消息都會立刻反映在股價上。

莫德納的股價在3個月內上漲約兩倍，從年初至今

（YTD，Year To Date）以 300% 以上的報酬率翻漲 4 倍。不過從某種程度來說，這一切都是因為對於日後供應量和開發的「期待值」還在繼續。當反面數據公開，基於預期心理的動能被推翻的時刻，這種「期待」便可能會突然崩塌。

隨著供應至特定地區的莫德納疫苗遭到汙染（contamination）的新聞發布，投資人擔心該國可能中斷進口追加疫苗，導致股價多次下滑。對於急速攀升的股價，最有力的煞車莫過於財報週發表的公開資訊。以 2021 年第 3 季財報週為例，一起來分析看看吧。

如最右行所示，發表的第 3 季營業收入、營業利益、EPS 全部都比分析師預期數值低了 20% 左右。作為基於疫苗供應的成長股，營收成長率比預期低了 20% 以上，導致股價在營收發表當天到次日之間下跌了約 35%。

莫德納圖表上的標示部分對照日期如下方表格所示。（資料來源：Barchart，2021.11.30）

▶ 莫德納的各交易日收盤價、主要公開資訊及活動（2021 年 7 月至 9 月）

交易日	收盤價（美元）	主要公開資訊及活動
6.30	234.98	與世界各國政府簽訂往後幾年間的供應合約，這個利多消息帶給投資人對公司成長的預期心理，使股價飛漲。
7.21	321.11	莫德納編入 S&P500 的日子
8.3	386.51	發表第 2 季營收後，股價經歷暴漲暴跌
8.10	456.76	盤中達到 52 週新高（497.49）
11.3	345.92	發表第 3 季營收後，股價急落
11.5	236.99	經營團隊宣布將因應病毒變異株進一步開發疫苗，使投資人產生期待

▶ 莫德納的 2021 年第 3 季實際營收數值和分析師共識比較

（單位：百萬美元、百萬股）

Income Statement Analysis	3QA	3QE Consensus	3QA vs. Consensus
mRNA-1273	$4,810	$5,827	-17%
Other	$159	$373	-57%
Net Revenue	**$4,969**	**$6,200**	**-20%**
Cost of Sales	$722	$1,180	-39%
SG&A	$168	$141	19%
R&D	$521	$483	8%
Total OpEx	$1,411	$1,804	-11%
Operating Income	**$3,558**	**$4,399**	**-19%**
Interest Income/(expense)	$4	$0	-
EBT	**$3,552**	**$4,346**	**-18%**
Taxes	$219	$499	-56%
Net income GAAP	**$3,333**	**$3,897**	**-14%**
EPS GAAP (diluted)	**$7.70**	**$9.22**	**-16%**
Diluted Shares	434	-	-

像這樣針對實際營收和華爾街共識數值進行比較的資訊會在 Earnings Release 上公開，也會在各種公開資訊及新聞快報中即時更新，尤其是這種以擔保成長率為動能的股票，市場對於營收偏離分析師期待值的反應很敏感。所以要記得開啟公開資訊通知，以利隨時掌握消息並採取應對措施。

　　所有股票都提早反映了對未來價值的期待，當前股價就是一個提早反映市場對公司未來價值的期待數字，只要公司表現與預期稍有不同，股票價格就會基於新的期待而調整波動方向。請記住這一點：股價不會說謊。

CHAPTER 5

美國股市
常用的投資策略

左右報酬率的
風險管理

避險基金的交易指定價格和期權策略

投資報酬的真實假象

有一天，一個律師朋友傳了一個影片給我，說這是他近期看到「最實際的投資哲學」影片。那位朋友說：「為了能順利投資股票，買了好幾本書，聽了付費演講，還看了 YouTube 上有名的 Super K 的投資影片，打了一些基礎。」

「所以印象最深刻的是什麼？」

「設定實際的目標，不要貪心！他說 1 年只要有 50% 就可以滿足了，要把回收本金作為鐵律。」

「嗯，那你制定的實際目標是？」

「因為我還是新手，所以不想太貪心，報酬率有 30% 就可

以了。」

　　到底是哪裡出問題？這些內容根本是在鼓勵投機？這位聽了「真實建議」的朋友，是不是太天真了？這位朋友所說的「不貪心，年化報酬率 30% 就好」，簡直就是妄想！

　　說真的，一旦你聽信了身邊那些「靠股票發財」的話，說幾個月內就賺了 50% 的報酬，幾年來累積投資大漲，賺了 10 倍。你還會覺得 30% 並不貪心嗎？

　　30% 的年化報酬率，是指 1,000 萬韓元的本金在 1 年後達到 1,300 萬韓元，10 年後達到 1 億 3,786 萬韓元，累積總報酬率大約達 1,380%。順帶提一下，同期美國股市標準普爾 500 指數的報酬率，複合年均成長率（CAGR）只有 14%。

先決定可承擔的風險

　　那位自稱不會太貪心的朋友，跑去開戶，並根據所聽到的「內線消息」，不看財務報表，直接買進某家遊戲公司的股票。他相信該公司的成長性，更相信今年內至少會漲 30% 以上，更因此投入了大部分現金。他說，這樣的風險不高，沒有必要分散投資。

　　我就不說那個朋友，1 年後怎麼樣了。實際上，根本不存在無風險且年化報酬率可以達到 30% 的投資標的。「無風險」和「兩位數的報酬率」基本上是無法共存。

那麼實際上，可以預期的真實報酬率究竟是多少呢？這問題雖然沒有正確答案，但至少投資人要懂得分辨不現實的預期報酬率。現在是零利率時代，無法拿銀行利息來比較，所以你的報酬率目標至少要高於一般的債券利率和通貨膨脹率，且也會依可以承受的風險程度而有所不同。

　　如果以最常見的股票 60%、債券 40% 的比例組成投資組合，較為實際的目標年報酬率會是 8 ～ 10%，由於債券報酬率長期處於低潮，股票比重較高的 Equity biased 投資組合是近來的市場主流，考慮到這一點，只以股票組成的投資組合 All-equity 的目標年報酬率在 10 ～ 15% 也並不離譜。換句話說，優先考慮平均風險接受度的最小報酬率，才是現實中可以達到的平均預期報酬率。

　　投資報酬不是來自個股的選擇和投資方式，而是根據風險大小而不同。如果能接受 2 倍風險，那可預期的報酬率也可以達到 2 倍。

　　因此，要想設定合理的目標報酬率，就不應該單純地只想到賺錢的可能性，更要想到風險的可能性。如果有人打著「保證報酬率 20%」的口號推銷，你應該直接拒絕，否則你可能會成為新聞報導中的金融詐騙被害者。

所有投資策略的基本：風險管理

　　大多數投資者在追求投資報酬時，常會忽略風險的重要性，但實際上所有投資商品和策略的基礎就是對風險的認知。風險不單指「可能損失」，應該稱為「報酬率波動幅度」才是最準確的。諷刺的是我也在進入對沖基金後才真正了解風險管理的重要性。

　　對沖基金以其激進的投資策略而聞名，但實際上，卻是比共同基金或其他機構投資者更保守，並且將風險管理視為策略核心。能夠獲得跑贏大盤的「絕對報酬」，就是藉由優秀的風險對沖策略，獲得風險調整後報酬（Risk-adjusted Returns），也因此才會被稱為「對沖基金」。

▶ 風險偏好和現金持有水準的預期報酬率關係

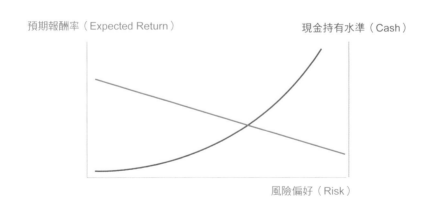

左側縱軸和深藍線表示風險報酬關係，風險偏好越高，預期報酬率越高。右側縱軸為現金持有水準，深藍線表示風險偏好越高，現金持有水準越低。

對散戶最有效的風險管理，就是投資組合的資產分配策略。最好透過適當的分配負相關資產，組成一個可在快速波動市場中，保護平均報酬率的投資組合。根據個人的風險狀況、財務狀況和生命週期，每個人的資產種類和各類權重均不同。因此，有必要在左頁圖表中，知道自己的位置，再制定投資組合策略。

雖然看起來是一張單純的圖表，但裡面有兩個許多人會感到困惑或誤解的地方。首先，「高風險、高報酬」所暗示的是風險報酬的相關性。從圖表中可以看出，風險和報酬成正比，投資者承受的風險越大，相應的回報就越大，因此投資資產的預期報酬率更高。

或者是說，預期報酬率越高的資產，投資者要承擔的風險就越大。這樣看來，預期報酬率和風險間只是正相關，不存在其他的因果關係，但「風險高，收益率高」的說法是不準確的。若要更準確地表達高風險高收益，應該要說「風險越高，預期報酬率越高，但虧損機率也越大」。

Negative Correlation

負相關

指兩種資產的走向相反的情況，意思是當一種資產的價格上漲時，另一種資產的價格就會下跌，反之亦然。如果在兩種走勢相反的資產各放一半的資金，那麼投資組合的資產波動就不會急遽上漲或下跌，也就是說，無論市場如何波動，整個投資組合的價格波動，都可以保持在較低的變動幅度。對沖基金就是將負相關資產組成投資組合，以儘量減少價格波動，並最大限度地提高報酬率。

Positive Correlation

正相關

指兩種資產的走向相同的情況，意思是當一種資產的價格上漲時，另一種資產的價格也會上漲，反之亦然。如果在兩種正相關的資產各放一半的資金，那這兩種資產的走勢會是一樣的，也就是說整個投資組合的波動，會隨著市場而波動，這也是投資者最應避免的情況。

對風險管理的誤解

其次，第二個常見的誤解是錯誤地將「風險偏好」理解為「風險承受度」。風險偏好（Risk Appetite、Risk Tolerance）是指個人接受風險的偏好，意思是為了追求報酬，能承受多少可能造成損失的高度不確定性的指標，大致上可劃分為風險偏好型（Risk-seeking）、風險中性（Risk-neutral）、風險趨避型（Risk-averse）等偏好，越是偏向風險愛好型的人，對風險的偏好越高，而偏好的投資組合策略也完全不同。

高風險偏好的人，投資組合中的高風險資產比重會較高，在股票方面，偏好選擇成長股，在投資商品中，偏好使用選擇權和槓桿，風險管理也比較遲鈍。低風險偏好的人，債券、黃金等低風險的資產比重較高。在股票方面，偏好股利股，也會避免槓桿或選擇權等投資交易。

另外，風險承受能力（Risk Capacity、Risk Threshold）不是個人偏好，而是一種客觀指標，這是指出現風險時，能夠承擔投資組合損失的極限值。當然，這取決於個人的財務能力或整體資產規模，換句話說，高風險偏好的人不一定具有高風險承受能力。如果誤解了這點，投資的期待報酬就跟投機沒有什麼不同。

朋友們經常找我看看他們的投資組合，因為私人投資諮詢本身就存在侷限性和風險，所以我大多會拒絕，但朋友們經常還是會說「如果是這樣，那能不能告訴我，最理想的避險資產

配置比例？」這問題我也不想回答，準確來說，是不能回答。因為可以適用於所有投資者的「理想避險資產配置比例」根本不存在。

　　一位 30 多歲在證券業工作、年薪上億韓元、擁有可俯瞰紐約曼哈頓市中心的房子的人，與另一位到了 50 多歲，時常為了孩子們的大學學費而緊張，但還是希望用先前努力存的錢為養老做理財準備的人，這兩位的投資組合策略會完全不同，風險管理也是如此。

點點滑鼠，防止虧損

第一條原則，不要虧錢。Rule #1.Don't lose money.
第二條原則，不要忘記第一條原則。Rule #2.Don't forget Rule #1.

　　我們投資股票的積極目的是獲利。不過比起獲利，更基本的前提是「不要虧錢」。避免虧損比獲利更加困難，原因是大多數人並未仔細思考過防止虧損的方法。一心只想馬上獲利，沒有心思去考慮虧錢的可能性。

　　大多數虧損最主要、最常見的原因是在沒有為投資項目的虧損和獲利設定停損停利點（毫無計畫）的情況下進場。有獲利能力的交易員會先確定買進的時間點，再建立部位。而屢屢

虧損的人往往只顧著買進，忽略賣出的時間點。

由於對於獲利或虧損沒有一定的標準，自然不知道何時要清空部位。後者我們不稱為交易員，而叫賭徒。這些人的投資決定不是基於策略和計算，而是被心理因素左右的情緒性交易。

這種情況下，虧損很容易擴大。沒有設定停損停利點的情況下，可能會在產生虧損的瞬間持續持有股票，放任虧損擴大；也可能在輕率地實現小額獲利後，股價又進一步上漲，導致承擔機會成本造成的另一種虧損。

想要防止這種非常基礎的錯誤，常用的方式有設定止損（Stop Loss，S/L）、止盈（Take Profit，T/P）的指定價格以及自動交易。ATR（平均真實範圍，Average True Range）表示股價平均波動範圍，使用限價單（Limit Order）將指定價格設在1.5 倍 ATR 區間，當股價脫離區間時自動止損或獲利是常用的方式。

儘管世界上不存在能解決所有狀況的完美法則，不過大致上可以像這樣把離場（Exit，撤回資金）時間點設定在脫離ATR 的區間。如果在平均預測得到的波動區間內離場的話，其實只是不必要的買賣，因為股價可能在賣出後回到原先水準，也可能在獲利了結後繼續上漲。

當然，每支標的、類股的 Beta 值（市場報酬率）都不同，波動幅度偏差大，因此訂定 S/L、T/P 指定價格時，還是要以對每支股票的技術性分析和對基本面的理解為基礎。尤其是臨近財報週的時候波動性會增大，所以容忍範圍會隨著進場時機不

同有很大的差異，一定要多加留意。

保護性賣權

美國散戶常用的採取下檔保護（Downside Protection）策略還有期權交易。目前在南韓無法針對美國股市個別股票進行期權交易，不過只要留心觀測持股的期權價格和隱含波動性（Implied Volatility）起伏，在某種程度上還是能夠預測特定時間點的股價波動性並採取應對措施。

台灣的部分，跟韓國一樣無法直接無法針對美國股市個別股票進行期權交易，不過這並不影響投資人做市場風險對沖，除了可以直接買入反向型 ETF，或是藉由購買台灣投信所發行的相關 ETF 做風險分散，如果想針對美股進行短線交易，則至美國開證券戶較為方便。

所以最好要有所認知。這種策略是針對多頭部位的買進（Long Buy），以避險的名義買進賣權，由於是保護下檔風險，所以也稱為保護性賣權（Protective Put）。

透過簡單的例子來說明這個概念吧。假設我以每股 100 美元的價格買進 ABC 公司的的股票 100 股，為了保護下檔風險，以每單位 5 美元買進 3 個月到期，履約價 90 美元的賣權。

這麼做的原理很簡單，因為賦予了可以在到期前的行使權利，也就是有權買進的選擇權，所以當我買進的股票下跌時，

賣權的價值會上升，針對該部位的整體虧損規模就會減少。

我身為長期投資人在 100 美元買進 ABC 股票，並由於預期短期內可能發生波動，於是買進到期日在 3 個月後的賣權，作為市場下行的避險。

假設股價在買進期權過了 2 個月的時間點暴跌 40%，來到 60 美元。如果是沒有任何避險，只做多的部位（Long Only、Naked Long），虧損將會是 4,000 美元。不過有買進賣權的話，則可以在這個時間點賣出賣權，獲利 2,500 美元（扣除 500 美元的期權費用）。因此這個標的物的淨虧損會是 1,500 美元，而

▶ **下檔保護性賣權情境：股價下跌 40% 時**

A. 買進 ABC 股票（Long ABC）

買進單價（Stock Price）	$100
持股數量（# of Shares）	100
成本基礎（Cost Basis）	$10,000
現在股價（Current Price）（與買進單價相較 -40%）	$60

未實現虧損（Unrealized Loss）	($4,000)

B. 買進 3 個月到期的賣權（Buy Protective Put）

履約價格（Strike Price）	$90
合約數量（# of Contract）	100
期權權利金（Option Premium）	$5
期權成本（Cost of Option）	$500
期權價值（Option Value）	**$2,500**

淨虧損（Net Loss、Downside Risk）	($1,500)

非 4000 美元。

　　賣權的價值會隨股價下滑而上升，由此抵消買進股票的虧損。也可以用「股價下跌導致的虧損上限在 1,500 美元」來解讀上述的例子。在到期日之前，在判斷股價已充分到達低點的時間點賣出賣權，接下來可以選擇單純只持有股票，或是運用期權獲利，用下跌後的股價追加買進，以降低平均單價。

　　如果想要買進這種股票加保護性賣權的投資組合，有幾項要點一定要考慮到。這種期權搭配並不是在任何情況下都能使獲利極大化。

　　首先，必須要對屬於核心部位的買進標的的長期發展有信心。要至少會持續投資 1 年以上，而且確信價格會上漲，朝合理價值收斂。並且預期往後會因為短期的波動性或不確定性，出現暫時的跌勢。只有在這樣的情況下，才適合使用這種投資組合。

　　如果只是看準 6 個月左右的短期獲利而買進標的，那麼買進 3 個月或 6 個月到期的保護性賣權是沒有意義的。因為若是認為核心部位會在短期上漲，那麼在同一期間以短期下跌為前提買進保護性期權便是與其相衝突的做法。這只是徒增交易成本（期權權利金和機會成本），為不必要的買賣。

投資在
冷靜與熱情之間

價值股和成長股、債券和股票間的關係

成長股和價值股的區分

　　價值股和成長股應該不能以二分法去定義為兩種不同的投資方式，這是因為價值股或成長股都是賭未來股價會上漲的投資方式，並以公司的「價值」作為投資與否的標準，唯一的區別在於投資價值的評估重點是什麼。我們先整理一下目前投資者對於價值股和成長股的看法。

　　由於市場偏向短期操作獲益，大家對價值股相對沒那麼看好，而偏好價值股的投資者，認為由於市場資金偏向短期投資獲益，反而為價值股創造「低價買入」的投資機會。他們更主張從長期來看價值股的回報率高於成長股的平均回報率（每個

人對「長期」投資的期間長短有不同的觀點，故我使用「主張」來表示其非普遍事實）。

　　價值股多數都是景氣循環股 Cyclical Stocks，隨著景氣復甦，投資效益也隨之增長，但在牛市時價值股的收益反而不顯著。而偏好成長股的投資者，則認為不需要浪費時間成本去等待投資價值點的浮現。

　　成長股的價值會直接反映在市場上，只要多頭行情持續走

Cyclical Stocks
景氣循環股
指會跟著景氣波動循環而漲跌的股票。由於股價漲跌和經濟景氣波動一致，因此可以預測股票價格的方向。與之相反的股票，稱為防禦性類股（非景氣循環股）。

▶ **成長股和價值股的比較**

	成長股 (Growth Stocks)	價值股 (Value Stocks)
股價	以高於整個市場的價格成交，投資者也樂於以較高的價格買入，他們認為後面還有上漲空間，因此不會認為買貴了。P/E 值、EV/EBITDA 值相對較高。	股價低於市場價格。相較於企業的投資價值常被低估。雖然股價尚未在市場得到認可，但投資者認為企業的未來價值一定會反映在股價上。P/E 值較低。
企業基本面	企業可能是負增長或低利潤，但短期增長率或未來可期待的增長率較高。投資者多只看個股的未來成長性，	在同一類股，股價偏低。主要基本面穩定，但因特定因素（如營收不如預期、法律訴訟、內部管理問題等）致使市場過度反應，股價短期下跌的企業。
波動性	股價波動幅度較高。經常受到動能交易影響，尤其在公司發表新消息或公布營收時，股價波動幅度都比較高。有好消息或壞消息出來，也會讓股價波動大幅變動。	股價波動幅度低於大盤。企業價值要經過一段很長的時間才會反映在股價上，短期資本利得收益較低，不利於短期投資者。
代表類股	IT 類股、非必需消費類股（Consumer Discretionary）	金融股、公用事業類股、能源股

強，成長股的收益也將持續增加。在低利率環境下，牛市時的成長股報酬率多會高於市場報酬率，但景氣反轉時，成長股下跌幅度也會高於市場跌幅。

兩全其美的方法

以下方圖表來看，過去每次的景氣低潮（網路泡沫破裂、房地產泡沫破裂），價值股報酬率皆大於成長股報酬率（指數 >

▶ 景氣循環帶來的價值股和成長股的相對 P/E *

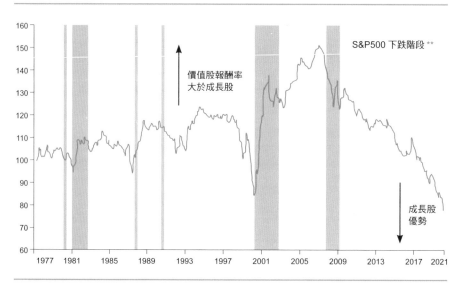

* 用價值股 P/E 除以成長股 P/E 的比例。這個區間的數值越大，表示價值股越有優勢。
** 藍色區間表示經濟衰退時期（Recession）。
價值股、成長股的 P/E 和 MSCI 世界指數 1977 年為 100，使用截至 2021 年 1 月 1 日的數據。（資料來源：MSCI, Refinitiv Datastream, J. P. Morgan Asset Management）

100），但在景氣繁榮時，股市在上升區段的成長股報酬率就大於價值股報酬率。

圖表的藍色區塊為美國經濟停滯時期，在此期間可以看到價值股的報酬率急遽增加（圖表的上漲表示價值股 P/E 值較高）。相反的，隨著經濟走出蕭條期，成長股的走勢越來越好，例如從 2009 年開始一直持續的美國牛市期間，成長股的相對報酬率越來越高（圖表的下跌表示成長股 P/E 值較高）。

結論就是，不論是成長股還是價值股，投資者都應該根據自己的投資策略及總體市場（Macro-marketing）的發展，根據趨勢做出投資判斷。為了「價值投資」而將投資組合 100% 都放在價值股上，或是為了短期報酬率，而無條件買進成長股，這些都不是聰明的做法。不需要強迫選邊站，價值股和成長股都只是投資框架之一而已。

不管是價值股還是成長股都要以公司價值為依據，根據市場情況動態調整，才是最大化投資報酬率的方法。也就是說，投資股票不是 1 年的事，而是 5 年、10 年的長期規劃。

投資股票並不是件容易的事。不僅要能搞懂個股，還要觀察市場趨勢和各種經濟指標的動向，所以要練習站在更高的角度看整個市場。

「股票 60：債券 40」的投資組合，
有意義嗎？

　　因為債券市場的資金流動比股市更大，想要以更宏觀的角度了解市場的話，就必須看懂債券市場的資金流向（Fund Flows）。這樣一來不只能了解市場週期，也將能夠完全理解美國股市。驅動債券市場的說到底就是利率。

　　利率是將實質利率（real interest rate）加上通貨膨脹，因此，除了聯準會的基準利率外，只要再關注實際利率的指標——經濟成長率（GDP，Growth Rate）和通貨膨脹（Rate of Inflation），就能知道利率的走向。

　　現在是超低利率的時代，2021 年下半年聯準會發表了升息（Rate Hike）計畫，表示將會階段式上調原本維持在 0 ～ 25BPS（0.00 ～ 0.25%）的基準利率。而代表美國市場利率的美國 10 年期公債殖利率，在美國大選後雖然上升，但至今仍處於歷史低點，也就是說，債券價格正處於歷史高點。

　　如果在投資組合中持有一定比例的債券資產，由於債券與股票走勢相反，所以即使股市趨勢向下也能夠應對，這是經過長時間驗證的策略。不過現今市場充滿例外，股票和債券價格同步的現象屢屢出現，也失去了作為防禦型資產的功能。

　　在利率未能擺脫歷史最低點的情況下，高風險資產和避險資產同時上漲。由於市場釋出過度的流動性，帶動股市快速上漲，另外聯準會的量化寬鬆（QE）政策和大量購買國債導致利

率下降，進而推升債券價格上漲。

　　不僅是債券，黃金等避險資產也是如此，股票、債券、黃金都呈現相同的走勢。然而這某種程度來說只是短期現象而已，觀察長期的資產價格走勢的話，會知道兩種資產的走向的確相反。即使如此，隨著如今流動性升高加上通貨膨脹，債券投資人似乎已無路可退。那麼在這樣的環境下，投資債券真的沒有任何意義嗎？

　　當然並非如此。實際上，在預期利率將進一步下調（預期債券價格進一步上漲）的情況下，投資債券是沒有意義的，因為低利率、低通貨膨脹等整體市場狀況，對當今的債券投資者的確不利。但投資於相較股市波動更穩定，又有高收益的債券，則是有利的。例如美國投資等級（IG，Investment Grade）公司債或是高收益（HY，High Yield）公司債，在現在這種景氣衰退期，如果債務違約風險（Default Risk）上升，就會支付比美國公債更高的利差（Spread）。

　　從長期投資的角度來看，除非新冠肺炎疫情會導致經濟蕭條10年，那在經濟復甦後，包括債券在內的投資組合，就可以充分發揮其作用，而且1年期以下的短期債券，實際上和現金沒有什麼兩樣。

　　不一定要將債券納入投資組合。

　　過去股票60%、債券40%的「理想」資產配置比例，雖然至今還是有人遵循，但這絕不是適用所有人的黃金比例，如果是不利於投資債券的環境，也沒有符合自己投資目標的商品，

還不如選擇現金作為避險資產。

關鍵在於要正確了解自己的狀況和投資目的（高配息、短期差價套利、長期投資、保障本金避險等），並選擇特定的商品或類型，為此，就必須掌握市場趨勢，正確理解自己能選擇的選項。現在不投資債券是合理的，但不能保證 6 個月後、1 年後也會是同樣的結論。

你可能會想「我需要去了解不投資的商品嗎？」，但實際上這就是投資。不僅要知道為什麼投資這個商品，還要知道為什麼不投資。所以，投資很難。

Q&A

Q 觀察市場走勢時，哪些經濟指標一定要看？

A 實際上需要看的經濟指標太多了，甚至連分類都很困難。但無關特定產業、類股、個股，能影響整個市場趨勢的重要經濟指標如下：

- 聯邦基準利率（Federal Funds Rate）：這是美國聯邦儲備銀行（Federal Reserve，簡稱聯準會）通過聯邦公開市場委員會（FOMC）決定的以美元為基礎融資的基準利率，也是貨幣政策（Monetary Policy）的工具。交易員對利率變化非常敏感，因為這是左右美元價值和整體市場流動性的最基本要素。FOMC 的主要日程和會議紀錄，可以在網站上查詢到（參考 477 頁）。
- 美國公債殖利率：10 年期公債殖利率（10-yr Treasury Yield）和 30 年期公債殖利率（30-yr Treasury Yield）是主要觀察重點。
- LIBOR（London Inter-Bank Offered Rate）：倫敦銀行同業拆款

利率，倫敦金融市場進行銀行間短期資金交易時的利率（1個月或
3個月先期利率）。
- 通貨膨脹指標：聯準會的通膨率目標（Fed Target Inflation）和消
費者物價指數（CPI；Consumer Price Index）
- 主要匯率：包含美元（USD）、美元兌歐元（USD/EUR）和美元
兌日元（USD/JPY）的匯率，也是外匯對沖或國際市場資金流動
的主要觀察重點。南韓投資者需要關注韓元兌美元（USD/KRW）
的匯率。

這些指標可以在股票資訊網站的財經日曆（Economic Calendar）
查詢到。由於這些市場指標原本就很重要，所以幾乎會被媒體即時
報導，投資者也能從新聞看到，但市場反應速度會比你看到的還要
快。特別是聯準會主席（Fed Chair）在會議或發表會議的時候，要
特別注意。

以今年為例，主席傑洛姆‧鮑爾（Jerome Hayden Powell）的談
話，從盤前交易開始到第二天為止造成市場相當大的波動。在完全
擺脫景氣停滯期之前，失業率（Unemployment Rate）和美國勞動
部每週四公布的初領申請失業救濟金人數（Federal & State Jobless
Claims）等就業指標中，如果數據不如預期，市場也會有所反應，
所以也要予以關注，這是新冠疫情引發經濟停滯之後，出現的明顯
現象。

另外，大選、外交政策（Foreign Affairs）、發表新政策等重大政治
活動雖然不是經濟指標，但也會對市場產生重大影響，因此也要懂
得掌握狀況。

要把負槓桿
一腳踢開嗎？

槓桿對報酬率的影響

槓桿是投資者的朋友還是敵人？

　　將資金集中投入於預期報酬率最高的資產，以及以槓桿提高報酬率，哪一種做法是更有效的策略呢？答案是槓桿是更有效的策略做法。但為了不把槓桿開到最大，就更加集中於高風險—高報酬的資產，這樣就做不到投資分散，投資組合風險就會增加。

　　如果打算使用槓桿進行投資，就必須了解槓桿會帶來怎樣的結果。從右邊的表中可以看出，如果將33%的報酬率和3倍的槓桿合併使用，就會得到100%的報酬率，但相反的，在33%的損失情況下，槓桿就會把本金全部吃掉。

▶ 在市場波動下，3倍槓桿對投資報酬率的影響

A. 向上傾斜、波動性小的市場

月數	1	2	3	4	5	6	7	8	9	10	最終收益率
1x	2%	3%	-2%	3%	1%	-8%	10%	-2%	-1%	2%	7.3%
$100	$102	$105	$103	$106	$107	$99	$108	$106	$105	$107	
3x	6%	9%	-6%	9%	3%	-24%	30%	-6%	-3%	6%	16.4%
$100	$106	$116	$109	$118	$122	$93	$120	$113	$110	$116	

B. 向上傾斜、波動性大的市場

月數	1	2	3	4	5	6	7	8	9	10	最終收益率
1x	1%	5%	-6%	6%	-5%	-12%	-8%	8%	10%	7%	3.3%
$100	$101	$106	$100	$106	$100	$88	$81	$88	$97	$103	
3.0x	3%	15%	-18%	18%	-15%	-36%	-24%	24%	30%	21%	-7.6%
$100	$103	$118	$97	$115	$97	$62	$47	$59	$76	$92	

C. 波動劇烈、向下震盪的市場

月數	1	2	3	4	5	6	7	8	9	10	最終收益率
1x	-33.3%										-33.3%
$100	$67										
3x	-100%										-100%
$100	$0										

這通常被稱為槓桿的「本金歸零」（Principal Meltdown）現象。如上表所示，即使是向上傾斜的投資市場，在波動性增大的情況下不使用槓桿，頂多就是報酬率變低很多，但如果使用槓桿，本金甚至會完全歸零。

切記，即使只是適當使用，報酬率不一定會增加，但風險一定會變大。

相對穩健的槓桿 ETF 活用術

縱使槓桿投資風險高，不過只要能適當運用，沒有什麼策略比它更能夠提升報酬率了。來看看最容易上手的槓桿 ETF 商品吧。想進行相對而言更穩定的長期投資，有幾種追蹤特定市場指數（Index Tracked）的 ETF 可以作為以美國整體股市為中心的策略。具代表性的市值基準有由美國優良企業組成的 S&P500（標準普爾 500）指數，還有以大型科技成長股為主的那斯達克 100 指數。

S&P500 指數追蹤 ETF 基金有道富（State Street）公司推出的 SPY NYSEARCA：SPDR S&P500 Trust ETF；Vanguard 的 VOO NYSEARCA：Vanguard 500 Index Fund ETF；還有 iShares 的 IVV NYSEARCA：iShares Core S&P500 ETF。還有以同樣的概念追蹤指數，活用 2 倍或 3 倍槓桿（Long Leverage）的 ETF 商品。

▶ S&P500 指數追蹤槓桿（2x、3x）ETF 比較

Ticker	VOO	SSO	UPRO
Name	Vanguard S&P500 ETF	ProShares Ultra S&P500	ProShares UltraPro S&P500
Index	S&P500	S&P500	S&P500
Leverage	1x（無）	2x	3x
Expense Ratio	0.03%	0.91%	0.93%
AUM	$270B	$4.81B	$3.35B
Shares Outstanding	645M	35.7M	24.9M
ADV (1month)	4,937,396	2,503,714	5,183,927
Issuer	Vanguard	ProShares	ProShares
Inception Date	2010.09.07.	2006.06.19.	2009.06.25.
1Yr Return	24.94%	51.33%	82.18%
Dividend Yield	1.24%	0.17%	0.04%

年報酬率指以 2021 年 11 月為基準的 1 年報酬率。
Expense Ratio：手續費｜ AUM（Asset Under Management）：資產規模｜ Shares Outstanding：流通在外股數｜ ADV（Average daily volume, 1month）：近 1 個月日平均交易量｜ Issuer：發行商｜ Inception Date：成立日｜ 1Yr Return：年報酬率｜ Dividend Yield：股利率

（資料來源：Trading View）

這種槓桿商品不完全跟隨 S&P500 指數報酬率，而是以 200%、300% 報酬率為目標。

從圖表中不難發現，市場衰退時，投資人暴露在下跌 2 倍、3 倍的風險中，不過若是在同樣的時間點採取逢低買進（Dip Buying）的策略，或是尋找新的進場時機的話，則可以寄望在行情反彈中大幅恢復和取得更高的獲利。

S&P500 指數在大跌超過 33% 的時候，投資 3x 槓桿 ETF

▶ 那斯達克 100 指數追蹤槓桿 ETF 比較

Ticker	QQQ	QLD	TQQQ
Name	Invesco QQQ Trust	ProShares Ultra QQQ	ProShares UltraPro QQQ
Index	NASDAQ100	NASDAQ100	NASDAQ100
Leverage	1x（無）	2x	3x
Expense Ratio	0.20%	0.95%	0.95%
AUM	$209B	$6.19B	$18.6B
Shares Outstanding	531M	70.8M	114M
ADV(1month)	45,482,852	3,082,709	41,603,392
Issuer	Invesco	ProShares	ProShares
Inception Date	1999.03.10.	2006.06.19	2010.02.09
1Yr Return	28.25%	57.03%	88.88%
Dividend Yield	0.45%	0.00%	0.00%

年報酬率指以 2021 年 11 月為基準的 1 年報酬率。
Expense Ratio：手續費｜ AUM：資產規模｜ Shares Outstanding：流通在外股數｜ ADV（1month）：近 1 個月日平均交易量｜ Issuer：發行商｜ Inception Date：成立日｜ 1Yr Return：年報酬率｜ Dividend Yield：股利率

受到了本金歸零的衝擊，這種規模的暴跌現象就算放眼全球市場，歷史上都很難找到（不是斷言絕不會發生，只是機率極低的意思）。

　　單以指數追蹤基金做長期投資的「被動型投資」，對散戶來說是最普遍也最有利的投資策略。只要調整槓桿商品的比例並加以活用，就能有效管理投資組合，其實不需要因為「槓桿」一詞帶有負面色彩而避之唯恐不及。

　　也有看準股市將會下跌，逆向做空市場的槓桿商品。SQQQ NasdaqGM：ProShares UltraPro Short QQQ；SPXS NYSEARCA：Direxion Daily S&P500 Bear 3X Shares；SPXU NYSEARCA：ProShares UltraPro Short S&P500 等就屬於此類。

　　也能以短期的交易獲利為目標，因應特定期間的下跌趨勢，採取控制部分曝險部位（Exposure）的策略。然而這個策略不但執行上十分費力（有辦法精準預測下跌時機的話才能安心使用！），而且這類放空槓桿商品的交易量低，資產規模（AUM）也不大，有流動性問題，一定要小心謹慎。一般來說，不會推薦長期投資人採取和股市方向逆行的槓桿策略。

Q&A

Q　**槓桿 ETF 的組成和運作機制**

A　以追蹤那斯達克 100 指數的代表性 ETF「QQQ」以及活用 3 倍槓桿的「TQQQ」為例來比較看看吧。TQQQ 的確是以那斯達克 100 報

酬率的 300% 為目標運作，不過這不代表它的持股比重是 QQQ 的 3 倍。QQQ 持股比重前五的股票有蘋果 12%、微軟 11%、亞馬遜 8%、特斯拉 6%、輝達 5%，不等於 TQQQ 是按比例買進 3 倍的蘋果、3 倍的微軟。

TQQQ 的持有比重依序為美金 14%、蘋果 9%、微軟 8%、美國短期國庫券（T-Bills）7%、亞馬遜 6%。舉例來說，以指數報酬率 2 倍為目標，指的是活用槓桿工具，在基金中擁有 $100M（1 億美金）的資產的話，將有 $200M 規模的指數曝險。

當指數上升 1%，產生 $2M 的獲利時，基金將變成 $102M，就必須有 2 倍的指數曝險，也就是 $204M（此處以百萬為單位，以便理解）。

市場趨勢向下時，槓桿 ETF 的重新平衡（Rebalancing）勢必帶來部分虧損。因為儘管指數曝險自動減少能夠對追加的虧損做出防禦，但只能承擔截至當下的虧損率，並接受基金資產規模縮減。

讓我們透過下述例子詳細說明。下方是當市場趨勢持續下跌、反彈，追蹤的指數、2 倍槓桿 ETF 報酬率和基金資產金額的比較。

	Day 1	Day 2	Day 3	Day 4	Day 5
指數	100	99	98.01	97.03	96.06
價格	99	98.01	97.03	96.06	100
指數報酬率	-1.00	-1.00	-1.00	-1.00	4.10%
2x 槓桿基金	$100	$98.00	$96.04	$94.12	$92.24
價格	$98.00	$96.04	$94.12	$92.24	$99.80
2x 基金報酬率	- 2.00%	- 2.00%	- 2.00%	- 2.00%	8.20%

和反彈日（Day 5）做比較的話就不難看出來，指數本身已經恢復到100 美元，不過 2 倍槓桿指數基金卻在 99.80 美金，未能完全恢復本金。原因正是前述的槓桿機制。因為在市場下行時以 2 倍的比例暴跌，所以想要回收本金的話，就必須提高比例（高於下跌比例），加強槓桿功能，以創造比基礎資產回收率更高的升幅。2 倍槓桿商品如果想要回到原點的話，準確來說需要上升 8.42%。

這個例子是以極為片面的下跌情境為例，現實中的跌幅和波動性可能更大，因此槓桿商品的風險會更大，虧損率自然也會大大增加。槓桿 ETF 商品是可以將報酬率極大化的好工具，縱然如此，面對長期化的下降趨勢或波動性增加的區間，還是有必要採取更積極的交易策略。

高盛和 JP 摩根的投資建議值得相信嗎？

解讀研究報告的方法

研究報告應該怎麼看

「聽說 JP 摩根建議買進？到年末為止可能上漲 20% 以上。在變得更貴之前，要現在進場嗎？」

朋友說，年終獎金要全部投到某生物科技公司的股票。因為他說他在製藥行業工作 10 年以上了，自己知道某個個股價格已經有了泡沫，而最近這間投資銀行的研究報告引起他的注意，所以打算買進那間公司的股票。

「不是，你上個月買的 M 公司股票，如果高盛建議賣出，那你就要全部賣掉嗎？」

我問了這句話，話還沒說完，朋友就慌了。

「什麼？高盛建議賣出了？什麼時候的事情？報告丟給我看看。」

「……」

不可否認，外國投資銀行研究報告的買入、賣出建議，不論是對國內投資機構還是散戶等所有市場參與者都具有相當大的影響力。不只南韓市場，這些研究報告在美國股市的影響也很大，只是這些報告的撰寫觀點和投資者應該持有的解讀角度，在南韓市場跟美國市場有相當大的差別。才能有智慧地投資美股呢？

在美國股市中，證券公司分析師的研究報告是很重要的。這是無法取得重要資訊、不具備相關產業專業的散戶，能最快掌握個股狀況的重要資源。但是散戶如果缺乏投資意見辨別能力就全盤接受研究報告的投資建議，那麼這些報告反而會害了散戶。

尤其在南韓的證券公司，你可能找不到有提出賣出建議的研究報告。簡單說，由於南韓證券公司研究報告的投資建議都有很多水分，因此「積極買入」可以看作是建議買入，「買入」可以看作是建議中立，「中立」實際上可以看作是建議賣出。這是南韓上市公司和南韓證券公司相互連動之結構性慣例，所以很多時候因此而遭受巨大損失的總是南韓散戶。對台灣券商來說，事實上看空報告也極為稀少，除了擔心得罪企業外，也極少提到停利出場的問題，因為券商的目標價通常設得比較高，除非進入大牛市，否則多數無法達到，所以，許多台

灣投資人，寧願觀察投信買賣超，也較不願意依循投信報告來決定買賣動作。

相反的，美國的投資銀行本身就經營證券業務，所以投資銀行研究部門分析師研究報告的買入、賣出建議就較有價值。美國投資銀行的研究報告中，也有不少出具「中立」（Neutral）、「維持比重」（Equal Weight）、「賣出」（Sell）、「減少比重」（Underweight）、「積極賣出」（Strong Sell）等建議，看壞下調評級（Downgrade）目標價的報告。

因為美國投資銀行會確保分析師的獨立性，而不需要看研究公司的臉色而在研究報告中灌水，所以可以看到很多有理念、高品質的研究報告。

根據紐約證券交易所的規定，美國投資銀行有義務在每份報告中，公開各家投資銀行的建議比重（美國金融業監管局[FINRA]訂定之分析師利害衝突規定 SR-NASD-2002-12），而且每年會公開各家投資銀行分析師的專業性、獨立性和客觀性排名。

因此，美國投資銀行為了提升自家的公信力，就不能發表明顯灌水或不夠水準的研究報告。不過也可能是投資機構和散戶的眼光不低，投資銀行的研究報告品質自然就不差。

在這樣的體系下，最大的受益者就是投資美國股票的散戶。雖然美國證券業領先於其他國家，但在看美國或南韓的研究報告時，還是有幾點需要注意。

目標股價追趕實際股價

　　研究報告所建議的目標股價基本上應該都是未來「目標值」的股價，但有時會發生實際股價已經超越目標值的狀況。

與特斯拉股價（深紅線）同期 S&P500、NASDAQ 指數（淺紅線）收益率比較。（資料來源：TradingView, 2020.10.01）

Sep-23-20	Upgrade	Deutsche Bank	Hold → Buy	$400 → $500
Sep-23-20	Reiterated	Robert W. Baird	Neutral	$332 → $360
Sep-23-20	Reiterated	Robert W. Baird	Neutral	$322 → $360
Sep-18-20	Reiterated	Piper Sandler	Overweight	$480 → $515
Sep-16-20	Reiterated	Credit Suisse	Neutral	$280 → $400
Sep-11-20	Reiterated	UBS	Neutral	$160 → $325
Sep-04-20	Upgrade	CFRA	Sell → Buy	
Aug-26-20	Reiterated	Jefferies	Buy	$1200 → $2500
Aug-14-20	Upgrade	Morgan Stanley	Underweight → Equal-Weight	$1050 → $1360
Aug-14-20	Upgrade	BofA Securities	Underperform → Neutral	$800 → $1750
Jul-29-20	Reiterated	Morgan Stanley	Underweight	$740 → $1050
Jul-28-20	Downgrade	Bernstein	Mkt Perform → Underperform	$900
Jul-24-20	Upgrade	Argus	Hold → Buy	
Jul-23-20	Downgrade	Daiwa Securities	Outperform → Neutral	
Jul-23-20	Upgrade	Cowen	Underperform → Market Perform	
Jul-23-20	Downgrade	New Street	Buy → Neutral	
Jul-22-20	Reiterated	BofA Securities	Underperform	$500 → $800
Jul-21-20	Downgrade	JMP Securities	Mkt Outperform → Mkt Perform	
Jul-17-20	Reiterated	Credit Suisse	Neutral	$700 → $1400
Jul-16-20	Reiterated	Citigroup	Sell	$246 → $450

分析師的特斯拉目標股價調整範例。參考股票分割前的股價吧。（資料來源：Finviz, 2020.10.01）

有時分析師的目標股價和實際股價是連動的，甚至還有落後實際股價的狀況。一位分析師對自己的專業再怎麼有信心，在看到自己的研究報告發表後，股價馬上飆升，也不可能將目標股價下調，會出現這狀況就是因為分析師所研究的基本面和利用價值模型算出來的合理價格，跟實際股價存在較大的落差。

最具代表性的案例，就是特斯拉（NASDAQ：TSLA）。上頁圖表是分析師對特斯拉的目標股價和投資建議修正清單，短短 3 個月內，還有分析師大幅上調 2 倍以上的目標股價。

以公司基本面為基礎所估算的企業價值和預期股價之間會有一個價差。但是從 2020 年初到當年 9 月（YTD；Year To Date），特斯拉股價上漲幅度是同期納斯達克綜合股價指數 IXIC 的 10 倍以上。

發表第 2 季度業績時股價仍處於低檔，但在發表首度達成全年獲利的意外驚喜之後，即使特斯拉沒有什麼熱門題材，股價仍上漲 400% 以上，成為上半年美國股市最熱門的股票，甚至因為股價太高而分割股票，但兩週內又上漲了 60%。

基本面沒有變化的特斯拉，市場投資者紛紛搶買哄抬，不僅股價大漲 4 倍以上，交易量也飆升。那些寫研究報告的分析師根本無法有效地預估目標價，不少原先保守估值，原本建議賣出的分析師，陸續將投資建議上調到維持比重，而這些研究報告的目標股價少則上調 30%，多則上調 2 倍以上。像這樣市場資金搶進而越買越高的情況，突顯出成長股基本面分析方式的有限性。

散戶瘋狂追高的股價，根本無法用模型計算說明，分析師也只好為了反映市場熱度而去調整目標股價。這個時候分析師就會去上調那些價格上漲的股票，相反的，也會下調那些價格暴跌的股票。

另外，由於投資銀行基於業務特性會提供對沖基金、退休基金等大型投資機構的交易中介或諮詢服務，因此投資銀行可以最先掌握這些投資機構的資金流向。例如哪個投資機構喜歡哪個族群、正在買進或賣出哪個類股等，投資銀行可以基於這些資金流向（Fund Flows），即時解讀股價走向。

而這些資訊也會反映在公布的研究報告中。從特斯拉的案例已經知道，即使投資銀行掌握了所有資訊，其發表的目標價格仍然落後於市場實際交易價格。因此無論是哪支股票的目標股價都是市場價格的落後指標，目標股價的意義就被淡化了。

比目標股價更重要的事情

在分析師的研究報告中需要注意的重點有哪些？在我看來，比目標股價更重要的，是去確認營收預估值。觀察個股的營收預估值變化，比投資意見更重要。即使研究報告封面的目標股價或投資建議沒有變化，若分析師有上調營收預估值，這表示該股股價有上漲機會。

例如，對某個股一直提出賣出建議的分析師，在公布季度

營收之前，與經營團隊開會時得知公司有籌措新資金或市場意外出現利多的消息後，這位分析師可以維持本來的賣出建議，但會將先前較為悲觀的營收預估值多少上調一些。雖然公司基本面並沒有因為新出現的事實或新聞而變化，目標股價和投資建議也就不會改變，但是會反映出公司業績轉好的事實。

如果不止一名分析師調整營收預估值，而是有多家投資銀行都做了相同方向的調整，這樣的情況就是一種市場共識，而市場共識就會成為推升股價上漲的主要驅動力。

市場共識就是多家分析師的營收預估值的平均數，投資業界普遍將此稱為華爾街共識（Street Consensus）。實際上，推動短期股價的最大動力就是營收預估共識值跟實際營收數字之間的差距，如果公司發表的季度營收高於共識值（Beat the Consensus），股價會上漲；但如果公司發表的季度營收不如共識值（Scored Below Consensus），股價就會下跌。

企業價值與市場價格之間的意義

那麼投資者應該如何看待研究報告和目標股價呢？首先，分析師的工作是深入理解相關產業和公司，並以此為基礎評估企業價值以估算最接近未來股價的預測值。股價 80 美元的股票，研究報告的目標股價定為 100 美元，並不意味著到下一季度為止該股股價會達到 100 美元。

投資者應該記住，你今天買進的股票要達到你計算的合理企業價值需要的時間不是一年半載，而是要好幾年的時間才會看到，甚至股價可能永遠都不會達到自己計算的合理企業價值。

所以，投資者應該參考比你獲得更多資訊的專業分析師所發表的研究報告，並根據公司的基本面進行企業價值估算，再計算出合理的股價。市場的大手在確認一間公司的企業價值後，就會拉抬被低估的股價，或是壓低被高估的股價。

雖然分析師的研究報告是推動市場活力的動力之一，但研究報告的內容也不能全盤接受，而是需要從投資者的角度去了解哪些資訊才是重點，哪些資訊需要聽進去。

券商研究報告閱讀重點

❶ 要去質疑研究報告目標股價的正確性。

・我們要知道分析師也是普通人，無法預測未來的發展，所以我們要知道分析師使用什麼方式估算出股價，又用什麼方式反映了分析師的投資建議，還要掌握目標股價和合理的企業價值之間有多少差距。

・盡量思考有哪些潛在風險因素會導致個股股價無法達到分析師計算的企業價值（目標股價）。

❷ 要去掌握完整的目標個股和所屬產業的客觀資訊。

・不要一味地接受非量化資訊和結論。

・不要只看單一證券公司的報告，要比較多家研究報告才

能維持個股股價的客觀性。

・不論看哪一份分析師的研究報告，最好都拿市場共識的平均數值與趨勢進行比較，如果該份研究報告跟市場共識存在較大的偏差，就要想辦法釐清為什麼會存在這樣的偏差。

❸ 要去比較並確認研究報告內容跟經營團隊所公布的資料。

・針對未來成長率、營業利益率、市場占有率等，去思考發表這份研究報告的分析師是基於什麼依據而做出這樣的預測？

・這樣的依據是什麼？用這樣的依據去估算合理嗎？

・研究報告內容跟經營團隊的業績指引（Guidance）有哪些差異？差異多大？

・思考研究報告基於公司經營現況、產業現況與發展趨勢所綜合整理的觀點邏輯有無錯誤？

我們要分析比較研究報告的內容、市場行情現況與趨勢、經營團隊的業績指引、自己的想法等，不斷反問和分析這間公司的企業價值。

Q&A

Q　**散戶如何取得美國研究報告？**

A　美國證券公司的研究報告是無法免費取得的，這一點跟南韓不同。由於美國證券公司對私人企業（Private Sector）提供的資料，都具有較高的投資參考價值，就算你是投資機構，也必須是有交易關係的投資客戶，才會收到美國證券公司的研究報告，否則還是必須付費。但如果散戶完成開戶，也可免費獲得該證券公司提供予散戶參考的研究報告。

另外，研究報告的目標股價和投資建議（Rating），以及所採用的基本數據，都可以在許多免費網站取得，這些網站也多包含即時證券新聞、綜合投資意見的變化趨勢，但如果想閱覽完整的研究報告就要付費。

如果有著名的分析師在短期內調整個股的目標股價和投資意見，也會對當天的股價產生很大的影響，因此對於有興趣的標的，建議保持關注就好。有時也可以在股票投資社群網站，如 Seeking Alpha、The Motley Fool 等等，看到他人上傳分享的研究報告和分析評論文章，這些也能當作參考。

Q　**IB 或證券公司會藉旗下分析師的投資意見獲利嗎？**

A　當交易主體是投行的時候，投行並不是作為業主交易資本，而是作為證券公司交易客戶的資金，所以無法說是該投行機構的直接投資部位。也就是說，不存在證券公司因為想在低點買進，所以刻意要求研究分析師提出「推薦賣出」的情況，因為不是用自己的業主資本買賣證券。

以前投資銀行設有自有資本投資（PI；Principal Investment）部門，投資銀行可以用自有資金操作，但是 2008 年金融危機以後，美國政

府提出「沃爾克規則」（Volcker Rule），強制禁止了投資銀行從事自營性質的投資業務。

允許出現特定傾向的研究報告，只會出現在投資銀行下面、負責併購及融資等企業金融業務的投資銀行部門（IBD；Investment Banking Division）的交易客戶，美國會嚴格監管大型金融機構的利益衝突（COI；Conflict of Interests）問題，如果發表研究報告的分析師與該個股有利害關係，就會全部揭露。IBD 和 Equity Research（證券研究部門，發表證券研究分析和投資建議的研究部門）之間也設有資訊阻隔，這兩個部門間不可互通資訊。

例如，IBD 部門承接某間公司 IPO 業務，市場對該公司的估價越高會對投資銀行越好，因此同一投資銀行的分析師，照理說也會提出買入建議及更高的估值，但基於利益衝突問題，不能發表這樣的研究報告。此時就會進入 Hold Period，這段期間不能提出相關研究報告，且這些都被美國 SEC 監管。

投資者最大的敵人
就是自己

要堅持投資原則

華爾街驗證的 5 項投資原則

　　如果你沒有投資原則，那你買股票就是在賭博。這裡所說的「原則」，並不是教科書所提到的那種絕對的投資規範，而是每個人都應該建立屬於自己的投資哲學和原則。不是從別人口中聽說的，而是而最了解自己的你所制定的投資原則，這是相當困難的事情。

　　「因為投資者最大的敵人就是自己。」

　　班傑明・葛拉漢（Benjamin Graham）總結了投資失敗的所有因素。個人喜好、過度自信、被情緒左右的判斷錯誤等，這些都是決定股票投資成敗的因素，但最終執行的就是你自己。

不會有適用於所有人並可保證報酬率的絕對投資原則，但總結眾多投資者經驗且通過長期驗證的普遍投資原則還是有的，我們可以參考這些投資經驗，並套用在自己的投資原則。

❶ 正確理解「高風險高報酬」蘊含的風險，並建立有效的停損點（Stop Loss）。不知道什麼時候要賣出的人，通常也不清楚當初為何買進！

❷ 投資時間越長，投資報酬風險就越低。

❸ 以定期定額（DCA；Dollar-Cost Averaging）投資，因為你永遠不可能預測明天的市場。

❹ 採用投資組合再平衡（Portfolio Rebalancing）的方式降低風險，並提升報酬率。

❺ 一定要堅持投資原則！（這個道理大家都了解，但諷刺的是，就連投資專家都很難完全堅守這個原則。）

第一個原則是最簡單也是最容易的，但意外的是很多人都錯誤理解。投資的預期報酬率越高，投資風險就越高。但若是反過來理解成風險越高、報酬率越高，這就會有問題了，投資那些高風險資產、波動性大且風險高的股票，實際上不一定能保證高報酬。高風險投資可能帶來高報酬，但也可能是低報酬，或甚至虧本。所以要記得這只是高風險資產。

「世上沒有白吃的午餐」。如果投資高風險成長股的 ETF 或個股，就應該理解風險帶來的結果，並建立停損點。雖然可

能會帶來巨大的報酬率，但也可能遇到暴跌，所以要事先建立停損點，才能在遇到狀況時不會因為情緒因素而認賠殺出停損。

第二個原則是長期投資原則。投資時間越長，整體價格變動性就越低，投資報酬率風險也會降低。從統計學角度看，就是變數（Variance）變少了。根據我的觀察，散戶最難遵守的就是長期投資原則。

其他金融資產也是如此，特別是股票投資長期持有，不論是跌勢還是漲勢，只要堅持一開始的投資策略及投資評估就能減少相當程度的風險。這才是散戶能贏過投資機構的方法，也是個人在不使用複雜金融商品的情況下，達到對沖效果的有效策略。

從實際面來看，散戶多會拋售短期上漲較多的股票直接獲利出場，或是因為突然下跌而緊急拋售。但是在看到獲利了結的股票又繼續漲，或是拋售後的股票又回漲後，又會懊悔不已。如果計畫要長期投資，那為什麼在不到 1 年的時間，卻因為受不了 3 個月來的下跌，或是自己認為已經「漲到最高點」而賣出呢？

失去後面補漲的報酬，就是只看股價漲跌就衝動行事的代價。只在意短期報酬就是去賭股價漲跌，而不是在投資。對股票投資人來說，最大的敵人就是情緒，因為依賴情緒的買賣，只會讓你付出不需付出的代價。

因應市場變動的投資組合原則

第三個原則，是建立一個可有效降低波動風險的投資策略。也就是說，不要一次性買入特定價位，而是在定期分批投入，降低平均單價的「Cost Averaging」方法，特別是在波動高的時候，藉由機械式的交易來避免情緒干擾。

下方圖表是過去 10 年標準普爾 500 指數和表示市場波動率的 VIX（Volatility Index）指數，這兩個指數之間出現最大差

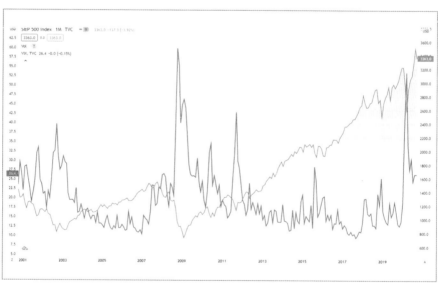

20 年期標準普爾 500 指數和 VIX 指數（紅色）的變化比較。（資料來源：TradingView, 2020.10.01）

距的時候，就是股市泡沫破裂後的暴跌階段。沒有人能事先預測到暴跌行情的最低點，或是泡沫的最高點，或是跌多反漲的起漲點，想要掌握市場週期來低買高賣，從一開始就不可能。

但是，如果能夠遵守分批投入原則，就可以不用去思考何時買進、何時賣出，在突然出現的股價波動時，也會增加投資組合的報酬。分批投入的特點，就是在長期投資期間，你的平均買入價格將會低於平均賣出價格。

例如，如果想用股市投資資金的 5% 買入 A 公司，不是在低點一次性全部買進，而是這一週買入 1,000 美元，下一週再買入 1,000 美元左右，甚至機械性定期定額買入該股。今天買入的價格比上週買入的價格還要高，可能會覺得可惜，但或許兩個月後的買入價格可能就比上週下跌 30%。

賣出的策略也是如此，不要一次性實現報酬，而是在一定時間內少量賣出部位，進而增加平均賣出價格高於特定一次性拋售價格的概率。

第四個原則是最大限度地利用投資組合調整效果。投資機構將此稱為「再平衡」（Rebalancing），如果投資組合是 60% 的股票、30% 的債券、10% 的黃金，則每季度調整一次投資金額以維持原本的比重。

如果這個季度股票急遽上升，投資組合的股份比重增加到 80%，那麼按照原來的目標分配比率，股票需要清算 20% 的金額，這 20% 資金再按照設定比重分配給債券和黃金。

在每個季度末（3 月、6 月、9 月、12 月的月底前 2 日或 3

日），股價多會因為資產組合再平衡的動作而波動，這是因為退休基金、共同基金（公司型基金）、保險資產運營公司等被動型基金（Passive Funds）會進行再平衡。

他們內部都有資產分配的指導方針，會依據這一方針調整投資組合。對沖基金等主動型基金（Active Funds）則沒有特別要求，他們會隨時調整投資組合，不是為了固定資產比率而是為能以對沖部位進行防禦，因此沒有必要執行再平衡。

從散戶的角度來看，這原則的亮點是再平衡的固定週期中，有可能出現暴跌（Sell-off）的情況（尤其是股價大漲一波時），也可以因為這個暫時性的波動而去考量調節個股的必要性，但如果想採用更積極的做法，期待在短期內獲得報酬，則可適當使用 ETF 選擇權的 Put Option 與 Call Option。但是，相同期間股價可能不是大跌而是大漲，因此為了能正確把握股價走勢，應將 ETF 選擇權視為短期交易工具。

如果正確使用資產組合調整原則，可以在股市出現修正行情之前實現報酬。藉由投資組合再平衡，無論市場如何變化，至少都能維持防禦水準的報酬率。

因此散戶沒有理由不去使用這些連投資機構都在用的投資原則，該原則並不只適用於包含股票、黃金、債券等多種資產種類的投資組合，即使你的資金全部投入在股市中，也可以依據不同族群／類股、價值股、成長股等分類，來進行投資組合再平衡。

重點在於避免因突發事件而讓你失去理智做出的行動造成

無法彌補的損失，進而達到最大限度減少風險的目的。

　　第五個原則就是最重要的「堅持投資原則」。前面提的都是示範說明，很多人會拿股市普遍所認知的投資原則當範本，並以此作為自己的投資原則，或是依據自己的投資愛好及財務狀況調整以建立自己的投資原則。

　　你也可以建立 10 個、30 個投資原則，這是你的自由，並不限於 5 個。最重要的是建立最適合自己的投資原則，並要求自己一定要遵守。股票投資失敗的人，並不是不了解這些投資原則，大多都是明知故犯、未能遵守。希望你在進入美國股市大海之後，還能夠遵守自己的投資原則。

Q 累計期權有哪些種類？各自有何優缺點？

A DCA 是定期投入一定金額購買資產的方法（例如 1 個月 100 萬韓元），因此股價下跌時可以自動買入更多單位的股票，股價上漲時就減少買入。換句話說，因為我投資的金額是固定的，所以買進的股票數量會依照單價（Cost Basis）不同而變化。

VA 則是先確認我的目標資金規模和投資期限，再逆算出定期要投資的金額的方式。假設規劃投資資產在 10 年後增加 10 億韓元為目標，如果決定以每年增加 1 億韓元的方式投資，那麼首先第一年就是投資 1 億韓元。如果當年股市好轉，股價上漲，投資資產在年底上漲到 1.2 億韓元，那麼第二年就不是投資 1 億韓元，而是只投資 8,000 萬韓元。

相反的，如果股市表現不好，到年底的投資資產減少為 7,000 萬韓元（市價），那麼第二年的投資金額就要增加至 1 億 3,000 萬韓元。VA 的原理不是股票的平均價，而是股價上升時投入更少，股價下跌時投入更多，投資資產增加時，通過縮小投資規模來減少風險，

相反時，通過擴大投資規模來提高報酬率。因為隨著股價波動，每一期的投資金額並不固定，VA 可能需要比 DCA 投入更多的資金，並且還要確保每一期都有足夠的資金可以投入，因此保持 VA 投資並不容易。

雖然這是為了取代 DCA 而設計的投資法，但從長遠來看，也沒有證據證明 VA 能帶來比 DCA 更高的報酬率，這兩種都是機械性增加投資組合報酬率的投資法，哪種方法更正確，取決於自己的投資喜好。對於沒有時間隨時監控市場或投資組合，並隨時應對的散戶來說，DCA 投資法雖然相對被動，但從減少人為干涉、避免違反投資原則的角度看，是比較適合散戶的。

CHAPTER 6

美國股票交易的
策略和基礎

因應股價變動的投資策略基礎

催化劑交易（Catalyst Trading）

投資要有原則

「執勝執負，未戰先知。」（Every battle is won before it is fought.）這句諺語改寫自《孫子兵法》。將這個道理套用到投資人身上的話，也可以說：「為投資做計畫，按計畫做投資。」（Plan the trade and trade the plan.）意思是投資要立定交易原則和策略，並一一按照計畫執行。

經常有人誤以為閱讀企業公開資訊，研究企業、產業甚至市場的行為，只是為了以基本面為基礎的價值投資、長期投資。「把時間花在研究那些東西上有什麼用，投資的時候『別問為什麼』，賺錢才快。」大家周遭應該不乏這種說法。

這些人認為投資不用知道太多，只要跟著股市明燈買進股票，報酬率也比認真研究，制定策略並實行的方式高多了。我可以肯定地說，那都只是他們運氣好而已，這種行為非但毫無可持續性，甚至無異於賭博。透過各種案例學習活用公開資訊創造收益的各種投資策略和交易技巧，可以幫助我們避免落入這種投機陷阱。

要記住，對散戶來說，最實際的投資回報，不是買賣股票的報酬，而是藉由長期持有股票獲得的收益。股票投資是一場持久戰，面對往後接踵而來的股市下跌和大幅波動，想要能守能攻，就必須具備多樣化的策略。

股價忽然震盪的原因

基本面，也就是企業的中長期營收、財務狀況、產業的結構性變化、法規等。市場大致上有兩種與之無關的反應途徑。只經由新聞頭條接收正面或負面訊息，進而買賣股票的頭條效應（Headline Effects）；還有投資人針對原本已熟知的公司事件（Corporate Event）判斷是利多消息或利空消息，進而買賣股票的催化劑交易（Catalyst Trading）。

前者是基於頭條新聞決定交易方向，而後者則是基於催化劑，兩者分別以「Trading on Headlines」、「Trading on Catalysts」表示。

▶ 催化劑的種類及範例

種類	Hard Catalysts	Soft Catalyst
定義	對股價有直接影響，且會影響到具體日期和財務的執行項目。	可能影響股價，但也可能與其他股價驅動因素交互作用，而抵銷影響。沒有特定日期或企業的具體行動作為起始點，為間接影響。
範例	· 公布營收（營收、業績指引、調節市場共識） · 投資人日、分析師日（根據經營團隊發表的經營策略和更新的業績指引等） · 公布收購意向（MOU） · 公布併購消息（M&A Announcement） · 買回庫藏股（Share Repurchases） · 買賣資產（Asset Purchases/Sale） · 股息消息（股息縮小、暫停發配股息、股息上調或下調） · 經營團隊或董事會成員更替 · 行動型對沖基金持有單位更新	· 分析師投資意見變化（上漲、下跌、初次公開意見等） · 產業相關法規（加強、放寬、推動立法等新聞） · 新事業開發，新藥、新商品市場擴大 · 原物料價格的變動 · 其他對公司有影響的宏觀變數產生變動

　　這裡的「Catalysts」是「催化劑」的意思，指有機會使股價大幅上升的公司特別事件。催化劑的種類可以分為中長期催化劑（Long-term Catalysts）、短期催化劑（Short-term Catalysts）、硬催化劑（Hard Catalysts）、軟催化劑（Soft Catalyst）幾種。

　　與時間點有關的長期催化劑包括併購、企業分割、盈餘轉換、新事業開發等促使企業有機成長的誘因，也是公司自身的股價驅動因素。更廣義來說，也可以是該事業的成長、景氣恢復、利率等宏觀事件。不過兩者間的共通點是，要到達該階段需要一段時間，甚至可能花上數年。

有效活用財報週的方法

短期催化劑最具代表性的例子就是財報週。越是成長股越受矚目，季營收公布前後的波動性大，所以也有看準這個時機做短期買賣的交易策略——「財報遊戲」（Earnings Play）。這種交易方式是出於預期特定企業的營收會高於共識，於是在營收公布前夕買進。當結果如預料，營收良好，經營團隊的業績指引上調，股價隨之上升的話，便可以實現獲利。

大多數的情況會至少預期 5% 以上的獲利來建立部位。尤其是在盤前盤後時間發表營收的公司，股價在盤前和盤後市場的波動大，所以也會把目標報酬率抓在 10% 以上。此時必須留意的是，當股價移動到目標報酬率以上，一定要遵守原則獲利了結。

因為在大部分的情況下，想在一個交易日內獲利了結的拋售勢頭會導致一度上漲的股價回到原位，或者是無法維持首日的漲勢。所以如果是以短期獲利為目標在財報週交易的散戶，最好在獲利區間設定獲利回吐的停利單（Take Profit）。

當然，也可以反過來投注資金。當預期營收不如共識或經營團隊業績指引則持有空頭部位，等到股價在營收公布當天下跌，便以回補的方式獲利。代表性的案例有特斯拉等估值爭議不斷的成長股，可以看到空單餘額比率（Short Interest）以營收發布為起始點節節上升。

尤其是特斯拉從一開始受到的期待就特別高，所以即使營

收超越共識，也只會被當作單純的營收表現佳而已，股價往往不會隨之上升，反而常有下跌的情形。這是科技成長股經常碰到的問題。由於股價反映了往後 10 年以上的未來價值，所以如果沒有出現超越期待值的利多消息，股價難免會下跌。

除了營收發布日之外，投資人日和分析師日等日子也適用相同道理。經營團隊提出的新業績指引或是發展前景可能是利多消息，也可能是利空消息，因此被歸類為短期催化劑，許多投資人會選擇在這類事件前夕建立部位。

拿前述的特斯拉來說，經營團隊在 2020 年屬於硬催化劑的電池日（Battery Day，類似於公司性質的投資人日）發表的未來策略就為股價走勢造成巨大影響。許多股東會密切關注當天前後的股價波動，並採取適當的應對措施。

催化劑反映足以牽動股價的高期待值，一定要留意決定催化劑觸發與否的特殊事件，並留心觀察事件前後的股價走勢。因為無論是上行或是下探，波動幅度都很大，走向也可能與預期完全相反，所以建議設定止盈、止損訂單，以利達到目標收益或防止損失。實際上，許多當沖客都會在財報週等大型催化劑前夕採取這種方式交易。

由於這段時期波動性增大，因此也可以瞄準短期套利做交易，不過對於長期投資人來說，如果想要追加買進或獲利了結的話，這會是個移動部分資金的機會，所以要記得動手把重要日期標示在行事曆上。

當天、盤前和盤後的股價波動幅度最大，會是短期間交易

獲利或損失極大化的時機，因此只要能靈活應對，將有機會創造獲利。如果不是會影響到長期投資步調的催化劑，不做任何交易也是一種有效的策略。不過至少要知道股價為何會在短期內有如此大的變動，才有辦法做好投資組合的風險管理。

是什麼在驅動
市場和股價？

總體經濟交易（Macro Trading）

總體經濟交易對散戶來說有何意義？

　　總體經濟交易是預測利率、匯率、股票及債券、原物料等各種商品市場的方向和走勢，並藉此創造收益的避險基金策略。喬治‧索羅斯與朱利安‧羅伯森（Julian Robertson）便是以宏觀基金起步，成為華爾街傳說的代表性人物。

　　那麼對於散戶來說，總體經濟交易有什麼意義呢？這個策略絕對不是要求投資人確認所有經濟指標，並跟隨市場波動頻繁交易。而是至少要理解推動市場的宏觀因素，並掌握這些因素對自己的投資組合會有什麼影響。想做好投資，對於狀況的應對能力占八成，即使沒有預測能力，也要能應對市場動向。

讓我們一起透過幾種帶給美國市場最大動能的宏觀事件搭配經濟趨勢，來了解從散戶投資組合的角度可以採取什麼應對策略吧。我們應該要培養出一定的認知，讓自己只要一看美國股市相關的新聞頭條，就可以在腦海中大致描繪出各資產類別價格的走向。

現在，來練習看看如何根據驅動市場的主要宏觀因素的變化，判斷美國股市的資金會從何處流向何處吧。現今的股市已經不再是美國公債殖利率（Treasury Yield）上升就一定會下跌的局面，普遍的股債關係也不再絕對，因此債券報酬率或其他變數究竟是「出於什麼原因」而變動是重點所在。

就債券來說，10 年期公債（10-Year Treasury）是一定要關注的對象。原因是固定收益債券商品（Fixed Income）扮演世界的領頭羊，是整體經濟和利率走向的風向指標。一般來說，債券殖利率上升（Rising Bond Yield）的時候美元會呈強勢，這是「相對價值交易」（Relative Value Trade）發揮作用的範例。因為隨著殖利率相對較高的債券需求增加，世界資本將湧向美國公債，美元需求也會相對增加，美元匯率因此上升。

有通膨隱患（Inflationary Pressure）的時候，中央銀行會執行緊縮貨幣政策（Tight Monetary Policy），以提升聯邦基金利率（Federal Funds Rate，短期金融市場利率）的方式應對，減少貨幣供應量，限制物價上升幅度。

此外，在利率上升期，以科技成長股為代表的長存續期間股票（Long Duration Stocks）會下跌，價值股等短存續期間股

票（Short Duration Stocks）及高股息收益（High Yield）股票或高收益短期債則會上漲。利息上升，利率（反映套用於估值的折價率）越高，對於現金流在更遠的將來創造的投資資產在到期時間點的報酬率越不利。

通膨幅度陡升時，針對通膨的避險資產需求急增，不僅能源、金屬與採礦（Metals & Mining）、大宗資產（Commodities）資產價格會升高，對債券的需求也會增加，隨之出現債券價格升高的現象。這種現象在提早反映出停滯性通貨膨脹的市場特別常見。當供應鏈問題（Supply Chain Issues）所致的經濟成長鈍化及通貨膨脹同時進行，發生停滯性通貨膨脹的時候，能源和原物料價格將會上升。

價格壓力致使 EPS 期望值下降，公司營收預估值也下跌，最終股市勢將呈現跌勢。供應鏈問題不只與 Covid-19 有關，直接、間接影響美國股市的中國內需、供應指標也包含在內，中國低落的產業生產率或零售銷售率等因素會觸發全球供應鏈的問題。

面對通貨膨脹的投資策略

讓我們以 Covid-19 疫情爆發後美國股市最受關注的話題——通貨膨脹為中心，舉例探討總體經濟交易吧。由於美國政府積極提供災難援助金，2021 年美國流通的貨幣量比

Covid-19 前高出 5 億美元以上。由於通膨壓力在加劇中,聯準會為了控制物價,正在透過縮小資產買進規模,發出調節流動性的縮減購債(Tapering)訊號。美國財務部長珍妮特·葉倫(Janet Yellen)與聯準會主席傑洛姆·鮑爾對市場說出的一字一句,往往都能激起股市的漣漪。一起來思考看看這種情況下可行的通膨避險交易吧。

下表的含義是,機構投資人認為原物料是最能夠有效對抗通貨膨脹的防禦性資產,這是指投資原物料期貨及相關股票,也就是各類股中的能源、金屬與採礦類股。國庫券(TIPS,Treasury Inflation Protected Securities)等固定利率商品不僅相對防禦力較低,在報酬率層面上也劣於避險用股票,所以較不受

▶ 以機構投資為對象,針對投資組合中通貨膨脹避險用資產進行問卷調查的結果

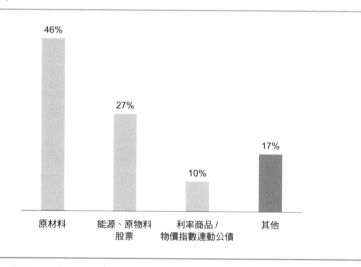

(資料來源:JPMorgan Research)

青睞。

具體的例子有美國鋁業（NYSE：AA）。2020 年上半年，隨著 Covid-19 疫情加劇，美國政府開始提供數兆美元的貨幣流動，通膨避險交易一度是避險基金中最受歡迎的項目。有趣的是，雖然屬於避險交易，不過因為股價上升幅度大，所以獲利也高。

想要從長期投資的觀點觀察美國鋁業這類股票的話，需要對於商業模式有所理解，也要配合對成長潛力、財務穩定性的分析。美國鋁業是開採鋁土礦，處理、製造、販賣氧化鋁或是鋁的鋁材公司。說到底，它的營收取決於鋁價。因此，必須關

反映股市整體行情的 S&P500 指數（藍線）和美國鋁業股價走勢比較。圖表左側是 S&P500 指數（SPX），右側為美國鋁業股價。（資料來源：Barchart）

Key Macro Forecasts

forecasts across asset classes

	Return in % over last			Current Level	Forecasts			Unit	Up/ (downside) in %		
	12 m	3 m	1 m	YTD		3m	6m	12m		3m	6m	12m
S&P 500 ($)	31.8	1.8	-3.4	17.1	4353	4550	4700	4800	Index	4.5	8.0	10.3
10 Year Government Bond Yields												
US	-5.3	0.1	-1.8	-3.4	1.54	1.60	1.60	1.60	%	6 bps	6 bps	6 bps
Commodities												
WTI	86.3	3.2	9.5	56.1	75	87	77	77	$/bbl	15.4	2.2	2.2
Brent	85.2	5.3	8.2	51.7	79	90	80	80	$/bbl	14.3	1.6	1.6
Copper	41.5	-0.9	-1.5	19.8	9281	10500	11000	11500	$/mt	13.1	18.5	23.9
Gold	-7.1	-2.5	-3.9	-8.5	1737	2000	2000	2000	$/troy oz	15.1	15.1	15.1
FX												
EUR/USD	0.2	-2.1	-1.0	-4.6	1.17	1.20	1.23	1.25		2.8	5.4	7.1
USD/JPY	5.5	0.7	1.3	7.9	111	110	108	106		-1.3	-3.1	-4.9
GBP/USD	5.4	-2.5	-1.5	-1.0	1.35	1.41	1.46	1.49		4.2	7.9	10.1
USD/CNY	-5.3	0.0	-0.3	-1.2	6.46	6.40	6.30	6.15		-0.9	-2.5	-4.8

Source: Bloomberg, Datastream

2021 年第 3 季末投行分析師的宏觀指標期望值。

注鋁的期貨行情,並與其他原物料期貨價格比較得出相對價值,再以現金流為中心去觀察。

不過作為通膨避險交易來建立部位的時候,情況則稍有不同,需要對於長期觀點通膨上漲率和對股市的影響,以及原物料(鋁)的國際供需現況和期望值等進行宏觀分析。美國鋁業是公司基本面和避險功能都發揮正面作用的例子。

不只公司本身的營運、財務成果良好,作為原物料類股,面對通膨壓力升高、長期債券利率上升的局勢,更是大放異彩。得利於此,股價在近來低迷的股市中依然大幅上升。

市場對聯準會主席的利率前瞻指引(Fed Commentary)和財務部長對於貨幣政策走向(Monetary Direction)做出反應,呈現跌勢的情況,正是源自於宏觀層面的大範圍衝擊(Macroshock)。

在這樣的局面中，美國鋁業這類原物料類股、能源類股卻有著強勢的表現。在美國市場，除了分析師的季報外，發生主要宏觀事件和宏觀衝擊的時候，也會隨時發布宏觀展望相關報告，別忘了加以參考。

搜尋關鍵字
Macro Forecast、Macro Outlook、Commodities Futures、US 10Yr Bond Yield Outlook

龍頭股所反映的市場和產業方向

一間公司的股票屬於景氣循環股，便可以歸類為領頭羊股（Bellwether Stock）。因為這種公司本質上對於整體經濟狀況和所屬產業扮演著領先指標（Leading Indicators）的角色。如果領頭羊在財報週公布的營收良好，即可視為景氣好轉的強烈訊號。在美國，由於這些公司會在財報週初期發表營收，所以也被稱為美國公司營收發表這件事本身的領頭羊。

話雖如此，不是所有的領頭羊都屬於總市值數兆美元的績優股，也不代表這些公司都是適合投資的對象。關鍵在於活用領頭羊股票發出的訊號和市場觀察，面對美國股市在 Covid-19 後一反常態快速流動的市場循環，維持住投資組合的彈性並妥

Bellwether Stock
領頭羊股

龍頭股又稱為領頭羊（Bellwether），指對於特定產業或股市整體有著領先指標功能的股票。領頭羊的說法是取自脖子上掛鈴鐺（Bell）的領頭羊帶領其餘羊群的意象。

（資料來源：Shutterstock）

善做好風險管理。

將這個觀點套用在 Covid-19 後的股市，可以了解到伴隨著後疫情（Normalization）、經濟解封（Economy Reopening）相關新聞及預期心理，道瓊指數或 S&P500 指數上升，是因為龍頭股帶頭的景氣循環股或價值股等股價上漲。另一方面，成長股便相對呈現弱勢。

最具代表性領頭羊股票有原物料類股。先前作為通膨避險交易案例提到的美國鋁業也是一個很好的例子。因為這支股票走向與通貨膨脹、美國政府政策方向、中央銀行的貨幣政策等各項宏觀狀況有著相當程度的相關性，所以只要能夠掌握宏觀經濟並解讀股價趨勢的話，就可以透過中短期交易創造獲利。以下我們將搭配具體案例說明交易策略。

航空產業或飯店、住宿業其實廣義上都屬於領頭羊股票。因為這類產業在獲利模式上最先消化旅遊需求和商務需求。特別是飯店業的主要收益來源其實不是散客，而是需要出差、開會的公司商務團客。因此，這些股票的股價走勢等於整體景氣恢復或衰退的信號。萬豪 Marriott Vacations Worldwide Corp（NYSE: VAC）、希爾頓（NYSE: HLT）、Airbnb（NASDAQ: ABNB）等皆是典型的例子。

建設業——尤其是建設設備業者也是能夠率先反映美國甚至是全球經濟趨勢的領頭羊，典型的例子有開拓重工（NYSE：CAT）。近來，Google Alphabet 等企業股票在廣義上亦可視為科技業的龍頭股，而亞馬遜也被歸類為電商零售產業的領頭羊。

蘋果效應！讓股市悲喜交錯的科技巨頭新聞

應對日常可能變數的買賣策略

活用股價同步性的買賣策略

「你為何改變對市場的看法？」（Why did you change your opinion on the markets?）

「當情況改變，我的意見會有所變化。您不是這樣嗎？」（When the facts change, I change my opinion.What do you do, sir?）（摘自約翰‧凱因斯採訪）

股價常只因一則新聞頭條就產生大幅波動，有時新聞不只會影響提及的公司，還會牽動其他相關公司股價，出現連鎖反應，這種股價現象稱為「股價同步性」（Sympathy Move）。

例如，如果市場出現 J.P. Morgan 的新聞，屬於比較對象的其他金融股，如花旗集團（Citigroup）、富國銀行集團（Wells Fargo）、美國銀行（Bank of America）、高盛（Goldman Sachs）等公司股票，即使沒有特別的新聞或公告也會做出反應，發生變動。

不只是被歸類為比較對象的同類型企業，屬於同一供應鏈的相關企業也會受到影響。例如 2020 年下半年的「電池日」，特斯拉執行長伊隆·馬斯克發表了降低電動車電池費用的計畫以及 Tesla 自主生產電池（Cell）的可能性，在當天除了特斯拉外，受到重大衝擊的還有數間屬於特斯拉電池主要供應商的亞洲公司的股票。

特斯拉的新聞一發，南韓 LG 化學下跌 5.5%，下跌 4.7%，日本 Panasonic 下跌 4.3%。無論是哪種股票，只有了解包含商業模式在內的基本面，才能掌握該公司股價以及由此衍生出的各種市場變數，並能適當應對。

「光是管理自己投資組合內的股票都忙不過來了，哪有空管其他股票。」這樣的心態導致許多人忽略這個重點，認為可以不用花心思在上面。可是對投資組合波動性影響最大的要因之一，正是和投資標的有著高相關性的相關企業股票。

因此，必須了解自身投資標的的同類競爭者──也就是類似比較對象（Comparable Companies）的交易走向，因為這屬於會直接影響股價的最大因素，至少要能夠掌握動向是相同還是相反。

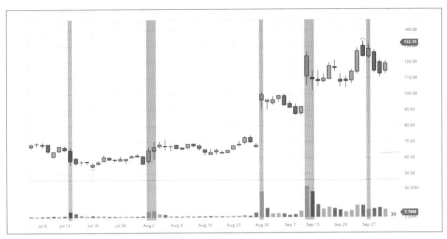

受公司整體公開資訊和同類競爭業者動態影響的 Affirm 股價走勢。（資料來源：Barchart, 2021.09.30）

　　讓我們來看看科技業的例子。科技類股受新聞及同步交易而驅動的波動幅度更大，頻率也更高。畢竟科技業是最熱門也是資本最集中的產業。儘管公司間互相牽動的關係的確更為複雜，不過也容易利用市場效率低落來獲利，對投資人來說獲利機會更多。讓我們來看看 Affirm Holdings（NASDAQ：AFRM，以下簡稱 Affirm）的具體案例吧。

　　FinTech、Pay（支付）服務相關公司包括 PayPal（NASDAQ：PYPL）、Square（NYSE：SQ）、Afterpay（OTCMKTS：AFTPY）、Adyen（AMS：ADYEN）、Shopify（NYSE：SHOP）等。至於信用卡公司則有 Visa（NYSE：V）、Mastercard（NYSE：MA）、Capital One（NYSE：COF）、American Express（NYSE：AXP）、Discover Financial Services（NYSE：DFS）等，更廣義來說還包括 Apple Pay（NASDAQ：

▶ Affirm 股價表、主要公開資訊及事件（2021 年 7 月到 9 月）

交易日	收盤價（美元）	股價漲跌（美元）	股價漲跌幅（%）	成交量（股）	主要公開資訊及活動
7.13	58.21-	- 6.79	10.45%	9,661,600	蘋果和高盛看準 Affirm 的成功，發表將推出先買後付（BNPL）服務的消息。據報導指出，高盛將會是分期付款服務的借貸方，內部已經在為推出名為「Apple Pay Later」的服務做準備。
8.2	64.71	8.39	14.90%	9,233,300	8 月 1 日（這天甚至是週日！），Square 宣布收購 Afterpay，並在自有 IR 網站和 SEC 上發布 8-K 和新聞稿。8 月 2 日週一，成交量從盤前起急增，股價暴漲近 30%。
8.3	66.67	1.96	3.03%	10,602,700	收盤前蘋果和 Affirm 的 BNPL 合作關係公開，並有新聞指出將推出以加拿大蘋果用戶為對象的 12~24 個月分期付款服務。消息公開後，交易量急增之餘，股價也上漲 15% 以上。下午 3 點 30 分啟動波動性暫停交易（Volatility Halt）。
8.30	99.59	31.69	46.67%	44,400,800	亞馬遜效應（Amazon Effect）！
9.9	92.06	4.52	5.16%	10,966,600	發表第 4 季營收（收盤後）
9.10	123.7	31.64	34.37%	54,061,600	第 4 季盈餘驚奇導致股價上升
9.28	114.52	- 13.85	- 10.79%	14,847,300	萬事達卡宣布推出新的無息分期服務，並進軍 BNPL 市場。此外，這一天美國股市整體上經歷了巨大跌幅。

AAPL）、Google Pay（NASDAQ：GOOGL），所以連 Apple、Google 都可以算是相關類股。

　　順帶一提，即使不是同類競爭業者，Affirm 營收的三分之一以上來自於派樂騰 Peloton，所以 Peloton 也可以歸類在同一

群觀察對象中，這就是為什麼我們必須了解公司的商業模式和事業現況。這類相關股票也是分析師估值表中常見的項目，因為比起只看企業本身的估值，觀察和同類競爭公司比較而得到的相對價值更有意義。

Affirm 的 2021 年 7 月到 9 月月平均成交量分別是 260 萬股、320 萬股、1,600 萬股。讓我們拿約 20 個交易日間的平均成交量，跟主要事件及公開資訊時間點的成交量比較一下吧。這不是一般的股價波動性，而是直接影響企業的事業變化造成的股價變動，必須區分出兩者的差別。這種差異不僅會表現在股價上，從比起平時明顯增多的成交量也可以看得出來。

因為電商產業的成長，對先買後付（BNPL；Buy Now Pay Later）服務需求增加，Affirm 這間科技公司在 2021 年 1 月 IPO 後，股價一直走在康莊大道上。不過時間來到 7 月 13 日，它的股價突然在一天內下降 10% 以上。

Affirm 本身沒有什麼特別的事件或公開消息，為何會如此暴跌？平均在 200 萬股左右的成交量來到 1,000 萬股，出現相當大的拋售潮。這一天正是 Apple 為了牽制 Affirm，宣布將與高盛攜手推出 BNPL 服務的日子。

有消息指出，高盛將會是分期付款服務的借貸方，內部已經在為推出名為「Apple Pay Later」的服務做準備。蘋果這樣的科技巨擘加入 BNPL 市場，這對 Affirm 股價來說可是巨大的利空消息。

8 月 2 日，Affirm 的股價上漲近 15%。如果是從頭到尾只

關注這支股票的投資人，想必會被竄升的成交量和暴漲的股價搞得一頭霧水：「Affirm 明明沒有發表什麼公開資訊或新聞稿啊？」想找出答案，要從 Square 著手。股價之所以暴漲，正是因為 Square 在前一天，也就是 8 月 1 日（這天甚至是週日！）宣布收購 Afterpay。

Square 針對這次的收購案在自有 IR 網站和 SEC 上發布 8-K 和新聞稿，並在次日由經營團隊親自主持電話會議，向股東召開該收購案的說明會。Square 在公開說明中，具體說明收購目的是 BNPL 事業的擴大及成長。

通常這種 M&A 新聞一出，股價上升的一方會是收購對象公司，所以 Afterpay 股價上升在意料之中。果然在發布收購新聞後，Afterpay 的股價從原本的 70 美元暴漲至 96 美元。

不過再進一步細思的話（尤其是 Affirm 股東的話），就會知道其實這對 Affirm 而言也是不可多得的利多消息。因為這是同類競爭企業中——而且還是事業路線最直接重疊的兩家企業的併購消息。

因為這暗示了 Affirm 可能和 Afterpay 一樣，被 Square 或 PayPal 等類似企業以擴大 BNPL 事業為目標進行收購的可能性。即便沒有成為被收購對象，市場對 BNPL（也就是 Affirm 的主要商業模式）的興趣也由此得到印證，這對 Affirm 來說是構成利多消息的充分理由。反應迅速的投資人根據市場的信號買進 Affirm Holdings 股票，當日盤中價格急增 30%，最後上升漲幅收復一半，以上漲 15% 收盤。

透過 8-K 和頭條新聞，
掌握暴漲、暴跌股的買賣策略

即使是追求長期投資的價值投資者，當基本面出現變化時，即使沒抱多久，有時也要做出快速拋售的決定，而財報週是最經常出現這種情況的時候。除了定期的營收報告之外，也要注意股東大會、各種投資者日、分析師日等公司主要事件的前後，且市場傳聞以及零星的公司相關消息也會引起短期的股價波動。前者有定期的公告日期，因此可以事先擬定因應方案，但後者要注意的是，有時只是突然出現的新聞頭條，股價就會大幅波動，

這種現象被稱為「Headline-driven Market」。這種時候，股價波動幅度在盤前和盤後最大，必須留心觀察同產業的公司中，對該公司股價影響最大的同類競爭業者的營收和新聞報導，因為比較對象的股價在某種程度上會一起波動。

現在一起來看看如何活用 8-K，抓準短期獲利的機會吧。若不是專業投資人，不太可能為了交易一一關注龐雜的企業 SEC 公開資訊，不過至少我們能做到設定通知功能，以利隨時接收投資標的的公司公開資訊。

大部分平台都有「Filings Alert Notification」（申報檔通知）功能，設定好有興趣的公司，就可以在有新公開資訊或相關新聞時收到通知。

8-K 說明書的內容是「不定期重大事件或公司事件」

（Report of Unscheduled Material Events or Corporate Event）。由於不是定期計畫，所以不包含在公布營收、10-Q、10-K 等正規公開資訊中，不過期間發生的特定事件可能對公司造成重大影響，因此提出該說明書。

公司有義務公開可能對股價波動有重大影響的所有事業更新資訊，這類資訊的公開時間和內容無法預期，不過在上傳至 SEC 的同時也會公開新聞稿，所以就一般投資人的立場而言，形態上較便於取得，容易消化。而如何將這份資訊運用得更快、更好，就取決於個人了。

接下來，我們來看看前面拿來舉例的 Affirm 的 8-K。8 月 27 日午後，Affirm 發表 8-K 說明書，表示與亞馬遜締結夥伴關係，往後在亞馬遜上消費金額達 50 美元以上時，可以使用 Affirm 的 BNPL 模式分期付款。

「推出 BNPL 服務不到 1 年的成長型企業，向占領全球電商市場的亞馬遜的用戶提供服務」，這個消息已經不只是單純的利多消息，更是為商業模式的長期發展立下了里程碑級的成果。不管是關注 Affirm 公司本身和公開資訊的潛在投資人，還是期望短期獲利的投資客都不會錯過這個好消息。

8 月 30 日星期一，也就是公開資訊發布後的次一個交易日，盤前交易量比平時高 20 倍，開盤股價即暴漲 50% 以上，當天以上漲 46.7% 收盤。看到當天一天內的漲幅，長期投資人中也有不少人認為這是一時的獲利機會。

```
                              UNITED STATES
                  SECURITIES AND EXCHANGE COMMISSION
                            Washington, DC 20549
                  ─────────────────────────────────

                              FORM 8-K

                            CURRENT REPORT
                     Pursuant to Section 13 or 15(d) of the
                       Securities Exchange Act of 1934

              Date of report (Date of earliest event reported): August 27, 2021

                        Affirm Holdings, Inc.
                     (Exact name of registrant as specified in charter)

        Delaware                    001-39888                  84-2224323
   (State or other jurisdiction     (Commission            (IRS Employer
       of incorporation)            File Number)          Identification No.)

   650 California Street, San Francisco, California          94108
          (Address of principal executive offices)         (Zip Code)

            Registrant's telephone number, including area code: (415) 984-0490

                              Not Applicable
            (Former name or former address, if changed since last report)

   Check the appropriate box below if the Form 8-K filing is intended to simultaneously satisfy the filing obligation of the registrant under any of the following provisions:

   ☐   Written communications pursuant to Rule 425 under the Securities Act (17 CFR 230.425)

   ☐   Soliciting material pursuant to Rule 14a-12 under the Exchange Act (17 CFR 240.14a-12)

   ☐   Pre-commencement communications pursuant to Rule 14d-2(b) under the Exchange Act (17 CFR 240.14d-2(b))

   ☐   Pre-commencement communications pursuant to Rule 13e-4(c) under the Exchange Act (17 CFR 240.13e-4(c))

   Securities registered pursuant to Section 12(b) of the Act:
```

Title of each class:	Trading symbol(s)	Name of exchange on which registered
Class A common stock, $0.00001 par value	AFRM	Nasdaq Global Select Market

8 月 27 日星期五接近收盤時間，8-K 說明書上傳至 SEC EDGAR 系統及自有 IR 網站。這項事業進展代表了與亞馬遜的 BNPL 夥伴關係，是一間公司事業的轉捩點也是成長的里程碑，因此在夥伴關係成立後，必須向投資人公開這項消息。（資料來源：8-K, AFRM, 2021.08.30）

產業整體受到宏觀變數威脅的應對方法

　　有時股價也會因為兩種以上的因素交互作用，出現大幅波動。9 月 28 日，這一天美國股市整體上經歷了巨大跌幅。財政部長葉倫出席參議院聽證會，提到了「國家破產危機」，公開表示如果不提高債務上限（Debt Ceiling），美國可能陷入債務不履行——也就是國家破產的狀況。美國聯邦政府的債務上限

是 28 兆 4,000 億美元，2020 年夏季，債務已經觸及上限，財政部只能啟動緊急措施應對。

此發言一出，又加上對於公債利率上升及通貨膨脹長期持續的憂慮，導致 S&P500 指數下跌 2% 以上。乍看之下，會以為市場整體都處於低迷狀態，不過這項指數是以科技巨頭為主，觀察部分能源股或景氣防禦性類股的話，反而會發現其呈現漲勢。

科技成長股對利率敏感，這種情況對科技成長股來說是利空消息，而科技股比重高的那斯達克也同樣下滑，尤其是高槓桿的高成長股中，有許多股票更是重挫近 10%，Affirm 也是其中之一。

此外，還有另一條同步對 Affirm Holdings 發揮利空消息作用的新聞，那就是萬事達卡推出新的無息分期服務「萬事達卡分期付款」（Mastercard Installment），進軍 BNPL 市場。如前文一再強調的，這就是為什麼我們必須關注同類競爭業者的動向。

這種情況下，「宏觀衝擊和同類競爭業者的交易」，換句話說，也就是「宏觀事實和個別股票衝擊」兩種要素同時發揮作用，股價跌幅無疑會下跌。

當宏觀變數像這樣導致股價出現波動性，最好縮小或放大特定類股的比重，重新調配投資組合。因為這種情況往往不是一時的波動性，而是往後會持續一段時間的新循環開端。

帶動股價的財報週
核心重點

財報遊戲

利用財報週前的預期心理

活用財報週進行交易的做法稱為「財報遊戲」，也叫做「Trading on Earnings」。

例如當整個電子商務產業好轉時，該產業的公司股價也會上漲。而當某個會衝擊零售業的市場指標發布時，零售業整體均會下跌。

以科技類股為例，當類股估值整體大幅上升時，大型科技股股價也會集體上漲，此時要注意這是市場估值溢價上升導致的情況，並不是營收成長推升的股價上漲。

另外，同一類股的特定公司的新聞，也會對其他競爭公司

產生負面影響。在同一個市場內，多家公司競爭有限的市場占有率時，如果某間公司的營收成長率顯著增加，那其他比較對象的公司股價可能會因此調整，此時，由於市場的預期心理，尚未發表營收的公司股票通常波動會加大。

觀察 Affirm 在 9 月 8 日（公布 2021 年第 4 季營收前夕）的未平倉量，就會發現其中透露的正面訊息。在未平倉量中，看漲期權的合約數量更占優勢，且期權權利金也呈現急速上升的趨勢，成交量也達到平時的 3 倍以上，看漲期權的買進量和看跌期權的賣出量都明顯增加。

8 月有約 3 萬 4,000 件的看漲期權及 1 萬件的看跌期權成交，形成的交易模式反映了投資人對營收的樂觀態度。一直到公布營收當日為止，未平倉量中有約 16 萬的看漲期權和 10 萬的看跌期權，隨著對於看跌期權的隱含波動性（Implied Volatility）急遽減少，可以看出看跌期權的拋售勢頭持續存在。整體來說，這是市場期待「盈利驚喜」的訊號。

我們也可以從未平倉量看出投資人對季營收的期待達到高峰，Affirm 股票在 9 月 9 日也以別具意義的漲勢（+5.16%）和增加 2 倍以上的成交量收盤。

Open Interest
未平倉量

就算不投資期貨或期權等衍生性商品，想投資股市還是有一些常識概念必須了解，未平倉量便是其中之一。投資人投資股票時，看準指數或特定股票會上漲或下跌建立買進或賣出部位。而期貨或期權等衍生性商品和股票不同，收益會隨到期日前的狀況有所變化，處於「開放狀態」，因此稱為「Open Interest」。因為可以視為交易主體的特定市場或股價部位方向的指標，所以一般對於股票投資人來說也是十分有用的資訊。

營收公布後的市場應對策略

在 9 月 9 日星期四下午盤後公布營收,並在下午 5 點進行
營收電話會議。甚至不需要看過完整的公開資訊,只要稍微掃
過新聞頭條和公開說明書封面的重點,就會知道實際營收表現
比市場共識優秀很多。經營團隊公開的第 4 季營業成果,超乎
他們自行預估值的成長趨勢和營收,也發表了下一會計年度第
1 季業績指引。

讓我們來仔細觀察一下幾項重點,Affirm 的營業收入比
前一年增加 71%,達到 2 億 6,180 萬美元。這樣的收益來自

EX-99.1 2 affirm_q421earningsrelease.htm EX-99.1

Exhibit 99.1

Affirm Reports Fourth Quarter and Fiscal Year 2021 Results

Exceeds Fourth Quarter Financial Outlook

Accelerates Q4 Gross Merchandise Volume Growth to 106% and Total Revenue Growth to 71% Year Over Year

Expands Network by Nearly Doubling Active Consumers and Growing Active Merchants by Over 400% Year Over Year

Expects Fiscal Year 2022 GMV Growth of At Least 50%, or 70% Excluding Peloton, Prior to Any Benefit from the Recently Announced Amazon Partnership

Financial Outlook

The following table summarizes Affirm's financial outlook for the first quarter and fiscal year 2022 periods.

	Fiscal Q1 2022	Fiscal Year 2022
GMV	$2.42 to $2.52 billion	$12.45 to $12.75 billion
Revenue	$240 to $250 million	$1,160 to $1,190 million
Transaction Costs	$145 to $150 million	$605 to $620 million
Revenue Less Transaction Costs	$95 to $100 million	$555 to $570 million
Adjusted Operating Loss[2]	$(68) to $(63) million	$(145) to $(135) million
Weighted Average Shares Outstanding	275 million	290 million

9 月 9 日收盤後發表的 8-K 中 Affirm 的 2021 年第 4 季營收報告。(資料來源:8-K, EX-99.1, AFRM, 2021.09.09)

於增加了 106% 的商品交易總額（GMV；Gross Merchandise Value），GMV 正是電子商務最重要的指標。

雖然當季每股淨虧損 EPS-48 美分未達共識的 -29 美分，不過對這種上市公司來說最重要的營收和成長勢頭已經遠超期望值，這是我們應該關注的事實（實際 2 億 6,180 萬美元 vs. 預估 2 億 2,639 美元）。多虧了 GMV 的成長，另一項重要成長指標——活躍商戶（Active Merchants）數急增 5 倍以上（412%），活躍消費者（Active Consumers）數也增加了 97% 以上。

在「財測（財務預測）」（Financial Outlook）部分，經營團隊上調當年度的業績指引，就成長前景向市場釋放出樂觀訊號，並預估這個會計年度的總營收約 12 億美元，GMV 會增加 52%，達到 126 億美元。

如同公開說明書重點部分所強調的，這些數值並未反映與亞馬遜之間的 BNPL 合作關係帶來的加乘效果。要是再加上「亞馬遜效應」，往後的業績指引有進一步上調的可能性。

整體來說，這個營收結果在多方面都是「大發利市」的成果，股價在當天以上升 34.37% 收盤。只是此時的股價並不是從盤中持續上升，而是買進勢頭在盤前就已經形成，所以一開盤就以暴漲 30% 的價格開始交易。

此時買進的話，各種新聞的影響已反映在價格上，所以別說是追加獲利了，反而有很高的機率會虧損。受到獲利了結的短期投資客拋售潮影響，宣布消息翌日的股價也會有所調整。

想要盡可能降低因時間延遲造成的損失的話，下達限價單（Limit Order）限定在指定價格交易會是不錯的辦法。反過來說，因為股價已充分上升，可以預期將出現套利趨勢，所以做空部位也是一個選擇，這是當沖客經常採取的做法。

能夠驅動股價的營收公開內容重點

- 當季營收是超乎分析師共識，還是未能滿足共識？
- 當季營收是否達到經營團隊預期的目標值、業績指引？
- 反映或未反映在營收數值上的因素有哪些，原因是什麼？
- 經營團隊的業績指引有什麼變化？（下一季、該會計年度末）
- 除了營收外，是否有會影響事業的新消息？（資產買進或賣出、夥伴關係、經營團隊更替、法規、訴訟等）

搜尋關鍵字

Beat Estimate、Financial Outlook、Guidance、Revised Up/Down、Street Estimate/ Consensus、Earnings Beat、Earnings Surprise、Fall Short of Expectations

沒辦法交易？

美國的暫停交易制度

面對劇烈波動一定要確認的事

不只是盤中，在盤後或盤前發表會影響股價的公開資訊內容的情形不算少見。尤其是在美國市場，對這類事件做出反應，進行盤前、盤後交易的投資客很多，因此開盤後以爆發性漲跌的價格交易的情況很常見。前述用來舉例的 Affirm 的財報遊戲也屬於相同情形。面對這種市場短期、長期變數導致波動性擴大的局面，交易所或公司本身也會採取限制交易的措施來應對。掌握這部分的基礎內容，將有助於應對高波動性的市場行情。

首先，美國證券交易所針對波動劇烈的（或是預期會變劇烈的）股票採取暫時停止交易的機制，稱為「暫停交易」

（Trading Halt）。這項機制僅限用於個別項目，因此也叫做「個股熔斷」（Single Stock Circuit Breaker）。為了使急漲急跌的股價穩定下來，或因其他法規上的因素，而暫停所有交易 5 分鐘。這段時間未成交委託單（Open Order）會被取消，不過依然可以執行期權。

依照造成股價波動性因素的不同，交易暫停機制還可再細分種類。這跟解除暫停交易後的股價波動性及應採取的應對策略都不一樣，所以有必要正確區分並有所認知。與之相反，開盤後未交易即暫停的情況稱為「Held at Open」。

雖然可能依每個經營團隊的風格而有所不同，不過許多公司都會選擇在盤前或收盤後進行 8-K 公開說明書等重大發布，用意是為了讓投資人充分熟知內容後再做出交易決策。不過現實發展卻往往相反，投資人將只往收購潮、拋售潮之一傾斜，程度取決於對於盤前、盤後公開新聞的敏感度，也會因為訂單執行（Execution Fill）被延遲，導致波動性進一步增幅。

為了弭平這種一時之間的現象，會基於證券交易所的裁判採取暫停交易措施，因此開盤後股市將不會進行交易，延後開盤，這種情形稱為「Opening Delay」。

暫停交易機制還可以分為有約束力的 Regulatory 和沒有約束力的 Nonregulatory，其性質也是依引起股價波動的原因而有所不同，可以參考下述說明了解各類差異。

因市場波動導致暫停交易：Volatility Halt

當特定股票在漲跌幅超出可接受交易價格範圍（ATPR；Acceptable Trading Price Range）的區間交易持續 15 秒以上的時候，將會採取 5 分鐘的暫停交易機制。ATPR 是以過去 5 分鐘的成交股價的平均價格為準計算而成，所以每支股票的基準都不一樣。

一般來說，在美東時間上午 9 點 45 分到下午 3 點 30 分之間的交易時段（Trading Window）股價超出 ATPR 5% 以上時，或是開盤後 15 分鐘和收盤前 25 分鐘股價脫離 ATPR 區間 10% 以上時，將會啟動這道機制。

此外 S&P500 股票第一級（Tier 1）的 National Market

▶ 波動性暫停交易（**Volatility Halt**）

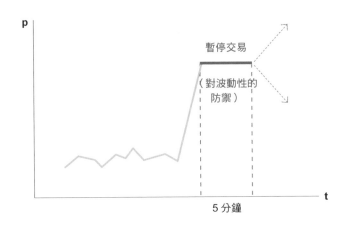

Systems 股票、Russell 2000 股票是以股價 3 美元以上的股票為對象實施的暫停交易基準。第二級（Tier 2）股票分別是在脫離 ATPR 區間 10%、20% 的時候；3 美元以下的水餃股分別脫離 ATPR 20%、40% 以上的時候；1 美元以下的水餃股脫離 ATPR 50% 以上的時候，將會暫停交易。

因主要資訊發布導致暫停交易：News Halts

在預告將出現催化劑或出現催化劑時執行的暫停交易。在預計會導致股價出現大幅漲跌的催化劑發表前夕，公司方面直接向有關證券交易所提出要求執行，因為預估即將公開的內容會對股價有重大影響，公司經營團隊先發制人採取防禦手段。

典型的例子包括在營收發布日發表不同於以往的大幅上調或下修的業績指引；經營團隊更替；宣布大規模 M&A。尤其是製藥、生物科技公司公開新藥或是宣布 FDA 批准消息的情況特別具代表性。目的是為了防止消息公開後股價動盪，讓市場參與者在交易前充分熟知相關內容。

或是預期將會出現大幅波動，希望投資人訂定交易策略，避免出現恐慌性拋售或恐慌性收購。一旦啟動這類型的暫停交易，一定會發布 8-K 說明書。

▶ 新聞性暫停交易（**News Halt**）

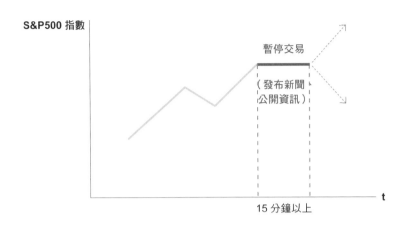

因法令遵循導致暫停交易：Compliance Halts

　　因為法遵層面問題而啟動的暫停交易。SEC、FINRA 等監管部門和 NYSE、NASDAQ、AMEX 等證券交易所基於法規上的因素採取暫停交易。代表性的例子有股票下市之宣布、著手針對非常規交易（主要是有內線交易疑慮者）進行調查、義務性公開資訊短少（Default）（未充分經過審計的 10-Q 或 10-K 說明書、應公開而未公開的公司事件或公司內部人交易紀錄缺漏）等。

　　當然，這類暫停交易有利空消息的作用，暫停交易解除後股價將會暴跌，也稱為「SEC 中止交易」（SEC Trading Suspension）。

▶ 法遵性暫停（Compliance Halts）

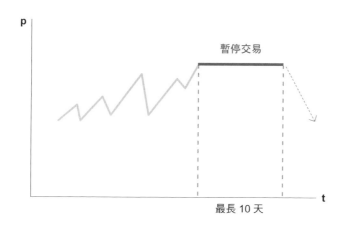

暫停股市的機制：Circuit Breaker

交易暫停（Trading Halt）屬於前述的個股熔斷（Exchange Circuit Breaker），雖然這是為了削弱上行、下行各方面波動性而採取的措施，不過啟動熔斷的架構是證券交易所在股市「暴跌」的情況下，針對整體股市採取暫停交易的措施，又稱為遏止機制（Curb）。

啟動熔斷機制的標準，根據股市下跌的程度區分為 1、2、3 級。

・等級 1：S&P500 指數下跌 7% 以上時（以前一日收盤價為基準）

▶ 熔斷機制（Circuit Breaker）

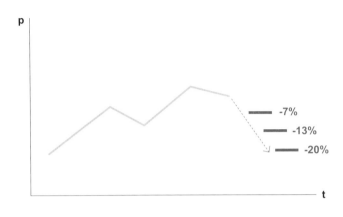

- 等級 2：S&P500 指數下跌 13% 以上時
- 等級 3：S&P500 指數下跌 20% 以上時

　　美國東部時間下午 3 點 25 分（收盤 35 分鐘前）前可啟動
等級 1、等級 2 的熔斷機制（暫停交易 15 分鐘），之後不再啟
動。暫停交易解除後恢復正常交易的情況稱為「恢復交易」
（Trades Resume 或 Trade Resumption）。

瞄準暴漲股和暴跌股的對沖交易和做空

　　458 頁的圖表是在證券交易平台上以「證券交易所 NYSE、

AMEX、ARCA、NQ、NM 登記在案且正在交易中」、「除 ETF 外」、「平均交易量 5 億股以上」的「美股」的條件篩選後，按照波動幅度由大至小排序在特定時間點呈現最大價格波動的交易代號。左側的綠色清單是漲幅高的交易代號，右側的紅色清單是跌幅高的交易代號。

頻繁交易的投資客會需要經常查看這份清單，也可以依照自身的交易傾向調整篩選器，排列出想看到的交易代號。例如市值在多少以下、將水餃股排除於篩選結果外、將成交量標準上調等等，可以做出不同的調整。因為可以一次掌握成交量及股價急升、急落的股票，想要抓住短期獲利機會的話，這類表格值得參考。

當然，風險也很大。這裡必須留意的重點是，不管是買進急漲股清單中漲幅最大的股票，還是拋售名列急跌股清單中的持股，或是建立新的做空部位的行為都十分危險。

這些股票大部分都在盤前就已經形成收購勢頭或拋售勢頭，成交量急增。我們在清單中看到交易代號的時候，往往都是股價動能已經作用過的結果。因此，草率地盲目交易無疑會帶來損失。進入過熱區間後，股價波動性某種程度上已經減退，正在尋找比買進時間點低價的穩定區間。當然，也有投資人會利用這一點反過來交易（因為與現在的動能反其道而行，所以稱為反向交易 [Reverse Trade]）。

比方說，可以從上述的日漲跌率（Daily Movers）圖表中找出漲幅最大的股票拋售，或是收購跌幅最大的股票。由於這種

	Last	CHANGE ▼			Last	CHANGE ▲
OPP RT	0.0080	+0.0009	12.68%	VLTA	8.37	-2.87 -25.53%
CEI	4.08	+0.66	19.30%	BBBY	16.66	-5.54 -24.95%
SPCE	26.03	+3.47	15.38%	KSS	46.50	-7.16 -13.34%
PROG	1.25	+0.17	15.74%	CCXI	17.11	-2.45 -12.53%
RIDE	8.42	+1.06	14.40%	NCNA	2.45	-0.33 -11.87%
ONE	0.4790	+0.0525	12.31%	RNW	10.62	-1.18 -10.00%
PRGO	48.50	+5.00	11.49%	KMX	132.09	-14.36 -9.81%
AMTX	18.05	+1.73	10.60%	CRVS	5.72	-0.60 -9.49%
CXDC	0.4599	+0.0324	7.58%	GTHX	13.58	-1.31 -8.80%
LIZI	3.10	+0.25	8.98%	M	22.68	-2.02 -8.18%
ZOM	0.5461	+0.0386	7.61%	ALT	11.69	-1.07 -8.39%
AVIR	35.06	+2.93	9.12%	UFAB	3.34	-0.28 -7.73%
GOTU	3.06	+0.26	9.29%	AXSM	31.75	-2.42 -7.08%
LAC	22.20	+1.69	8.24%	JWN	26.86	-2.20 -7.57%
ASXC	1.88	+0.14	8.05%	ACY	60.80	-5.14 -7.79%
APRN	6.90	+0.49	7.64%	IRNT	18.55	-1.48 -7.39%
COE	2.62	+0.17	6.71%	TCS	10.35	-0.80 -7.17%
JKS	44.91	+3.06	7.31%	MITQ	2.86	-0.21 -6.84%
MTL	4.15	+0.29	7.51%	SNMP	1.07	-0.07 -6.14%
FORG	38.91	+2.91	8.08%	HLTH	12.35	-0.79 -6.01%
SPIR	12.95	+0.82	6.76%	BIG	45.28	-3.10 -6.41%
GOGO	17.90	+1.12	6.67%	LPI	78.81	-5.69 -6.73%
PLG	1.94	+0.12	6.59%	CRCT	28.74	-1.92 -6.26%
DQ	55.79	+3.44	6.57%	TGNA	19.72	-1.29 -6.14%
NAK	0.4830	+0.0310	6.86%	FL	46.38	-3.01 -6.09%
MOHO	0.6050	+0.0300	5.22%	RGS	3.68	-0.25 -6.36%
API	29.00	+1.63	5.96%	GPS	23.20	-1.48 -6.00%
SSL	19.12	+1.05	5.81%	TYRA	16.00	-0.91 -5.38%
AXU	1.50	+0.08	5.63%	EXPR	4.82	-0.29 -5.68%
EDU	1.97	+0.12	6.49%	DBI	14.20	-0.89 -5.90%
TLGT	0.3970	+0.0210	5.59%	ENDP	3.18	-0.19 -5.64%
VCYT	47.82	+2.58	5.70%	KNBE	20.63	-1.36 -6.18%
TAL	4.67	+0.26	5.90%	EDIT	40.17	-2.33 -5.48%
DAO	11.80	+0.60	5.36%	CHS	4.68	-0.28 -5.65%
SY	4.22	+0.21	5.24%	EVK	2.83	-0.12 -4.07%
TSP	36.77	+1.76	5.03%	PRTY	7.83	-0.44 -5.32%
SID	5.39	+0.25	4.86%	WSM	181.74	-9.92 -5.18%
QFIN	20.77	+0.94	4.74%	GES	21.39	-1.16 -5.14%
PAYX	113.10	+5.25	4.87%	LILM	9.83	-0.52 -5.20%
ITP	0.3961	+0.0150	3.94%	LUMN	12.56	-0.65 -4.92%
HIMX	10.66	+0.47	4.61%	HMLP	4.99	-0.25 -4.77%
UEC	3.03	+0.14	4.84%	REE	4.67	-0.27 -5.47%
GGB	4.98	+0.22	4.62%	NERV	1.70	-0.07 -3.95%
HYZN	6.31	+0.28	4.64%	SIG	81.54	-3.86 -4.52%
NEW	0.5600	+0.0282	5.30%	SRAD	22.99	-0.79 -3.32%

這種以股價波動性為基準，依序排列急漲股、急跌股盤面的服務在美國股市交易平台很常見。
只不過要注意的是，典型的迷因股或水餃股經常位列其中。（資料來源：Interactive Brokers）

交易出現頻率高，證券法上也有對此的制裁手段。

前述清單中，有些交易代號前方有以紅色圓形標示注意（Warning）。各證券交易平台使用的標誌可能略有不同，不過含義相同，意味著該股票適用報升規則（Uptick Rule）。報升規則是 SEC 制定的證券法層次的規定，因此一定要理解其概念，避免犯下基本的交易失誤。

有趣的是，報升規則是預見做空勢頭而限制做空叫價的措施，可以在左側好幾個代表急漲（Best Mover）的綠色交易代號旁看到。因為大部分的情況是，股價在前一個交易日的下跌幅度大，使得報升規則生效，在第二天出現了超出應有恢復幅度的急漲勢頭。如果在一直到昨天都還處於跌勢的股價賣出（或是做空）的話，將會面臨損失，等於把獲利拱手讓給反向買進的反向投資客。

牽制爭議性做空行為：
美式「平盤以下禁止放空規則」

SEC 是為監督美國股市的透明性、公正性和效率而設立的單位，站在 SEC 的立場，所謂的做空實在是讓人頭痛的市場功能。雖然做空有藉由拉大市場效率和消除股價泡沫化，形成合理價格的功能，但也可能因此被不當利用，或是經由非法途徑得利。

我們需要仔細思考一下做空的基本前提。我們之所以買進股票，是因為期待以低價買進後，股價會上升，然後以高價賣出。這也是以做空為主體的賣空賣方追求的。目前價格太貴，所以現在先不買，期待往後以較低的價格買進，所以先以目前較高的價格賣出。

只是買進和賣出的時間點顛倒而已，積極目標是一致的。一般的交易是逢低買進，逢高賣出（Buy Low, Sell High），而做空則是逢高賣出，逢低買進（Buy Low, Sell High）。

但是如果逢高賣出（Sell High）的時間點受特定勢力哄抬，或是期待股價暴跌超出價格預期（Price Discovery）應有的範圍外的話，這種動機本身將成為股價下跌的動能，開始有意見指出，這是對市場效率有害的行為。

假設出現某支對沖基金建立做空部位的新聞，這條新聞本身對股東來說就已經是利空消息。如果是在資訊流通上處於優勢地位的機構投資人進行做空，也讓人擔心其是否基於散戶所不知道的利空消息做空。

若是因而在短期內形成拋售勢頭的話，股價大幅下降的結果將是自我應驗預言（Self-fulfilling Prophecy）的實現，而且可能會出現利用這種市場心理，刻意做出做空資訊的賣空賣方。報升規則正是為了因應這種情況而制定的。

證券法規定，禁止提出低於先前成交價（Previous Trade Price）的做空叫價。舉例來說，想要做空股價 100 美元的股價，必須提出超過 100 美元的叫價才能賣出。

早期的報升規則比目前的報升規則更嚴格。原有的報升規則規定，對任何一支股票進入短倉的時候，一定要以高於目前股價的價格指定做空價格。而且對於已買進的主體的拋售（長倉離場）時間要早於做空。但這種法規非但沒能防止做空導致的股價操縱，反而在在顯示目的根本與結果毫無關聯，於是SEC在2007年廢止了報升規則。

儘管因為難以定義導致經常伴隨爭議，但無論理由為何，操縱股價、操縱市場（Market Manipulation）都是違法的。利用做空資訊引發股東恐慌性拋售的空頭襲擊（Bear Raid）是利用做空勢頭操縱股價，同理，經常在Reddit等論壇上形成的收購潮也是一種股價操縱，同時亦是法規監管的對象。

對於市場價格操縱可能是下行或上行，而對於「勢力」的定義也十分模糊。面對制定比原有報升規則更合理、更有效的規則的訴求，SEC在2010年重新推動了賣空制裁法，也就是新的報升規則。

因為是新推行的規定，所以被稱為「替代性報升規則」（Alternative Uptick Rule），更新的版本更為複雜，至今仍在施行中，亦叫做「SEC Rule 201」。其宗旨沒有改變，是為了限制因濫用賣空或賣空本身所致的下跌動能，減少跌幅劇烈波動而設的控制機制。

不過要啟動這種機制，必須符合幾項條件。首先，適用對象僅限於美國證券交易所，含場外交易市場（OTC）登記在案的股票中，賣空熔斷機制啟動的股票。賣空熔斷機制會在交易

日盤中跌幅超出前一日收盤價（Last Closing Price）10% 以上的時候啟動。

賣空熔斷機制發動的瞬間，報升規則將會自動運作，該交易日和下一個交易日止全天適用。週五上午 9 點 44 分熔斷機制啟動的股票，將會適用報升規則至下週一盤後市場結束（10點）為止。賣空熔斷機制只會在美國開盤到收盤之間（上午 9 點 30 分至下午 4 點）觸發，而報升規則則是在盤前、盤後的所有交易時間都有效。

從報升規則觸發的瞬間開始到下一個交易日為止，該股票的做空將禁止低於成交價。也就是說，只有在比目前股價（National Best Bid）高的價格（Uptick）叫價，才能進行做空。舉例來說，股價 100 美元的股票在盤中下跌 10% 以上，來到 90 美元的時候，喊出的賣空指定價格必須超過 90 美元。

即使不是賣空賣家，掌握報升規則也會對交易有所幫助。報升規則不是禁止賣空這件事本身，而是對賣空叫價做出限制，這一點請銘記在心。因為股票已大幅下滑，所以只能從高於先前交易的價格（Uptick）開始做空部位。

對適用報升規則的股票集中做空，代表即使在跌勢中也有許多投資客建立做空部位，因此這類股票面對下跌動能十分脆弱，我們必須對這一點有所理解。

Q　**可以連續啟動平盤以下禁止放空規則嗎？**

A　報升規則的效力觸發沒有次數限制。根據《SEC 證交法》，做空熔斷機制可以連續發動數次，這種情況下該股票的報升規則也會反覆被觸發，報升規則的適用期間會隨之延長。舉例來說，連續兩天比前一日收盤價下跌 10% 以上的股票，可以接連發動賣空熔斷機制，也可以連續觸發報升規則。

Q　**缺少前一日收盤價的話，可以啟動熔斷機制嗎？**

A　暫停交易的話，前一日收盤價將以上一筆交易價格（Last Sale Price）為準。因為熔斷機制發動時間點的股價下跌 10% 以上的基準點是「前一日收盤價」，如果前一日盤中交易暫停並持續到收盤的話，就沒有收盤價了。

刪上市的 IPO 股票或 Spin-Off 公司股票也沒有前一日收盤價，因此要到交易開始日過兩天之後才能啟動做空熔斷機制。換句話說，IPO 當天不適用報升規則。

對沖基金交易員

在超級財報週的一天

05:55 起床

不等鬧鐘響，6 點前就會睜開眼睛。昨晚讀著 100 多頁的季報資料，讀著讀著就睡著了，資料的空白處被筆記及快速計算的數字填滿，重要內容用黃色螢光筆畫起來。也許是手拿著螢光筆就直接睡著了，枕頭和臉被螢光色畫到，真是無言。

06:00 打開彭博 APP，確認電子郵件

有些公司在早上 6 點就會發布公告，為防萬一，我一睜開眼睛，就會打開手機的彭博 APP。幸運的是，目前還沒看到任

何公告。不過一打開電子信箱，就看到了幾十封的電子郵件，這是賣方分析師寄出的分析報告。

分析昨天發表的公司營收報告、與先前預測的差距，以及對目標股價調整的意見，甚至有些分析師已寄出更新調整後的 Excel 模型，看來這些分析師肯定也熬夜了。

還有一些電子郵件是對今天預期發表營收的公司的分析內容，也有幾封針對昨天大盤的表現狀況，以及今天大盤的可能走勢，做出總結與更新的電子郵件。快速地看完所有電子郵件。

06:10 準備上班

洗個澡讓頭腦清醒。腦子裡全是我的投資部位，並想想今天電話會議要怎麼因應。頭洗了嗎？忘記了，乾脆再洗一次好了，就這樣洗了兩次頭。

06:27 搭 Uber 上班

拿著一罐從 Amazon 購買的咖啡下樓，到大樓大廳時，用 APP 預約的 Uber 司機正在等我。因為步行 20 分鐘就能到辦公室，所以平時都走路去公司當運動，但每到財報週，我就會搭 Uber。哪怕只提早 1 分鐘，也要早點到辦公室。在清晨時曼哈

頓的街道也比較冷清，所以 4 分鐘後就到公司了。

06:31 抵達辦公室，登入彭博系統

我一到位子就馬上登入彭博系統，立刻看到許多公司發布的季報。有的是我投資的公司，有的是我感興趣的公司。有些公司我關注但不投資，因為這些公司是我的投資公司的競爭者。

「天啊……我估計這間公司應該會出現 Earnings Miss，但是什麼原因讓營收跟原先預估值相差超過 60%？」

這間公司的季營收和 EBITDA 值，非常不理想。不僅 EPS，所有的營收績效指標都不到華爾街預測的一半，這是一間我有建立空頭部位（賣空）的公司。而開啟我製作的估值 Excel 確認後發現，獲利幅度會接近我預期的上限（Upside）。

07:30 向 PM 報告

首席交易員兼投資組合經理（PM）進入辦公室，我向他簡單報告昨天的交易和投資部位調整的狀況。如果報告超過 2 分鐘，性格急躁的 PM 就會發脾氣，所以儘量簡略地說明我為什麼只能持有特定部位。他點頭表示知道了，我快速回到座位上，根據新發表的營收重新計算自己的估算模型。

08:00 盤前交易，季營收開始公布

我的投資組合中，有4間公司將公布季營收。一間在盤前公布，一間是上午10點公布，另外兩間則在盤後（After-market）公布。

有12間與投資標的無關，但需要一起追蹤的公司也會在今天公布營收。要打起精神來全盤追蹤，一個也不能錯過。早8點，直接撥入第一間公布營收的零售公司的電話會議。我快速地看完 Earnings Release 以及投資者關係簡報。

08:35 電話會議接力賽、調整部位

幸運的是，第一間公司除了已公布的內容外，沒有其他特別事項。分析師們也沒有針對與預估值相差不大的營收數字，提出特別的問題，就結束了會議。

接下來10點的電話會議將是關鍵。那間公司在清晨公告不如預期的營收（超過60%的 Earnings Miss）後，盤前市場股價就出現波動，現在已經下跌5%以

上，這對我來說是個好消息，但我必須快速決定是否增加空頭部位。

原本預測年營收成長率為 2%，但本季營收成長率為負，且 EBITDA 利潤率也比原訂目標減少 200BPS（2%）以上，經營團隊要怎麼解釋呢？根據先前公布的資料，所投入的行銷與促銷費用，似乎沒有帶來預期的營收成長。

總體而言，這間公司沒有跟上電子商務（E-Commerce）競爭對手的腳步。雖然曾經大裁員（Layoff）過一次，但人事成本依然居高不下，為了發展線上通路，進行了大規模的資本支出和借貸，但在這個 EBITDA 水準下，未來可能沒有足夠的能力可以償還本息。

由於最近美中關係惡化，進入中國和開發新市場的計畫充滿了不確定性，雖然還有機會可以扭轉局面，但這次公告的營收表現，仍然是一個利空消息。

即使把今天公布的營收全部反映在估算模型中，都還無法觸及我所估算的上限。股價可能還會再下跌 20%，而現在似乎才剛開始。打電話給摩根史坦利交易員，追加空頭部位。

EBITDA/Sales

EBITDA 利潤率

這是將未計利息、稅項、折舊及攤銷前的盈餘（EBITDA）除以營業收入的比例值。數值越大代表在營業收入的實際營業獲利越大，也被作為同業收益比較的指標，不同產業則有不同的評估基準。

基點（Basis Point）

為表示利率或收益率時使用的萬分率單位，1BP 為 0.01%。

10:00 電話會議，即時反應的市場

　　當電話會議開始，就聽到熟悉的聲音讀出已經準備好的營收發表內容（Prepared Comments），CFO 正在說明本季營收表現及背景。今天的語速特別慢，真讓人不舒服，希望趕快進入問答階段，也許賣方分析師會提出我想問的問題。當 CFO 說完最後一句話，主持人告知可開始發問時，分析師就不斷地提問。

　　彭博系統自動轉錄的會議文字檔顯示在第一個螢幕上，我的估算模型在第二個螢幕上，股票走勢和交易畫面在第三個螢幕上，持續追蹤的公司新聞速報則顯示在第四個螢幕上。每一個都很重要，必須快速消化資訊及分析，1 秒也無法放鬆。在長達 1 小時的電話會議中，隨著分析師持續提問，股價也震盪波動。

　　「在中國擴增門市家數的計畫是否仍會持續進行？」

　　「即使將今年整修後的賣場營收以年化收益率（Annualize）估算，全年營收還是會下滑嗎？那年初提出的再開發資產投資回報率就無法達標了。」

　　股價下跌了 6.1%。

　　「似乎有必要跟不動產（如商店、賣場）業者 REITs 和租賃公司重新協商租金，以節省支出。EBITDAR 比率是不是太低了？」

　　「中長期企業貸款（Term Loan）的貸款重組（Re-Fi；Re-finance）是否如期進行？如果現金流的問題持續下去，從明年開

始可能連利息都負擔不起。」

股價下跌了 6.6%。

「我認為應該完全停止配發股利，而不是減少股利，不這樣做有什麼特殊原因嗎？」

股價下跌了 8.1%。Nice!

「就算是將之前的業績指引目標下調，也比根本不提供業績指引更好，這次為什麼不公布呢？」

股價暴跌，經營團隊汗流浹背地解釋和回答。我很高興在開始電話會議之前下單賣空，一開始的空單部位還不大，現在有好些了。

11:10 電話會議持續進行中

會議似乎還沒有要結束，但市場還在運作，所以我不得不去關注其他公司的營收公告。一直追蹤的行動通信基地台（Cell Tower）業者的營收似乎還不錯。

打開了幾週前做完就沒再看的估值模型，這是一間值得投資的公司，但股價似乎太高了。現在買進，可能投報率還不到20%，看來現在還不是買進的時候。

上午，幾間飯店業者發表了營收公告，收盤後，還要持續追蹤我的投資組合相關公司的動向。

12:50 已過了午餐時間

當我想要訂午餐的時候，摩根史坦利交易員打電話過來。他回覆說，上午的訂單已處理完畢，有些數量沒有以我想要的價格交易，但這已經足夠。

我還沒開口，他就突然說：「最近有一個小型股 IPO（Small-Cap IPO）項目，可以特別給你折扣價。」因為正值財報週，所以我沒時間去分析聽都沒聽過的小型非上市公司。

> **Small-Cap**
> 小型股
> Small Capital 的縮寫，意指小型股，在美國是指市值在 3 億～ 20 億美元的企業。

更何況，如果是熱門的 IPO 項目，難道大家不會超額認購（Over-subscribed）嗎？現在才跟我說，額度應該早就賣光了。所以我就回說現在很忙，先暫時保留。

他說要請我吃午餐，所以送了 3 個龍蝦卷和 24 盎司（約 700 毫升）的大杯冰咖啡到我的辦公室。話說，那名交易員光憑與我的交易量，一年就能獲得超過 100 萬美元的手續費，所以時不時就會送我食物，我變胖肯定是因為他。

13:30 投資對象的競爭對手營收表現不好的時候

上午有兩間飯店業者發表了營收，但股價表現不如人意。舊金山是飯店產業中最大的市場之一，但每間可用客房收入

（RevPAR；Revenue Per Available Room）卻大幅下滑。由於預期舊金山科技市場需求增加，帶動許多建案開工，進而引發市場供過於求的問題。與去年同期相比，客房住用率已大幅下降。

在我的投資組合中，有一間相關產業的公司，本來收盤後才會發表營收，但股票價格已經因為這個消息而下跌。即便是在舊金山市占率還很小的股票，但隨著整個飯店類股的波動，也被無辜波及。雖然想追加買進，但或許有些事情還不確定，所以決定等到營收公布再看看，因為總是有變數存在。

15:45 高成交量收盤的應對方法

紐約股市收盤時間為紐約時間下午 4 點。從下午 3 點 45 分到 4 點收盤的這 15 分鐘內，是一天交易最繁忙的時間之一。不僅成交量大，波動性也大。這個時候我也停止了所有動作，專注股票走勢圖，以監控市場動態及我的交易。15 分鐘一下子就過了，今天市場收盤。

16:00 收盤，季營收繼續發表

一般在收盤後的盤後時間，我還是會繼續觀察股市，但今天不同。那幾間「收盤後」才發表營收的公司，不知道什麼時

候會突然公告，所以還要多花點心力。

不過已經收盤，我就喘口氣、喝杯咖啡，彭博系統突然跳出 15 個視窗，偏偏我持有的那 2 檔股票同時公布營收。趕緊下載一堆資料，快速看看，持續重複相同的過程。將 Earnings Release 揭露的主要營收數字、市場共識和我建立的估算模型比較看看。

從投資者關係簡報檢視更詳細、最新的季營收和經營策略。檢查是否已發布新的業績指引，是否需要修正，如果需要，還要更新估算模型。馬上加入電話會議，並聽取經營團隊的補充說明和 Q&A。

最後需要判斷的是在這一大堆的新資訊中，有沒有跟我的投資理由對不上的事情？有沒有發生需要改變投資部位的事件？新發布的營收數據，是否會影響我原本的估值？如果新估值有變，我就要果斷修正我的投資部位。相反的，如果新估值無須調整，只是市場反應過度異常，我就要追加買進或賣出。

20:00 確認是否有補充的公告

一些在前天發表營收的公司，公布了 10-Q 報告。10-Q 報告的公布時間，比其他公開揭露資料來得晚。幾天前我關注發表營收的公司中，只有一間公布了 10-Q 報告並做了重要更新，這是關於買回庫藏股數量的新業績指引。

我無法理解如此重要的資訊，經營團隊為什麼會選擇在超過數十頁的 10-Q 報告的一個角落裡，簡單地公告呢？肯定是董事會的決議，但這不是應該在 Earnings Release 的第一頁就要揭露嗎？

用這種方式與市場溝通，難怪近年來股價一直不振。我不曉得這是一種策略做法還是失誤，明天我要親自打電話問問看。

我馬上給 IR 窗口發了電子郵件，說要與 CFO 召開電話會議。由於還在財報週，在寄出電子郵件後不到 5 分鐘，我就收到了回覆。約定明天下午 2 點召開電話會議，時間敲定了！

23:00 下班

我把今天追蹤的 12 間公司的公告資料全部印出來，且仔細閱讀了每一條注解。雖然總共有數百頁，但我已經這樣做了好幾年，而且在快速閱讀的同時，也順便計算。更重要的是，更新我的估值模型並做出最終投資決策。

由於同時打開了幾十個 Excel 檔，系統突然跳出「重新啟動」的警告，提示電腦已經超載，似乎在暗示我該回家了。我決定將明天要發表營收的幾間公司的估值模型印出來帶回家看，在睡覺前我還要再檢查一次。

24:30 就寢

　　明天需要早起，所以我得早點睡。雖然還有幾張資料還沒再確認一次，但我已經沒有力氣再看了。把文件放在床邊，決定睡覺。今晚為了不讓臉上再留下螢光筆的痕跡，我將筆蓋蓋好並放到遠一點的地方。

投資散戶一定要參考的
實用美股網站

　　美國的股市規模非常龐大，約占全球股市的 50%，雖然有很多運作龐大資金規模的機構投資者，但隨著 2020 年初暴跌後，進入市場的散戶暴增，也逐漸成了股市的一個軸心。據彭博報導，新冠肺炎疫情爆發後，散戶約占市場參與者的 20%，而且他們能有效利用提供各種股票投資資源的網站，以優質的資訊武裝自己後再投入股市。

　　以下整理了一些知名、免費、內容有一定品質的有用網站，雖然也有為了差異化而只提供給高級會員的收費服務，但即使是免費內容，也可以獲得大量的個股資料和行情資訊、投資建議。

▶ **閱覽 SEC 公司公開資訊**
　BAMSEC：bamsec.com　｜　EDGAR：sec.gov

▶ **掌握整體市場行情、宏觀新聞**

Bloomberg：bloomberg.com ｜ CNBC：cnbc.com
CNN business：edition.cnn.com/business ｜ MarketWatch：
marketwatch.com

▶ **隨時確認分析師投資意見和共識**

Benzinga：benzinga.com ｜ Finviz：finviz.com
Google Finance：google.com/finance ｜ Investing.com：investing.com
Koyfin：koyfin.com ｜ MarketBeat：marketbeat.com/stocks
TradingView：tradingview.com ｜ Yahoo! Finance：finance.yahoo.com

▶ **個股篩選和財務報表整理**

Macrotrends：macrotrends.net ｜ Stockrow.com：stockrow.com

▶ **確認避險基金及知名機構投資人的投資組合（部分）**

GuruFocus：gurufocus.com ｜ WhaleWisdom：whalewisdom.com

▶ **提供個股分析和投資建議**

Finbox：finbox.com ｜ Market Screener：marketscreener.com
Seeking Alpha：seekingalpha.com ｜ The Motley Fool：fool.com
VIC：valueinvestorsclub.com

▶ **個股或基金的技術分析**

Barchart：barchart.com ｜ Morningstar：morningstar.com
StockChart：stockcharts.com ｜ Zachs：zacks.com

▶ **ETF 相關網站**

ETF Database：etfdb.com ｜ ETF Trends：etftrends.com

▶ **股利股相關網站**

Dividend.com：dividend.com ｜ Dividend Investor：dividendinvestor.com

▶ 提供公司營收公布資訊和行事曆
AlphaStreet：news.alphastreet.com ｜ Earnings Whispers：
earningswhispers.com
Fidelity eResearch：eresearch.fidelity.com/eresearch/goto/
conferenceCalls.jhtml
TipRanks：tipranks.com

▶ **IPO 與 SPAC、非上市公司相關網站**
CB Insights：cbinsights.com/research-unicorn-companies
Nasdaq IPO：nasdaq.com/market-activity/ipos
NYSE IPO：nyse.com/ipo-center/filings ｜ SPAC Analytics：
spacanalytics.com
SPAC Insider：spacinsider.com ｜ SPAC Research：spacresearch.com

▶ 投資組合模擬
Portfolio Visualizer：portfoliovisualizer.com

▶ 總體經濟指標
Fed：federalreserve.gov/releases/h15 ｜ FRED：fred.stlouisfed.org

提醒事項

❶ 本書已將美國股市的常用語翻譯成南韓股市的常用語，如果英文表達較為適當，將直接以音譯字表示。本書是為幫助讀者更易於投資美國股市而撰寫，為了讓讀者熟悉美國公司的公開資訊，將以韓文英文並用來呈現。

❷ 外來語標記方式主要遵循韓國國立國語研究院「外來語標記法及表標用例」，但部分用語則遵循大眾廣泛使用的用詞標記（例如 long/short → 多空）。

❸ 公司名稱後面是交易所名稱和交易代號（例如特斯拉 [NASDAQ：TSLA]）。但 ETF 的話，前面是交易代號，後面才是 ETF 名稱（例如 QQQ [NASDAQ：Invesco QQQ Trust Series 1]）。

❹ 如未特別標示，本書所採用的數據均以全新修訂版寫成時（2021 年第 3 季）的資料為基準，並盡可能反映市場最新情況。唯部分章節所刊載的內容是以初版原稿基準時間（2020 年 8 月）的公開資訊為基礎進行分析。學習投資或財務基本理論沒有時效性，將解讀相關內容、公開資訊以及分析財務報表的方法內化成自己的能力，這份能力永遠不會過期。

❺ 本書圖表內之數值，除了百分比、倍數、個數、目前股價之外，其他數值均為以「百萬」為單位的數值。

❻ 本文所提到的「Q&A」，是從 YouTube 訂閱用戶留言提問內容中所摘錄或整理與主題相關的問題。

❼ 圖片截圖上日期以公開資料的發布日期（Filing Date）為準，網站截圖日期以截圖日期為準。

國家圖書館出版品預行編目 (CIP) 資料

頂尖操盤手的美股攻略大全：價值投資 X 財報分析 X
選股策略，全面解析獲利法則 / 紐約居民作 -- 初版 .
-- 臺北市：三采文化股份有限公司, 2023.7
　　面；　公分 . -- (iRICH；36)
ISBN 978-626-358-115-9 (平裝)

1.CST: 股票投資 2.CST: 投資分析 3.CST: 證券市場
4.CST: 美國

563.53   112007891

suncolor
三采文化

iRICH 36

頂尖操盤手的美股攻略大全：

價值投資 X 財報分析 X 選股策略，全面解析獲利法則

作者｜ 紐約居民　　審訂 & 導讀｜游庭皓
編輯二部 總編輯｜鄭微宣　 主編｜李媁婷
美術主編｜藍秀婷　　封面設計｜方曉君
版權選書｜孔奕涵　　內頁排版｜陳佩君　　校對｜黃薇霓

發行人｜張輝明　　總編輯長｜曾雅青　　發行所｜三采文化股份有限公司
地址｜台北市內湖區瑞光路 513 巷 33 號 8 樓
傳訊｜ TEL:8797-1234　FAX:8797-1688　　網址｜www.suncolor.com.tw
郵政劃撥｜帳號：14319060　戶名：三采文化股份有限公司
初版發行｜ 2023 年 7 月 7 日　定價｜ NT$580
　　3 刷｜ 2024 年 2 月 25 日

뉴욕주민의 진짜 미국식 주식투자 : 현직 월스트리트 트레이더가 알려주는 투자의 정석
Copyright © 2020 by Hyun Hong
All rights reserved.
Original Korean edition published by The Business Books and Co., Ltd.
Chinese(complex) Translation rights arranged with The Business Books and Co., Ltd.
Chinese(complex) Translation Copyright © 2023 by SUN COLOR CULTURE CO., LTD.
through M.J. Agency, in Taipei.